Es begann in Babylon

Jan Erik Sigdell

Es begann in Babylon

Holistika

Das Buch

Das Buch „Es begann in Babylon" beschäftigt sich mit der Geschichte der heutigen Menschheit, wie sie sich aus der Übersetzung babylonisch-sumerischer Schöpfungsmythen auf Keilschrifttafeln vor allem aus Mesopotamien darstellt. Die Übersetzungen einiger Texte sind noch immer nicht veröffentlicht, und einige der Veröffentlichungen sind als Dissertationen oder als wissenschaftliche Publikationen der Öffentlichkeit wenig bekannt oder schwer zugänglich. Wenn man sich mit ihnen näher befassen möchte, muss man in Universitäts- und Institutsbibliotheken viel Zeit verbringen. In der Auswertung drängt sich die für manche als ketzerisch empfundene Erkenntnis auf, dass die biblische Schöpfungsgeschichte in der *Genesis* (1. Buch Mose) nur eine abgewandelte Kurzfassung der babylonischen Schöpfungsgeschichte zu sein scheint. Jan Erik Sigdell geht in seinem spannenden Werk der Frage nach, ob biblische Wurzeln der Keilschrifttafeln Zeugnisse außerirdischen Eingreifens sein könnten. Haben sogenannte Annunaki durch genetische Manipulation Menschen auf der Erde gezüchtet oder bereits vorhandene Menschen in ihrem Sinne abgeändert? Muss unsere Geschichte umgeschrieben werden? Und welche Bedeutung hätte dies insbesondere für unsere jüdisch-christlichen Religionen?

Der Autor

Jan Erik Sigdell wurde in Schweden geboren und ist Doktor der Medizintechnik mit über 25 Jahren Erfahrung in der nicht-hypnotischen Rückführungsmethode nach Bryan Jameison, der er auf der Basis eigener Ideen und Erfahrungen verschiedene neue Techniken für den therapeutischen Einsatz hinzugefügt hat. Im Jahre 2006 wurde er von der Schweizer Stiftung für Parapsychologie „in Anerkennung seiner Verdienste für die Entwicklung neuer Methoden der Rückführungstherapie, die er mit seinen Büchern über Reinkarnationstherapie und als Therapeut der Öffentlichkeit zugänglich gemacht hat" mit dem Schweizerpreis ausgezeichnet. Viele seiner bisherigen Bücher beschäftigen sich mit dem Verhältnis zwischen Reinkarnation und Christentum.

Ich weiß nicht, was …

Es ist, wie wenn ich etwas vergaß,
etwas, ich weiß nicht was –?
Ich wandere sonderbar zögernd herum
durch Lenzgrün und fallende Blätter …

Es ist, als hab' ich etwas geträumt,
etwas, das mehr ist als ich –
Ich weiß nicht was und was spricht denn dafür,
dass ich mich eines Tages erinnere?

Jag vet inte vad …

Det är som jag skulle ha glömt någonting,
någonting men jag vet inte vad –?
Och jag vandrar så underligt tveksamt kring
genom vårgrönt och fallande blad …

Det är som jag skulle ha drömt någonting,
någonting som är mera än jag –
Men jag vet inte alls och vad talar väl för
att jag kommer ihåg det en dag?

»Jag vet inte vad …«
Aus: En döddansares visor (»Lieder eines Totentänzers«) in Dikter (»Gedichte«)
Bonniers, Stockholm, 1961
Gedicht des großen schwedischen Poeten Nils Ferlin (1898-1961),
vom Verfasser ins Deutsche übertragen
(hier mit Erlaubnis der Nachlassverwaltung abgedruckt)

1. Auflage 2008

Holistika Verlag
Oliver Drewes
Dürerstr. 23
53340 Meckenheim
www.holistika.de

Covergestaltung: Vogelsang Werbegrafik, 53127 Bonn
Lektorat: Wort & Text, 40235 Düsseldorf
Satz und Herstellung: Oliver Drewes, 53340 Meckenheim
Druck und Bindung: GGP Media GmbH, 07381 Pößneck

Printed in Germany
ISBN 978-3-9812671-0-5

INHALTSVERZEICHNIS

VORWORT

Warum gibt es in der Welt so viele Religionen, die sich gegenseitig bekämpfen? Kann es wirklich wahr sein, dass sie alle – außer natürlich der eigenen – falsch sind? Und falls dies so ist, warum sollte ausgerechnet nur die eigene die richtige sein? Oder sind sie *alle* falsch? Eine noch bessere Frage wäre: Sind alle Religionen teilweise wahr und teilweise mit menschlicher Irrung vermischt? Und hat man Religionen vielleicht sogar als Werkzeuge der Macht und der Unterwerfung gestiftet? Die meisten sind jedenfalls mit der Zeit zu solchen Werkzeugen geworden. Oder waren sie es schon von Anfang an?

Heute wissen wir, dass die Erde im Kosmos einem Sandkorn gleicht. Es ist tatsächlich unvorstellbar, dass es nur auf dieser Erde Menschen geben soll. Aber was bedeutet dies für die Religionen und ihre Theologien?

Gibt es einen Höchsten Gott, einen Urschöpfer? Gibt es unter ihm »Planetengötter« oder gar »Stammesgötter« verschiedener Völker eines Planeten? Und falls dies der Fall ist, haben diese auch Menschen erschaffen? Haben vielleicht sogar Zivilisationen anderer Himmelskörper auf der Erde Menschen durch genetische Manipulationen gezüchtet? Können diese Zivilisationen schon längst tun, was unsere Wissenschaft erst anfängt zu verstehen oder vielleicht nur noch ahnt?

Unsere Wissenschaft ist nicht mehr streng geozentrisch, sie fängt langsam an, »kosmozentrisch« zu werden. Müssen da nicht Religion und Theologie »mitziehen« und die Konsequenzen neuerer Erkenntnisse wahrnehmen? Muss nicht die Theologie den Kopf aus dem Sand ziehen, in den von Gott erschaffenen Weltraum hinausschauen und auch »kosmozentrisch« werden?

Seit dem 19. Jahrhundert werden Schöpfungsmythen auf Keilschrifttafeln ausgewertet, die vor allem in Mesopotamien gefunden wurden. Das Puzzlespiel der Zuordnung von Bruchstücken und die Übersetzung der – soweit bisher möglich – wiederhergestellten Texte dürfte heute größtenteils abgeschlossen sein. Die Übersetzungen einiger Texte sind allerdings immer noch nicht veröffentlicht, und einige der Veröffentlichungen sind als Dissertationen oder als wissenschaftliche Publikationen weniger leicht zugänglich und deshalb der Öffentlichkeit wenig bekannt. Wenn man sich mit ihnen näher befassen möchte, muss man in Universitäts- und Institutsbibliotheken sehr viel Zeit verbringen. Es stellt sich dabei eine für viele als ketzerisch empfundene Erkenntnis heraus, die sich jedoch angesichts des Textmaterials aufdrängt: Die babylonische Schöpfungsgeschichte scheint der Ursprung der biblischen Schöpfungsgeschichte in der *Genesis* (1. Buch Mose) zu sein! Und Letztere macht den Eindruck, eine abgewandelte Kurzfassung der ersten zu sein.

Zecharia Sitchin hat die Keilschrifttexte ausgewertet und ist zu der Ansicht gekommen, dass in ihnen von einer Kolonisation der Erde durch Menschen eines anderen Planeten die Rede sei, die durch genetische Eingriffe auf der Erde Menschen gezüchtet oder bereits vorhandene Menschen in ihrem Sinne abgeändert haben. Sitchin hat dies in zehn Büchern und mit vielen Belegen und Indizien ausführlich dargestellt.

Das vorliegende Buch ist zum Teil eine kritische Untersuchung der Thesen und Theorien Sitchins, zum Teil stellt es eigene Überlegungen zur Überlieferung der Keilschrifttafeln und zu damit verwandten Themen dar und bezieht sich überdies auf Informationen, die aus weiteren Quellen stammen.

In der folgenden Darstellung soll zur Vereinfachung nicht zwischen sumerischen, akkadischen, assyrischen und anderen verwandten Texten unterschieden, sondern pauschal die Bezeichnung »babylonisch« verwendet werden. Es geht hier in keiner Weise um eine geschichtliche oder ethnologische Einordnung, sondern nur darum, zum besseren Verständnis der Überlieferung von der Schöpfung der Welt und des Menschen beizutragen, und dies in einer freien und von schulwissenschaftlichen und schultheologischen Anschauungsweisen unabhängigen sowie von Dogmen und konventionellen Ansichten losgelösten Weise. Ich weiß, dass es manchen ein Gräuel ist, wenn ein Außenseiter sich erlaubt, frei zu hinterfragen und in einer Weise zu interpretieren, die weder mit der dogmatischen Denkweise des Kirchentums noch mit den Meinungen und Gepflogenheiten der Schulwissenschaft in einem vorgeschriebenen Weltbild konform geht. Aber diese Freiheit steht uns heute mehr denn je zu!

Es sei noch kurz erwähnt, wie es zu diesem Buch kam. Im August 2001 machte ich mit meiner Frau eine Reise durch Norwegen. Wir übernachteten oft in Touristenhütten. Eines frühen Morgens wachte ich in einer solchen Hütte etwa um vier Uhr auf und wusste, dass ich dieses Buch schreiben soll! Woher das kam? Ich weiß es nicht. Aber der erste Entwurf des Manuskriptes schrieb sich fast wie von selbst. Danach ist der Text mehrfach überarbeitet und ergänzt worden. Während dieser Überarbeitungen bin ich in verschiedenen Bibliotheken auf relevante Texte gestoßen – manchmal wie intuitiv geführt.

Zum besseren Verständnis und für einen ersten Überblick ist der Leser gerne dazu aufgefordert, zuerst die Einleitung und dann das Kapitel 14, das meine Schlussvisionen beinhaltet, zu lesen. Diese beiden Textabschnitte bilden gewissermaßen einen äußeren Rahmen, während die anderen Kapitel das Bild aufbauen und ergänzen sollen.

Das Thema des vorliegenden Buches ist für viele europäische Leser weitgehend neu bzw. mit Büchern verbunden, die eher als fantastisch bewertet werden. In den USA hingegen ist – wie die meisten Literaturhinweise zeigen – gerade in den letzten Jahren ein beachtliches Schrifttum hierüber herangewachsen.

Das Thema wurde durch astronomische Entdeckungen im Juli 2005 aktualisiert. Die in diesem Buch – sowie bei Sitchin und anderen Verfassern – vielfach erwähnten Anunnaki, die bereits in den babylonischen Keilschrifttafeln genannt werden, sollen angeblich auf einem Planeten leben, der sich auf einer lang gestreckten elliptischen Bahn um unsere Sonne herum befindet. Sitchin nennt ihn den »12. Planet«, wobei er von der alten Astrologie ausgeht, die auch die Sonne und den Mond mitzählt. Nach moderner astronomischer Zählung wäre er der 10. Planet unseres Sonnensystems. Über die Entdeckung eines ebensolchen 10. Planeten berichtete die NASA am 29. Juli 2005! Dieser Planet liegt zurzeit im sogenannten »Kuiper-Gürtel«, einem Bereich außerhalb von Neptun, worin nach neueren Entdeckungen Tausende von mysteriösen, dunklen und mehr oder weniger kometähnlichen Himmelskörpern vorhanden sind. Am 3. Oktober 2005 wurde berichtet, dass man bei jenem 10. Planet auch einen Mond gefunden habe. Der Planet wurde inzwischen vorläufig »Xena« und der Mond »Gabrielle« getauft.[1] Später wurde der Name des Planeten in »Eris« und der seines Mondes in »Dysnomia« geändert (in Kurzform »Dy«; das Wort bedeutet einfach »namenlos« oder »ohne Namen«). Die astronomische Bezeichnung ist 2003 UB 313. Sitchin hat hierzu allerdings gesagt, dass Xena oder Eris nicht »sein« Planet sei, das heißt, nicht der Planet, um den es ihm gehe.

Was aber begann in Babylon? Es begann: die Geschichte der heutigen Menschheit!

Dutovlje, 2001 bis 2008
Jan Erik Sigdell

(Der Text wurde für den Druck vereinfacht, indem so weit wie möglich auf Sonderzeichen sowie auf wissenschaftliche Transliterationen mit Diakritika verzichtet wurde.)

---

1 Xena ist der Name einer Kriegerprinzessin in einer amerikanischen Fernsehserie, was im Zusammenhang mit der Darstellung der Anunnaki, wie später zu sehen sein wird, passend erscheint, auch wenn die Namensgebung wohl kaum bewusst mit diesem Bezug erfolgte.

EINLEITUNG

Die Sterne und die Planeten im Kosmos

Nach wissenschaftlichen Schätzungen bewegt sich die Zahl der Sterne unseres Kosmos in einer Größenordnung von 10^{24}. Es handelt sich also um eine Eins mit 24 Nullen! Um eine Quadrillion! – eine im wahrsten Sinne des Wortes astronomische Zahl.

Sterne sind Sonnen. Wir nennen unseren Stern Sonne und bezeichnen die anderen Sonnen als Sterne. Viele Sonnen haben Planeten. Es wurde geschätzt, dass eine von 100 000 Sonnen ein Planetensystem hat – eine Größenordnung von 10^{19} oder zehn Trillionen. Einige dieser Sonnen haben vielleicht nur einen Planeten, andere hingegen könnten zwanzig haben. Im Durchschnitt dürfte jeder dieser Sterne vielleicht fünf Planeten haben. Demnach gäbe es 5 mal 10^{19} Planeten, das heißt fünfzig Trillionen.

Diese Schätzung stammt aus dem Jahr 2004. Im selben Jahr sprach man in der Astronomie von mehr als 135 sogenannten Exoplaneten (extrasolaren Planeten), die nicht um unsere Sonne, sondern um andere Sterne kreisen.[2]

Gibt es Leben auf anderen Planeten?

Einige Planeten bieten ganz ohne Zweifel die Voraussetzungen für biologisches Leben. Die schulwissenschaftliche Astronomie – und nicht etwa eine esoterische Weltanschauung – hat in den 1980er Jahren Schätzungen darüber angestellt, dass im Weltraum ungefähr 600 Millionen Planeten existieren dürften, auf denen tatsächlich biologisches Leben

2 Stand 06/2008: Gemäß http://exoplanets.org existieren 220 Exoplaneten. Wikipedia berichtet Ende 2007: »Ende Oktober 2007 waren 257 extrasolare Planeten in 220 Systemen bekannt, darunter 17 Systeme mit zwei, sieben Systeme mit drei und zwei Systeme mit vier bekannten Planeten (keine mit mehr). Im Umkreis von ca. 330 Lichtjahren wurden bis jetzt um 7 % der Sterne Planeten gefunden« (http://de.wikipedia.org/wiki/Exoplanet). Auf http://exoplanet.eu/catalog.php wird von 303 Exoplaneten berichtet (Stand 06/2008). Dass kein System mehr als 4 entdeckte Planeten hat, schließt nicht aus, dass ein paar Systeme noch unentdeckte Planeten (dann wohl kleinere) haben.

möglich wäre.[3] Seither hat sich die geschätzte Anzahl der Sterne auf das 10000fache erhöht. Hochgerechnet würde sich damit die geschätzte Anzahl der Planeten mit Voraussetzung für Leben in der Größenordnung von 6 Billionen bewegen.

Dabei geht unsere Schulwissenschaft von Lebensformen aus, die den biologischen Lebensformen unserer Erde ähnlich sind. Aber warum sollte es nicht auch noch für uns völlig fremde Lebensformen geben können? – zum Beispiel Lebewesen, die Methangas atmen und deren Physiologie dieses braucht. Sie würden in unserer Sauerstoffatmosphäre ersticken, so wie wir in der Atmosphäre ihrer Heimat. Oder auch Lebewesen, deren Biochemie auf Silizium und nicht auf Kohlenstoff baut. Lassen wir die Möglichkeit zu, dass es auch völlig andersartige Lebensformen geben könnte, so wird die Zahl natürlich viel höher. Dann dürfte es »zig« Billionen von Planeten geben, auf denen Leben möglich ist.

Dass ein Planet die Voraussetzung für Leben bietet, bedeutet natürlich nicht, dass es dort auch Leben gibt; es bedeutet aber, dass es dort Leben geben könnte. Es wäre jedoch absolut irrsinnig, naiv, überheblich und es würde jeder Logik widersprechen, wenn man behaupten würde, dass es außer auf unserer Erde nirgendwo anders im Universum Leben gäbe. Von den eher »zig« Billionen von Planeten, auf denen jedenfalls biologisches Leben in irgendeiner Form möglich wäre, werden vielleicht »zig« Milliarden auch tatsächlich solches Leben aufweisen! Unsere Erde ist wie ein einzelnes Sandkorn in einem Sandhügel. Wenn jemand behaupten würde, nur auf einem einzigen dieser unzählbaren Sandkörner des Hügels, aber auf keinem der anderen, würden Mikroorganismen leben, dann nähme ihn kein Mensch ernst. Wer aber behaupten will, nur die Erde weise biologisches Leben auf, sitzt im gleichen Boot!

Gibt es Zivilisationen auf anderen Planeten?

Wahrscheinlich haben diejenigen Planeten, auf denen biologisches Leben überhaupt existiert, größtenteils ein primitives Leben. Aber es kann ja gar

3 Dies geht aus einem Bericht von Professor Cyril Ponnamperuma (1923-1994) hervor, den ich in den 1980er Jahren in der wissenschaftlichen Wochenendbeilage einer größeren indischen Tageszeitung gelesen habe (vgl. http://users.ictp.it/~chelaf/ss31.html und http://users.ictp.it/~chelaf/ss20.html). Ponnamperuma war im Bereich der chemischen Evolution tätig und hat sich mit Fragen der Entwicklung von Planeten befasst. Ab 1963 war er bei der Abteilung für Exobiologie der NASA tätig.

nicht anders sein, als dass es darunter auch sehr viele Planeten mit menschlichem Leben, mit Zivilisationen, geben muss.

Die statistische Wahrscheinlichkeit dafür, dass unsere Zivilisation die einzige ist, liegt so nahe bei null, dass man sie effektiv für null halten muss. Vielleicht haben ein paar Millionen Planeten menschliche Zivilisationen. Eine solche Schätzung wäre sogar noch niedrig, denn sie würde bedeuten, dass es auf nur einem von mehr als tausend Planeten menschliches Leben gibt.

Es wäre genauso überheblich und jeder Logik völlig fern zu behaupten, dass unter allen Zivilisationen *wir* die am höchsten entwickelte seien. Es könnte Tausende von Zivilisationen weit draußen geben, die uns in ihrer Entwicklung weit voraus sind. Mit Sicherheit gibt es Hunderte. Es kann einfach nicht anders sein!

Wie können wir es wissen?

Diese Zivilisationen sind aber so weit von uns weg, dass wir solche Hypothesen nicht prüfen können. Da bleibt uns nur übrig, uns an Logik und an statistische Wahrscheinlichkeiten zu halten. Andere Zivilisationen dürften wahrscheinlich fast alle Lichtjahre von uns entfernt sein. Und mit dem heutigen Stand unserer Technik und Wissenschaft können wir die Distanz der Lichtjahre unmöglich überwinden. Es gibt jedoch in den Grenzbereichen unserer Physik schon heute wissenschaftlich begründete Überlegungen, dass wir in Zukunft diese Möglichkeiten haben werden, dass wir zum Beispiel einen »Kurzweg« durch andere Dimensionen gehen können – in Dimensionen, die uns heute noch unbekannt sind. Es könnte durchaus möglich werden, eine Distanz von vielen Lichtjahren in nur wenigen Jahren oder einer noch viel kürzeren Zeit zu überwinden. Wenn also unsere Physiker bereits jetzt solche Möglichkeiten erahnen, dann stellt sich unweigerlich die Frage: Warum sollten diese Möglichkeiten nicht in einigen anderen Zivilisationen schon längst Realität sein?

Aber in einem solchen Falle sollten wir von ihnen doch längst Radiosignale empfangen haben! Tatsächlich wird seit vielen Jahren nach solchen Signalen gesucht. Dies wiederum zeigt, dass einige Wissenschaftler solche Gedanken ernst nehmen, und dass es einige staatliche Stellen gibt, die das für die Suchanlagen und deren Betrieb nötige Geld zur Verfügung stellen. Aber suchen sie am richtigen Ort? Wer sagt denn, dass andere Zivilisationen die gleiche Art von Kommunikation benutzen wie wir? Sie könnten Kommunikationsweisen verwenden, die wir heute nicht einmal erahnen – mit Energien und »Wellen«, die wir noch gar nicht entdeckt haben. Dass die Suche bisher kein eindeutiges Ergebnis erbracht hat, beweist also gar nicht, dass es keine außerirdischen Zivilisationen gibt, sondern deutet vielmehr darauf hin, dass man für diese Suche die falschen Kriterien verwendet.

Können wir einander besuchen?

Wir können Menschen anderer Planeten nicht besuchen. Noch nicht. Aber einige von ihnen könnten in der Lage sein, uns zu besuchen. Dagegen gibt es keinen strikten wissenschaftlichen Einwand. Dass wir noch nicht wissen, wie man die Distanz überwinden kann, ist kein Einwand. Aber haben sie uns tatsächlich schon besucht? Müssten wir das nicht bemerkt haben? Hätten sie sich nicht zu erkennen gegeben?

Oder haben sie sich mit großer Sorgfalt zurückgehalten, um sich vor uns zu schützen? Sie müssten ja gesehen haben, dass unsere Erde ein *Mordplanet* ist! Jede Stunde werden Menschen umgebracht. Es vergeht kein Tag, ohne dass irgendwo auf der Erde ein Krieg ausgefochten wird. Hoffentlich – aber diese Hoffnung ist vielleicht eher gering – ist die Erde zumindest in dem Sinne einzigartig, dass es einen solchen primitiven Wahnsinn im Universum nicht noch einmal gibt! Die Menschheit unserer Erde ist moralisch unterentwickelt und für die von ihr erarbeitete Technik noch längst nicht reif. Es wäre daher durchaus nicht erstaunlich, wenn sich eventuelle außerirdische Besucher nicht zu erkennen geben würden.

Würden Außerirdische sich uns offenbaren?

Wenn Außerirdische den schrecklichen Zustand feststellen, der angesichts von Kriegen und Kämpfen auf der Erde herrscht, werden sie sich wohl hüten, mit uns in Kontakt zu treten! Sie würden eher nur vorsichtig beobachten; es käme selten ungewollt zu Kontakten, und wenn absichtlich, dann nur mit wenigen ausgewählten Menschen. Kontakte wären Einzelfälle, und wer darüber berichtet, würde sicherlich für einen Spinner gehalten, was für die Außerirdischen eher von Vorteil wäre – so dürfte es jedenfalls noch in der heutigen Zeit sein.

Eine Kontaktaufnahme in größerem Ausmaß würde heute wohl die Panik auslösen, die in unzähligen Science-Fiction-Filmen geschildert wird. Statt sich auf einen sinnvollen Meinungsaustausch einzulassen, könnten irdische Militäreinheiten gleich Schießbefehle erhalten und somit die denkbar dümmste Reaktion zeigen. Denn eigentlich sollte man doch hoffen können, dass eine uns technisch überlegene Zivilisation uns auch moralisch weit voraus sein müsste. Sollte dies aber nicht so sein, so würden unsere im Vergleich zu ihren Möglichkeiten primitiven Waffen als Gegenreaktion die totale Vernichtung der Erde auslösen können. Auf unserer Erde war es allerdings bisher so, dass technisch hoch entwickelte Kulturen in ihrer moralischen und geistigen Entwicklung zurückblieben – jedenfalls wenn sie ihre technischen Mittel auch militärisch einsetzten – und dass geistig und moralisch höher entwickelte und *gerade deshalb* friedliche Kulturen dieser technischen Übermacht anderer Völker zum Opfer fielen. Könnte es im Kosmos ähnlich sein? Sind vielleicht auch dort einige wissenschaftlich hoch entwickelte Völker für ihren technischen Fortschritt moralisch unreif?

Eine beunruhigende Ahnung steigt aber aus der Fülle der uns zur Verfügung stehenden Informationen hervor. Es könnte sein, dass uns nicht sehr positiv gesinnte Außerirdische wesentliche Eingriffe in unserer Menschheit vorgenommen haben und heimlich, für uns unsichtbar, noch heute das Geschehen auf der Erde in ihrem Sinne steuern und die Menschheit manipulieren wollen! Da sie in diesem Fall offensichtlich mehrdimensional sind, könnten sie unerkannt viel in diesem Sinne tun (vgl. Kap. 4; ihre Welt hätte dann mehr als »unsere« drei Dimensionen, d.h., dass sie sich Dimensionen bewusst sind, die uns bisher unbewusst blieben, und dass man uns absichtlich in einem nur dreidimensionalen Bewusstsein hat halten wollen).

Welche waren die »Götter«?

In vorhistorischen Zeiten war es sicher anders. Von den damaligen Erdenmenschen, die technisch und waffenmäßig noch viel primitiver waren als wir dies Außerirdischen gegenüber heute sind, wäre wenig zu befürchten. Sie hätten eventuelle interplanetarische Besucher zweifellos für Götter gehalten und als solche behandelt! Diese würden sich dann sicher auch gerne so behandeln lassen, weil das ihrer Sicherheit zuträglich wäre. Kann es also sein, dass die »Götter« der verschiedenen Mythologien unserer Erde in manchen Fällen tatsächlich Außerirdische waren? Eine solche Behauptung wäre ausgehend von der Annahme, dass es außerirdische Zivilisationen gibt, die uns vielleicht bereits unerkannt besucht haben, gar nicht so abwegig. Es wäre durchaus logisch, mit solchen Möglichkeiten zu rechnen, und es würde sehr wohl in den Rahmen der statistischen Wahrscheinlichkeiten von kosmischen Gegebenheiten fallen. Aber es wäre für viele Menschen geradezu schockierend. Wenn aber wahr sein sollte, was kaum jemand wahrhaben will, was wäre dann? Welche Konsequenzen hätte das für die Religionen dieser Erde – für unsere Weltanschauung überhaupt?

Will man sich für die Krönung der Schöpfung halten, ist es natürlich sehr peinlich festzustellen, dass man selbst eher ein Nebenprodukt ist. Mehrere Verfasser haben sich mit der Möglichkeit befasst, dass die »Götter« unserer Mythologien eigentlich Außerirdische gewesen sein könnten, und sie wurden für Fantasten gehalten. Einer der bekanntesten ist Erich von Däniken, der auf diese Weise einige merkwürdige historische Rätsel und Erscheinungen dieser Erde erklären will. Ein anderer ist Robert Charroux. Das Peinliche für die Wissenschaft ist doch, keine besseren Erklärungen für solche Rätsel zu haben! So macht man sich lieber darüber lustig, da man kaum Argumente zur sachlichen Widerlegung erbringen kann. Vielleicht nicht ganz zu Unrecht meinen Kritiker, dass von Däniken publizistisch über das Ziel hinausgeschossen ist, doch sind die durch ihn aufgeworfenen Fragen noch immer offen. Sie wurden nie ausdiskutiert, sondern wohlweislich totgeschwiegen. Die Anhänger der »Wissenschaft« möchten sich damit nicht befassen. Daher ist es von Dänikens besonderer Verdienst, dass diese Rätsel der Öffentlichkeit bekannt gemacht wurden.

Warum hat die Menschheit so viele Religionen?

Die Menschheit hat noch heute eine Vielzahl von Religionen, und sie hatte im Laufe ihrer langen Geschichte noch viel mehr. Wenn es nur *eine* Wahrheit gibt, wieso sind dann so viele unterschiedliche Auffassungen entstanden? Die Schultheologie behauptet, dass zuerst primitive Anschauungen in verschiedenen Völkern entstanden, als sie über ihren Ursprung und ihre Herkunft nachsannen, und dass dann göttliche Offenbarungen in die Welt kamen. Letztere sollten die Menschen näher an die Wahrheit führen.

Aber: Warum gibt es dann so viele verschiedene Offenbarungen, die sich zum Teil widersprechen? Müssten nicht alle Offenbarungen in die gleiche Richtung führen? Manche Menschen meinen, dass es darunter auch falsche Offenbarungen eines Widersachers gäbe. Wenn dies so sein sollte, stellt sich die Frage, warum denn ausgerechnet die eigene Religion die richtige sein soll, während alle anderen vom Widersacher in die Welt gerufen worden sein sollen? Wie leicht könnte man sich hierbei in die Irre führen lassen.

Es ist dann in der Welt zu fundamentalistischen und fanatischen Strömungen gekommen. Sie scheinen geradezu dafür »gemacht« zu sein, diesbezügliche Zweifel zu unterdrücken und die eigene »Wahrheit« politisch zu erzwingen; ob sie nun stimmt oder nicht – die Hauptsache scheint zu sein, dass die Macht bestehen bleibt.

Könnte es sein, dass diese Vielfalt, die doch viel problematischer ist, als man zugeben will, mit Einflüssen von Außerirdischen zu tun hat? Ist diese Vielfalt erstens darauf zurückzuführen, dass sich *verschiedene* Außerirdische als »Götter« ausgaben, und zweitens darauf, dass sie durch diese Zersplitterung und die daraus entstandenen Streitigkeiten in irgendeiner strategischen Absicht den Menschen die Wahrheit verschleiern wollten?

Angst vor einer möglichen Wahrheit?

Von Däniken ist mit diesen Vermutungen nicht alleine. Er war ein Pionier dieser Gedanken, aber durchaus nicht der erste. Charles Hoy Fort schlug in *The Book of the Damned* (1919) und *New Lands* (1923) ähnliches vor. Harold T. Wilkins tat es in *Flying Saucers on the Attack* (1954) und auch Louis Pauwels und Jacques Bergier äußerten mit *Morning of the Magicians* ähnliche Theorien, um nur einige Autoren zu nennen. Es äußerten also bereits vor von Däniken andere Forscher solche Gedanken, die von der Wissenschaft ebenso wenig ernst genommen wurden – von einer Wissenschaft, die damit keine wissenschaftliche Haltung, sondern Dogmatismus bewies.

Hätte man wahrhaftig wissenschaftlich reagiert, hätte man solche Hypothesen wenigstens in Betracht gezogen und sie auf der Basis von Logik und Wahrscheinlichkeit sachlich erörtert. Die Schlussfolgerung wäre aber für viele Menschen allzu unangenehm oder gar erschreckend. Denn man müsste zugeben, dass man die Möglichkeit von außerirdischen Besuchen oder Eingriffen gar nicht ausschließen kann – auch wenn keine wirklich konkreten Beweise vorliegen. Doch lieber leugnet man alles und schüttet womöglich das Kind mit dem Bade aus. Jemanden lächerlich zu machen ist die moderne Art des Scheiterhaufens, auf dem in früheren Zeiten Vertreter heute längst anerkannter Wahrheiten verbrannt wurden, wie zum Beispiel diejenigen, die behaupteten, dass die Erde rund ist, dass sie um die Sonne kreist und nicht umgekehrt und dass weder sie noch die Sonne das Zentrum des Universums ist.

Solange im Establishment das Geschäft mit der »Wissenschaft« gut läuft, darf es nicht durch die Wahrheit gefährdet werden.

Gibt es einen höchsten Gott?

Und wenn es tatsächlich so sein sollte, dass zumindest einige der »Götter« unserer Mythologien Besucher von anderen Zivilisationen waren – gibt es dann keinen wirklichen Gott? Manche Kritiker solcher Gedanken versuchen die damit verbundene Hypothese als gottlos *ad absurdum* zu führen und wollen glauben machen, dass diese Hypothese atheistisch oder antichristlich sei – oder womöglich sogar antisemitisch, wenn man das Alte Testament kritisch mit einbezieht. Das ist eine Taktik, denn es gibt nicht den geringsten Grund zu behaupten, dass es keinen Urschöpfer gäbe und dass Zivilisationen anderer Planeten nicht ebenfalls einen solchen kennen würden! Ganz im Gegenteil: Auf diese Weise tritt die Größe unseres ursprünglichen Schöpfers umso mehr hervor, und das christliche Gebot der Liebe zum Mitmenschen gilt dann auch für Menschen anderer Himmelskörper – und seine Bedeutung ist dadurch keineswegs verringert, wenn Christus vielleicht nicht nur uns erschienen ist, sondern möglicherweise auch einigen von ihnen.

Es gibt allerdings auch ein paar wenige atheistische Extremisten unter den Vertretern der Hypothese, dass wir als Menschen im Weltraum keineswegs alleine sind. Diese wollen glaubhaft machen, dass es keinen Gott gebe und dass Menschen eines Himmelskörpers von noch höheren Zivilisationen anderer Himmelskörper erschaffen seien (vgl. Kapitel 8). In ihren atheistischen Behauptungen sind aber Widersprüche vorhanden. Und würde man eine Reihe von stets höher entwickelten Zivilisationen noch weiter zurückverfolgen, ausgehend von der Annahme, dass die eine von der jeweils höheren erschaffen sei, so wird man am Ende zwangsläufig doch noch zu einem höchsten Schöpfer kommen! Das ist fast wie ein Gottesbeweis! Darin liegt der Hauptwiderspruch.

Wer hat dann uns gemacht?

Sollten wir nicht unmittelbar vom höchsten Schöpfer erschaffen sein, so sind wir es auf jeden Fall indirekt – in diesem Fall gewissermaßen als Glied einer von ihm ausgehenden Schöpfungskette. Diese Überlegungen distanzieren uns nicht von Gott, sondern führen uns ihm sogar etwas näher! Er wird für uns nämlich um einen sehr kleinen Schritt fassbarer!

Unsere Wissenschaft fängt heute an, in noch begrenztem Umfang neue Lebensformen erzeugen zu können. Dies macht die Entwicklung der Genetik bereits möglich. Und gerade hier stellt sich die Frage, ob Menschen anderer Zivilisationen nicht längst das tun können, was wir erst beginnen zu lernen? Und die Antwort könnte lauten: Ja, kann es denn anders sein?

Aber geht es dann wirklich um das *Erschaffen* von Leben und wahrhaftig um *Schöpfung*? In diesem Fall geht es um die *Umgestaltung*, um die *Manipulation* bereits vorhandener Lebensformen. Es geht also um Wandlungen des bereits Erschaffenen und gar nicht um *neue* Schöpfungen! Solche wird schließlich nur Gott hervorbringen können! Wir können nur in das von ihm Erschaffene eingreifen und es umgestalten. So etwas hat für uns sicher wenig Sinn (jedenfalls missachten wir oft lebenswichtige Fragen von Nebenwirkungen und Spätfolgen, um kurzfristige finanzielle Erfolge nicht zu gefährden), und trotzdem manipulieren wir selbst bereits andere Lebensformen, wenn wir uns der Genetik bedienen! Nichts spricht dagegen, dass andere Zivilisationen dies schon längst getan haben.

Sind dann manche Zivilisationen einiger Planeten auf diese Weise »erschaffen«? Gehören wir dazu? Es gibt diesbezüglich einige bemerkenswerte Theorien. Von den esoterischen Lehren einmal abgesehen, gibt es sogar wissenschaftliche Hinweise, die auf alte babylonische Keilschrifttafeln zurückgehen. Eine für unsere monotheistischen Religionen offensichtlich peinliche Tatsache ist die, dass diese Keilschriften eine Schöpfungsgeschichte erzählen, die weitgehend mit jener im 1. Buch Mose der Bibel, in der *Genesis*, übereinstimmt, aber auch weit darüber hinausgeht. Die Schöpfungsgeschichte der *Genesis* erscheint als eine abgewandelte Kurzfassung der babylonischen Schöpfungsgeschichte! Jedoch weichen hier die Kirchen konsequent aus und wollen sich mit dem historisch real vorliegenden Textmaterial nicht näher befassen! Das gilt anscheinend auch für die davon ebenfalls betroffenen Rabbiner! Dass man sich mit dieser Tatsache nicht auseinandersetzen möchte, deutet eher auf die Brisanz dieser Texte hin als auf deren Irrelevanz in diesem Zusammenhang: Sie stellen Dogmen auf den Kopf!

Zecharia Sitchin hat sich mit diesem Material eingehend befasst und kommt zu dem Ergebnis, dass die Menschen dieser Erde das Produkt genetischer Manipulationen irdischer Lebensformen durch Außerirdische seien. Offensichtlich berichten dies die alten babylonischen Schriften, sofern man sie ohne die Zwangsjacke des wissenschaftlichen bzw. kirchlichen Dogmas liest. Das ist natürlich ein Stein des Anstoßes und Grund genug, um Sitchin – im Sinne eines modernen Scheiterhaufens – lächerlich zu machen und zu ignorieren.

Ich habe in den Keilschrifttexten nichts gefunden, was in sachlicher oder logischer Weise als Einwand gegen Sitchins Theorie gelten dürfte. Natürlich kann man aber auch andere Erklärungen anführen und hat dies auch getan. Auch ich sehe manche Dinge – wie in diesem Buch dargestellt werden wird – anders als Sitchin. Was aber für ihn spricht, ist die Tatsache, dass wir Erdenmenschen mit fast an Sicherheit grenzender Wahrscheinlichkeit im Kosmos nicht alleine sind.

Die babylonische Schöpfungsgeschichte: Nur ein Märchen?

Viele möchten in den Geschichten der Keilschrifttafeln nur Märchen, Legenden und Mythen sehen. Dies führt hier zu einem theologischen Dilemma! Die erwähnte Übereinstimmung mit der *Genesis* würde dann nahe legen, dass auch die Schöpfungsgeschichte in der *Genesis* ein Märchen sei. Wenn Letztere aber im Prinzip wahr sein soll – und das lehrt uns ja das Dogma – müsste es doch die babylonische Darstellung im Grunde ebenfalls sein, zumindest an den übereinstimmenden Stellen, die ausreichend vorhanden sind! Wenn aber diese Bereiche stimmen, dann stellt sich die berechtigte Frage, warum dann nicht auch die anderen Stellen stimmen sollten? Und da die babylonische Geschichte offensichtlich noch älter ist, dürfte eigentlich doch sie die wahrere sein. Zwar will man in den kirchlichen und rabbinischen Lehrmeinungen diesen Ursprung der *Genesis* leugnen, aber Keilschriftforscher und Ethnologen sind so ziemlich durchgehend anderer Meinung, ebenso wie manche Religionshistoriker, die diese Meinung in ihren reichhaltigen wissenschaftlichen Publikationen vertreten; diese Beiträge sind als Fachschriften allerdings in der Öffentlichkeit wenig bekannt.

Mein Schöpfer: Außerirdischer Genetiker oder doch Gott?

Auch wenn man davon ausgeht, dass einst Menschen von Außerirdischen »erschaffen« wurden, bedeutet dies nach meiner Auffassung und meinem »Rechtsempfinden« aber nicht, dass *ich selbst*, als Individuum, von eventuellen Außerirdischen durch genetische Manipulation von Lebewesen dieser Erde *erschaffen* bin! Es wurden in diesem Fall nur Urahnen des derzeitigen irdischen Menschengeschlechts so »erschaffen« – oder besser gesagt »erzeugt«. Für deren Nachkommen gilt dies aber nicht mehr, da sie durch den natürlichen Prozess von Befruchtung und Empfängnis entstanden – so wie dies bei fast allen Lebewesen dieser Erde und wahrscheinlich der meisten bewohnten Planeten der Fall ist – und nicht mehr durch genetische Manipulation, denn diese wäre dann ja bereits lange zuvor geschehen. Deshalb sehe ich keinen Anlass, Außerirdische als meine Schöpfer zu verehren! Erst recht nicht, da sie scheinbar wenig Verantwortung für ihren Eingriff übernahmen.

Außerdem könnte es durchaus so sein, dass es vor der gegenwärtigen Menschheit auf dieser Erde noch andere Völker gab, die aber schon längst ausgestorben und fast spurlos verschwunden sind. Damit wären solche Außerirdischen nicht *die* »Schöpfer« von Leben auf der Erde.

Das *wahre Ich* ist meine *Seele*. Diese haben sie nicht »erschaffen«! Sie haben nur eine neue biologische Wesensart entstehen lassen, in deren Körper dann Seelen inkarnierten. Warum diese in jene Körper hineingingen, wissen wir nicht. Darüber ist in den uns vorliegenden Quellen nichts zu finden. Meine Seele halte ich für eine Schöpfung des höchsten Schöpfers. In welchen Körper sie dann eintritt und weshalb, ist eine andere Sache. Aus dieser Perspektive betrachtet kann ich noch viel weniger eventuell da gewesene außerirdische Genetiker als meine Schöpfer betrachten!

Das kirchliche Dogma meint zwar, dass die Seele erst bei der Zeugung entstünde. Es gibt hierfür allerdings keine konkreten Belege in der Bibel. Diese Lehrmeinung führt zu Schwierigkeiten mit der Schöpfungsfrage, wenn sie sich mit den hier genannten Möglichkeiten konfrontiert sieht, da man sonst eher annehmen müsste, die Seelen seien irgendwie auch von Genetikern »erschaffen«. Ihr Dilemma löst sich, wenn sie die Vorexistenz der Seele endlich anerkennt.

Nachholbedarf in der Theologie?

Was bedeutet dies alles nun für die Theologie? Ja, was ist schon die Theologie heute? Sie ist heute keine Erfahrungswissenschaft mehr, sondern eher eine ziemlich »tote« *Geschichtswissenschaft*. Sie befasst sich an erster Stelle mit der *Geschichte* der eigenen Form des Gottesglaubens, die von alten Aussagen ausgeht und mit neuen Behauptungen vermehrt zu einem ziemlich wackeligen Dogmengebäude aufgebaut wurde, das man eher mit Gewalt aufrecht erhalten hat (und zum Teil heute noch so aufrecht erhält). Die wenigen religiösen Erfahrungen, Visionen, Offenbarungen und Gotteserlebnisse, welche die Theologie heranzieht, liegen größtenteils in weiter Ferne in einer uralten Vergangenheit – neuere nimmt man meistens nicht ernst, da sie nicht selten das Dogma mehr oder weniger infrage stellen. Auch hier scheint zu gelten: Solange das Geschäft gut läuft, darf es nicht durch die Wahrheit gefährdet werden.

Sollten die Theorien, mit denen wir uns hier befassen, wirklich stimmen, wer kann dann schon sagen, ob nicht manche dieser Offenbarungen von Außerirdischen stammen? Vielleicht wollten sie uns glauben lassen, was für sie »taktisch« und »politisch« günstig war, um zum Beispiel eine Auflehnung der Erdenmenschen gegen ihre »Erzeuger« zu verhindern? In diesem Fall haben sie uns das Wissen um den wirklich höchsten Schöpfer verhüllt! Oder sie glauben selbst nicht an einen solchen.

Die Wissenschaft ist schon längst nicht mehr geozentrisch, sondern fängt langsam an – sagen wir – kosmozentrisch zu werden. Die Theologie ist aber immer noch mittelalterlich geozentrisch. Für sie ist die Erde das Zentrum der Schöpfung und der Schöpfer ist »irgendwo und überall« – aber niemand weiß Bescheid. Es wird Zeit, dass auch die Theologie nachholt, was ihr die Wissenschaft schon vormacht und dass sie die Konsequenzen daraus zieht – wenn auch innerhalb der von ihr selbst gesetzten Schranken, die eine wesentliche Wahrheit noch auszugrenzen scheinen.

Es scheint, dass die Theologie eine wirklich echte Neuerung braucht, um ohne Glaubensgewalt zu bestehen und um aus sich selbst heraus wieder lebendig zu werden! Dies gilt erst recht, wenn sie wirklich aufgrund von Missverständnissen, Fehlinterpretationen oder gar Irreführungen fehlgeleitet wurde.

Wir müssen Informationen und Fakten auswerten!

Statt wie die anderen den Kopf in den Sand zu stecken, wollen wir uns in diesem Buch mit den erwähnten Fragen befassen. Es geht nicht darum, ein neues Dogma verbreiten zu wollen, sondern darum, die sich aus den Tatsachen ergebenden Möglichkeiten in Betracht zu ziehen, die man bisher lieber hat verschweigen oder ignorieren wollen. Wir befassen uns dabei im Wesentlichen mit der Schöpfung des Menschen – die Schöpfung der Welten ist natürlich ein viel weitläufigeres Thema – und beginnen hierfür mit den alten babylonischen Quellen.

Wir wollen eine eher »kosmozentrische« Perspektive suchen, statt die bisher geozentrische zu verfolgen, die auch bei den Keilschriftforschern zu konstatieren ist, und wir wollen uns nicht davor scheuen – wenn auch unter Annahme der genannten Hypothese –, manche Theorien kritischer zu betrachten als es unter ihren Vertretern bisher üblich gewesen ist. Dies gilt auch für bestimmte Texte des Alten Testaments, da sie offensichtlich eine Beziehung zu den Keilschrifttafeln aufweisen. Sitchin ist sichtlich bestrebt, solche kritischen Betrachtungen zu vermeiden und die alttestamentlichen Schriften weiterhin als im Grunde unantastbar gelten zu lassen, nur mit einem neuen Verständnis für ihre Inhalte. Aber es kann wohl nicht gut anders sein, als dass eine kritische Haltung gegenüber hypothetischen »selbsternannte Schöpfer« der Menschheit sich auch auf die Schatten auswirken muss, die diese im Alten Testament werfen, welche dann ebenfalls Kritik werden vertragen müssen.

Vielleicht gibt es noch weitere Aspekte, die man uns von alters her hat verschleiern wollen. Haben die »Götter« uns eine noch frühere Geschichte der Menschheit vorenthalten und vergessen lassen? Sind deshalb in der Theologie wichtige Informationen verloren gegangen?

1. DIE BABYLONISCHE SCHÖPFUNGS-GESCHICHTE

Enûma Elish

Die babylonische Schöpfungsgeschichte liegt uns in der Hauptüberlieferung auf sieben mit Keilschrift beschriebenen Lehmtafeln vor. Dieses Buch wird nach den zwei Anfangswörtern im Text meistens als *Enûma Elish* bezeichnet (die »Als oben ...« bedeuten). Hierin wird erzählt, dass die Göttin Tiâmat die Urmutter der Göttergeschlechter war. Deren Urvater war Apsû[4], Tiâmats Gatte. Es entstanden zunächst drei Göttergenerationen: Die erste war die von Lahmu und Lahâmu, daraus ging die von Anshar und Kishar[5] hervor. Es folgte eine dritte Generation: Die von Anu, dem Himmelsgott, dessen Sohn Ea – auch Enki oder Nudimmud genannt – später eine wichtige Rolle spielt. Einige der »Götter« beklagten sich bei Tiâmat über das Gehabe der »göttlichen Brüder« Eas, die sich störend und beleidigend verhielten. Sie brachten Unordnung in die Götterwelt, und Apsû konnte sie nicht zur Ruhe bringen. Er wollte deshalb ihre Schöpfung rückgängig machen. Tiâmat war dagegen, obwohl sie auch selbst unter deren Verhalten litt. Sie war ja schließlich ihre Urmutter. Mummu jedoch – der Wesir und Sohn Apsûs – riet ihnen dazu, die Umkehr ihrer Schöpfung umzusetzen.

Ea erkannte ihre Pläne und vereitelte sie. Mit magischen Mitteln schläferte er Apsû und Mummu ein, übernahm von Apsû die Zeichen seiner Macht und erschlug ihn. Mummu wurde gefesselt. Ea hatte gesiegt und errichtete eine Welt »auf Apsû«, der er dessen Name gab – d.h., er baute auf

---

4 In älteren Übersetzungen wird manchmal »apsû« nicht als Name aufgefasst, sondern mit »Abgrund« übersetzt. Man mag an den leeren kosmischen Raum denken, den »interstellaren Abgrund«. Wie aber sollte der »Abgrund« Schöpfer sein können? Wie sollte der »Abgrund« die Lage mit Mummu und Tiâmat besprechen können? Und wie sollte schließlich der »Abgrund« erst eingeschläfert und dann umgebracht werden können? Der Auffassung von Heidel und anderen, dass Apsû als Eigenname zu verstehen ist, wird kaum zu widersprechen sein. Schrader bemerkt, dass er »...anstatt die durch Damascius für die spätere Zeit als Eigennamen gesicherten babylonischen Wörter apsû und mummu-tiâmat auch in der Übersetzung beizubehalten, dieselben durch Apellativa ... ersetzt habe« und »Eigentlich bedeutet das akkad. abzu ›Haus der Weisheit‹...« [1].

5 Nach Schrader bezeichnen Anshar und Kishar auch die Heere des Himmels und der Erde [2].

der Grundlage der bereits vorhandenen Schöpfung eine eigene Welt auf. Apsû hieß von nun an der Wohnort und Machtbereich Eas. Hier wurde schließlich von ihm und seiner Gattin Damkina »*der* Gott« geboren, der »weiseste der Weisen«: Marduk. Dieser Gott mit vier Augen und vier Ohren sollte der Zerstörer Tiâmats werden und belästigte sie Tag und Nacht mit »Wellen«.

Man wird Apsû in zweifacher Weise verstehen müssen: zum einen als die Urenergie, aus der die Schöpfung hervorging, zum anderen als das Wesenhafte dieser Urenergie. Tiâmat wird oft als Ozean, das Urmeer, aufgefasst, kann aber ebenfalls als das Wesenhafte eines Aspekts der Schöpfung verstanden werden. Ea wird zu einem Teil die aus der Urenergie entstandene Schöpfung für sich annektiert haben (vgl. Kapitel 4). Die wesenhaften Aspekte werden von vielen Verfassern gerne abgewertet, wenn es ihnen nicht ins persönliche Konzept passt, sie als Götter – und zwar als Urgötter – zu sehen.

Einige »Götter« haben nun böse Pläne, werfen Tiâmat Untätigkeit vor und fordern sie zum Kampf auf. Tiâmat rüstet sich. Die Lager der »Götter« spalten sich, einige halten zu Marduk, andere laufen zu Tiâmat über, die – vorher Gebärerin der »Götter« – für den Zweck der bevorstehenden Auseinandersetzung nun unüberwindliche »Waffen« mit Monster-Schlangen erzeugt. Diese haben scharfe Zähne und ihre Körper sind mit Giften gefüllt. Sie lässt grausame, aber gottähnliche Drachen entstehen, deren Anblick furchterregend ist. Sie stellt eine Horde von Monstern auf: die Schlange, den Drachen, einen anderen (als den oben genannten) »Lahâmu«, den großen Löwen, den tollwütigen Hund, den Skorpionmann, Sturmdämonen, die Drachenfliege (soll man diese als einen fliegenden Drachen verstehen?) und den Bison. Elf Arten von Monstern entstehen, und Tiâmats Erstgeborener Kingu wird ihr Anführer.

Ea erfährt von diesen Vorbereitungen und bekommt Angst. Er berichtet Anshar darüber, der sich sehr beunruhigt. Da Ea bereits Apsû getötet hat, will Anshar, dass er nun auch Kingu töten soll. Es scheint, dass er dieser Aufgabe ausweicht (an dieser Stelle ist die Tafel beschädigt). Anshar wendet sich dann an Anu, der erst mit Tiâmat verhandeln möchte, dann aber vor ihrer Kampfbereitschaft zurückschreckt. Die Anunnaki – das Volk des Anu – sind besorgt. Ea ruft nun Marduk zu sich in sein Zimmer und fordert ihn zum Kampf auf. Dieser nimmt die Aufgabe mit Kampfeslust an.

Gut und Böse in der Götterwelt

Bei dieser Erzählung bekommen wir zunächst den Eindruck, dass unter den aus Tiâmat und Apsû hervorgegangenen »Göttern« auch »schwarze Schafe« waren. Tiâmat wollte sie mütterlich dulden, aber Apsû wollte sie beseitigen, um wieder Ordnung und Ruhe herzustellen. Die Störenfriede zettelten dann einen Aufstand an und übernahmen durch Mord und Gewalt die Macht. Dies erscheint fast wie eine Variante der uns geläufigen Geschichte von Luzifer (oder Satan) und den »gefallenen Engeln«, die ihm folgten! Tiâmat wird dann von der Notwendigkeit zu kämpfen überzeugt und ist bereit, einzugreifen und sich zu verteidigen.

Auf welcher Seite aber ist hier das Böse? Einerseits ist die Rede von dem »bösen Plan« Mummus und Apsûs zur Beseitigung der »göttlichen Störenfriede«, und es heißt über Tiâmat, dass sie »über das Böse in ihrem Herzen« nachsann, als sie diesen Plan erst ablehnte. Andererseits erscheinen Eas Tat sowie sein und Anshars Plan, der von Marduk ausgeführt wird, nicht weniger böse! Ea selbst tötet seinen Urgroßvater und lässt seine Urgroßmutter umbringen (Kommentar: s. Kap. 7: »*Was geschah mit dem Urschöpfer?*«)! Die zwei Urgötter! Vater und Mutter der ganzen Schöpfung! Marduk wird dann zum Herrn der Welt, zum »Gott« unserer Erde und ihrer Menschen, und schließlich zum obersten »Gott« Babylons. Leicht drängt sich der Verdacht auf, dass hier »Böses« und »Gutes« aus der subjektiven Sicht der Verehrer dargestellt werden – eine Sicht, die von den Ethnologen und Tafelkundigen kritiklos übernommen wird. Dem kritischen Leser mögen aber Ea, Anshar und Marduk eher als die wahren Übeltäter erscheinen! Und sie gewinnen schließlich auch den Kampf. Sind es die »Rowdies« der Götterwelt, die hier durch List und Mord – zumindest über einen Teilbereich der Welt Apsûs – die Macht übernehmen?

Ein kosmischer Kampf

Im Anschluss daran, so die Erzählung weiter, kommt es zu einem kosmischen Kampf, der in mancher Hinsicht an »Star Wars« erinnert. Der Höhepunkt des Kampfes ist erreicht, als Marduk die Göttin Tiâmat tötet:[6]

6 Die Textauszüge sind hier aus der englischen Übersetzung in *The Babylonian Genesis* von Alexander Heidel [3] vom Verfasser ins Deutsche übertragen.

»Er machte ein Netz, um darin Tiâmat einzuschließen, und ließ die vier Winde verhindern, dass ihr etwas entfliehen könne; der Südwind, der Nordwind, der Ostwind und der Westwind, die Gabe seines Großvaters Anu ließ er am Rande des Netzes ziehen.
Er erschuf den bösen Wind, den Zyklon, den Orkan, den vierfachen Wind, den siebenfachen Wind, den Wirbelwind, den unvergleichlichen Wind.
Er sandte die von ihm erschaffenen vier Winde hinaus, alle sieben; sie entstanden hinter ihm, um Tiâmat innerlich aufzuwühlen.
Der Herr ließ den Sturmregen[7] herab, seine mächtige Waffe.
Er bestieg seinen unwiderstehlichen, schrecklichen Sturmwagen; er schirrte ein Gespann von vier und jochte diese ihm an,
den Zerstörer, den Gnadenlosen, den Zertrampler, den Flieger. Ihre Zähne waren scharf und trugen Gift; sie wussten zu zerstören, hatten zu Überrennen gelernt; [...][8] sie erschlugen, sie waren im Kampfe furchtbar.« (Tafel IV, 41-55)

Marduk nähert sich Tiâmat, und alle seine Helfergötter marschieren an seiner Seite. Tiâmat brüllt laut los, und Marduk klagt sie an, in Arroganz und Überheblichkeit einen Konflikt hervorgerufen und durch eine Verschwörung Unfrieden gestiftet zu haben. Söhne hätten durch ihren Einfluss ihren Vätern Unrecht getan, und Tiâmat würde ihre Kinder grundlos hassen. Sie hätte das Böse gesucht – Marduk stellt also die Verhältnisse umgekehrt dar! Er fordert sie zu einem Kampf heraus, der wie folgt endet:

»Der Herr breitete sein Netz aus und fing sie ein;
den bösen Wind, der ihm folgte, ließ er in ihr Gesicht los.
Als Tiâmat um ihn zu verschlingen ihren Mund öffnete, trieb er den bösen Wind hinein, sodass sie ihre Lippen nicht schließen konnte.
Die wütenden Winde füllten ihren Bauch; ihr Bauch blähte sich und sie sperrte ihren Mund weit auf.

---

7 *Abûbu*, »Regenflut«, »Wolkenbruch« u.ä. Dies mag aber auch ein mythologisches Wesen sein. Es wird an anderer Stelle auch von einem *abûbu* mit Flügeln gesprochen. Darf man an dieser Stelle sogar an einen Flugkörper denken?

8 [...] bezeichnet beschädigte und deshalb unleserliche Stellen der Keilschrifttafeln. Tafel V ist leider größtenteils unleserlich oder unvollständig.

Er schoss einen Pfeil ab und dieser zerriss ihr Inneres; er durchschnitt ihre inneren Teile und spaltete ihr Herz.
Als er sie überwältigt hatte, zerstörte er ihr Leben.«

(Tafel IV, 95-103)

Himmelsdach und Erde

Die Helfergötter Tiâmats versuchten zu fliehen. Sie wurden jedoch gefangen genommen, ihre Waffen wurden zerstört. Marduk spaltete den Schädel von Tiâmat und schnitt ihre Blutgefäße durch. Den Schädel ließ er durch den Nordwind in eine entfernte Gegend tragen, und die »Götter«, die sich auf seine Seite geschlagen hatten, jubelten. Den Rest des Körpers teilte er wie eine Muschel in zwei Teile. Die eine Hälfte ließ er eine Art Dach am Himmel bilden, aus dem Gegenstück erschuf er Esharra – die Erde. Im Anschluss daran schuf er Aufenthaltsorte für die großen »Götter«.

Marduk ließ den Tierkreis am Himmel entstehen und legte das Jahr mit 12 Monaten fest.[9] Er erklärte Nîbiru zum Ort der »Götter«, an dem ihre Pflichten verkündet werden. Schließlich setzte er den Mond in seinen Lauf.

Unter den »Göttern«, die hier am Werk waren, waren die Anunnaki. Sie wurden so genannt, weil ihr oberster »Gott«, Eas Vater Anu, der Himmelsgott, war. Nîbiru ist ihre Heimat und – nach Sitchin – der 12. Planet, zählt man (wie in der alten Sternkunde und Astrologie) Sonne und Mond mit.

Die Erschaffung der Menschheit

Nach der Erschaffung der Erde, des Himmels, der Sonne und des Mondes sprach Marduk wie folgt:

»›Blut will ich bilden und Knochen entstehen lassen:
Dann werde ich den Menschen machen,
sein Name soll ‘Mensch’ sein.

9 Dies dürfte auf eine Festlegung der Umlaufbahn der Erde deuten, da sich dadurch der Tierkreis und die Monatseinteilung des Jahres ergeben.

Ja, ich will den Mensch erschaffen!
Ihm soll auferlegt werden, den Göttern zu dienen,
sodass sie ruhen können.
Ich werde außerdem die Wege der Götter geschickt gestalten.
Sie sollen gleich viel verehrt,
aber auf zwei Gruppen aufgeteilt werden.‹
Ea antwortete und sprach ihm ein Wort,
um seine Meinung in Bezug
auf die Entlastung der Götter zu ändern:
›Lass einen ihrer Brüder herholen;
lass ihn vernichtet werden, um Menschen zu gestalten.
Lass die Götter sich hier versammeln,
lass den Schuldigen herholen und lass sie[10] sicherstellen‹.«

(Tafel VI, 5-16)

»›Es war Kingu, der den Streit anstiftete,
er brachte Tiâmat zum Aufstand und zum Kampf sich zu rüsten‹.
Sie fesselten ihn und führten ihn Ea vor;
zur Strafe schnitten sie seine Blutgefäße durch.
Mit dem Blut erschufen sie das Menschengeschlecht.
Er erlegte (den Menschen) auf, den Göttern zu dienen und ließ die Götter frei.
Nachdem Ea, der Weise, das Menschengeschlecht erschaffen
und ihm den Göttern zu dienen auferlegt hatte –
die Menschen sollten diese Arbeit nicht verstehen;
gemäß dem geschickten Plan des Marduk hat Nudimmud [= Enki] erschaffen –,
Marduk, der König, teilte alle Anunnaki nach oben und nach unten ein;
er teilte sie dem Anu zu, um über seine Verordnung zu wachen.
Dreihundert setzte er zur Wache in den Himmeln.
Er legte auch die Wege der Götter auf der Erde fest.
Im Himmel und auf der Erde ließ er sechshundert verweilen.«

(Tafel VI, 29-44)

10 Die Überläufer zu Tiâmat.

Ein Heiligtum auf Erden

Dreihundert der Anunnaki wurden Himmelswächter. Diese werden auch Igigi genannt. Weitere dreihundert Anunnaki wurden für den Dienst auf der Erde eingeteilt. Letztere Zahl ergibt sich aus der letzten Zeile des oben erwähnten Zitates, in der von 600 die Rede ist. Es handelt sich offensichtlich um die Gesamtzahl. Die Anunnaki, die auf der Erde bleiben sollten, wollten nun einen irdischen Aufenthaltsort für sich und Marduk errichten. Es heißt wie folgt:

> »›Komm, lasst uns etwas errichten, dessen Name 'Heiligtum' sein soll.
> Es soll uns eine Behausung für die Nachtruhe sein;
> kommt, lasst uns darin ruhen!
> Lasst uns darin einen hochgestellten Thron errichten,
> einen Sitz mit Rücklehne!
> Wenn wir herkommen, werden wir darin (im Heiligtum) ruhen‹.
> Als Marduk dies hörte, erstrahlte sein Gesicht wie der Tag,
> ›So soll Babylon sein, dessen Errichten ihr gewünscht habt;
> lasst sein Ziegelwerk gestalten und nennt es 'Heiligtum'‹.«
>
> (Tafel VI, 51-58)

Nun entstand ein hoher turmförmiger Tempel Esagila, in dem für Marduk, Enlil und Ea Aufenthaltsräume eingerichtet wurden. Daraufhin errichteten die Anunnaki noch Altäre für sich selbst. Marduk wurde von Anu (seinem Großvater) in einer ziemlich diktatorischen Weise zum »Gott« der Menschen ernannt.

> »›Lasst ihn hoch erhoben sein [...]
> Lasst seine Priesterschaft erhabenst sein [...]
> Lasst ihn Hirte der Menschheit sein, seiner Geschöpfe.
> Die kommenden Tage hindurch, lasst sie ohne Vergessen von seinen Wohltaten sprechen.
> Lasst ihn (Marduk) große Opfergaben für seine Väter festsetzen.
> Lasst sie (die Menschen) für die Verpflegung der Götter sorgen und ihre Heiligtümer pflegen.

Möge er dafür sorgen, dass den Göttern wohlriechende Opfergaben gebrannt werden; mögen ihre Beschwörungen […]
Lasst ihn auf Erden ein Abbild erstellen, von was er im Himmel machte.
Lasst ihn die Menschen lehren, ihn zu fürchten.
Lasst seine Untergebenen immer wissen, wer ihr Gott und ihre Göttin sind‹.« (Tafel VI, 105-114)

Bei dem so eingerichteten Heiligtum könnte man an den Garten Eden denken. Dies erscheint aber an dieser Stelle doch etwas abwegig, da in der Geschichte bisher kaum etwas an die Schöpfungsgeschichte in der Bibel erinnert. Doch dazu später mehr.

Ergänzende babylonische Schöpfungsberichte

Neben der zuvor erwähnten Schöpfungsgeschichte, die in *Enûma Elish* überliefert ist, gibt es eine Reihe weiterer Schöpfungsberichte. Zu den wichtigsten gehört eine zweisprachige Darstellung, die 1882 von Hormuzd Rassam in den Ruinen von Sippar (heute Abu Habba) gefunden wurde.

Nach dieser Darstellung gab es auf der Erde zuerst nichts Erschaffenes; sie war ganz von Wasser bedeckt. Dann entstanden Eridu und Esagila (zwei Tempel). Marduk ließ Land entstehen und schuf das Menschengeschlecht.

Aruru erschuf zusammen mit Marduk »den Samen der Menschen« (wohl Adapa – siehe unten) und dann das Pflanzen- und Tierleben auf der Erde.

»Er erschuf die Tiere des Sumuqan[11] und die lebendigen Dinge der Steppe; er erschuf Tigris und Euphrat und setzte sie an ihre Orte; er gab ihre Namen ordnungsgemäß kund.
Er erschuf das Gras, die Binse der Sümpfe, das Schilf und die Wälder; er erschuf das grüne Kraut auf dem Felde; den Erdboden, die Sümpfe, das Röhricht; die Kuh und ihr Junges, das Kalb; das Mutterschaf und ihr Lamm, die Schafe in der Herde;
den Obstgarten und die Wälder; die wilden Schafe, die Wollschafe …« (Tafel 22-30)

11 Gott der Rinder und der Vegetation.

Verwandtes wird auch auf anderen Tafeln (von anderen Fundstellen her) berichtet, die sich zum Teil in einem schlecht lesbaren Zustand befinden. Ein Text, der eine Art von Zwischenstufe solcher Texte zu sein scheint, beschreibt, wie Anu – als er den Himmel erschaffen hatte – in seinem Wohnort Apsû (d.h. in dem annektierten Bereich Apsûs) ein bisschen Lehm[12] abzwickte und daraus eine Art von Leit-Göttern für menschliche Tätigkeiten erschuf. So entstand der »Ziegel-Gott« für die Erhaltung der Tempel. Es entstanden weiter die Götter der Schreiner, der Schmiede, des Betens, der Goldschmiede und der Graveure.

Mehr über die Erschaffung des Menschen

Einige weitere Tafeln befassen sich damit, wie das Menschengeschlecht erschaffen wurde. Eine der Tafeln scheint anzudeuten, dass es *zweimal* zu einer Menschenschöpfung kam, dies aber gilt unter den Forschern nicht als sicher. Es wird nämlich auch eine andersartige Schöpfungsgeschichte erzählt, in der die Göttin der Geburt, Ninhursag – auch Mami oder Nintu genannt –, mit der Erschaffung beauftragt wird.

»Sie riefen die Göttin […]
Die Gehilfin der Götter, die weise Mami:
›Du bist die gebärende Mutter,
die Schöpferin des Menschengeschlechts;
erschaffe den Menschen, sodass er das Joch trage;
Sodass er das Joch trage …
Der Mensch soll […] der Schöpfung tragen.‹
Nintu öffnete ihren Mund
und sagte den Göttern:
›Von mir alleine kann dies nicht getan werden;
mit seiner (Enkis?) Hilfe wird der Mensch entstehen.
Er soll derjenige werden, der alle Götter fürchtet.
Lehm[13] […]

12 Vgl. Kapitel 5.
13 Vgl. Kapitel 5.

Enki öffnete seinen Mund
und sagte den großen Göttern:
›Im Monat des Ersatzes und der Hilfe,
oder der Reinigung des Landes und des Urteils seines Hirten,
lasst sie einen Gott erschlagen,
und lasst die Götter [...]
Mit seinem Fleisch und Blut
lasst Ninhursag Lehm vermischen.
Gott und Mensch
[...] im Lehm vereint.‹« (Tafel 5-27)

Eine weitere Tafel, die in den Ruinen von Ashur gefunden wurde, erwähnt die zwei ersten Menschen, Ulligarra und Zalgarra, denen – wohl wegen ihres Anteils an göttlichem Blut – ebenfalls Göttlichkeit zugesprochen wurde.

»Als der Himmel von der Erde, dem fernen getreuen Zwilling,
getrennt war, und die Mutter der Göttinnen entstanden war;
wenn die Erde entstanden und gestaltet war« (Tafel 1-4)

... und Verschiedenes auf der Erde errichtet war, besprachen die »Götter«, was sie getan hatten. Dann wurde vorgeschlagen, Menschen zu schaffen.

»›Was sollen wir noch tun?
Was sollen wir noch erschaffen?‹
Die großen Götter, die da standen,
die Anunnaki, welche die Schicksale festlegen,
ihrer beiden Gruppen,[14] antworteten Enlil:
›In Uzuma, wo Himmel und Erde sich verbinden,
lasst uns zwei Lamga-Götter erschlagen.
Mit ihrem Blut lasst uns die Menschheit erschaffen.
Ihr Los soll sein, den Göttern zu dienen,
in allen Zeiten,
um den Grenzgraben aufrechtzuhalten,
um Hacke und Korb
in ihre Hände zu legen ... ‹« (Tafel 19-31)

14 Igigi und Anunnaki. Igigi sind die Anunnaki, die als Himmelswächter »oben« blieben.

Diese Menschen sollten das Feld der Anunnaki bestellen und bewässern, sodass es viel einbrachte. Sie sollten die Feste der »Götter« feiern und Ochsen, Schafe, Rinder, Fische und Geflügel halten. Auch andere Tafeln sprechen davon, dass die Menschen erschaffen wurde, um ohne viel eigene Freiheit den »Göttern« zu dienen. Eher als Sklaven der »Götter« …

Die Legende von Adapa

Einige nur teilweise erhaltene Lehmtafeln erzählen eine Geschichte, die an dieser Stelle von besonderem Interesse ist. Sie wurden zum Teil in den Archiven der ägyptischen Könige Amenhotep III und IV und zum Teil in der Bibliothek des assyrischen Königs Ashurbanipal gefunden. Es wird hierin von Adapa berichtet, dessen Name »Samen der Menschheit« bedeutet und der von Ea erschaffen worden war. Er diente im Tempel Eridu und war ein Weiser unter den Anunnaki, aber offensichtlich nicht selbst ein Anunnaku[15]. Adapa fuhr einmal auf das Meer hinaus, um für Eridu Fische zu fangen. Da kam ein südlicher Wind und versenkte sein Schiff. Adapa rächte sich.

»Der Südwind blies und versenkte ihn
und tauchte ihn in die Welt Eas.[16]
›Südwind, […] deinen Flügel will ich brechen!‹
So wie er dies mit dem Mund gesprochen hatte,
brach der Flügel des Südwindes. Sieben Tage lang
wehte der Südwind nicht mehr über das Land.
Anu rief Ilabrat, seinen Wesir:
›Warum hat der Südwind sieben Tage nicht mehr über das Land geweht?‹
Ilabrat, sein Wesir, antwortete ihm: ›Mein Herr
Adapa, der Sohn Eas, hat dem Südwind den Flügel gebrochen.‹
Als Anu diese Äußerung hörte, rief er aus: ›Hilfe!‹
Er stand von seinem Thron auf: ›Führt ihn zu mir!‹«
(Fragment II, 1-13)

15 EinzahlAnunnaku, MehrzahlAnunnaki.
16 Das Meer gilt als die Welt Eas.

Ea wusste, was geschehen war und was noch kommen würde, und er bereitete Adapa auf die Begegnung vor. Er sollte ein Trauerkleid tragen, um damit die zwei Wächter an Anus Pforte, Tammuz und Gizzida, zu besänftigen. Durch das Gewand sollte er den Wächtern seine Trauer darüber zeigen, dass jene zwei nicht mehr auf der Erde waren, um dadurch deren Unterstützung zu gewinnen.

Dann steigt Adapa in den Himmel hinauf und kommt zu Anu.

»›Komm her, Adapa! Warum hast du dem Südwind den Flügel gebrochen?‹
Adapa antwortete Anu: ›Herr, ich fing auf hoher See Fische
für das Haus meines Herrn.
Das Meer war wie ein Spiegel;
aber der Südwind kam wehend und versenkte mich;
ich wurde in das Reich meines Herrn getaucht.
Im Zorn meines Herzens
verfluchte ich den Südwind‹. Tammuz und Gizzida
sprachen an seiner Seite und sagten freundliche Worte
zu Anu. Sein Herz beruhigte sich, er wurde schweigsam.
›Warum hat Ea einem unreinen Menschen
das Herz von Himmel und Erde offenbart?[17]
Er hat ihn stark und ihm einen Namen[18] gemacht.
Und was uns betrifft, was sollen wir mit ihm tun?
Die Speise des Lebens bringt ihm, sodass er essen mag‹.
Die Speise des Lebens brachten sie ihm, aber er aß nicht.
Das Wasser des Lebens brachten sie ihm, aber er trank nicht.
Ein Kleid brachten sie ihm und er zog es an.
Öl brachten sie ihm und er ölte sich damit ein.
Anu sah ihn an und lachte.
›Komm her, Adapa! Warum hast du nicht gegessen und nicht getrunken? Geht es dir nicht gut? […]‹
›Ea, mein Herr, sagte: 'Iss nicht, trink nicht!'‹
›Bringt ihn zurück auf seine Erde!‹« (Fragment II, 48-70)

17 Hatte er ihn etwa vom »Baum der Erkenntnis« essen lassen?
18 Vgl. Kapitel 3.

Die Übel der Menschheit

Ea hatte Adapa davor gewarnt, von den angebotenen Speisen und Getränken zu nehmen und behauptete, sie seien vergiftet. Hat er Adapa auf diese Art und Weise irregeführt, damit dieser nicht ewiges Leben erreichte? Wollte er durch eine Lüge verhindern, dass Adapa Unsterblichkeit erlangte?

> »Dann hat Anu dem Adapa auferlegt [...].
> Er verfügte Freiheit von dem vorgeschriebenen Dienst
> an die Stadt Eas [Eridu];
> seine hohe Priesterschaft bis zu weit entfernten Tagen zu
> verherrlichen verfügte er ihm als Schicksal.
> Zu der Zeit als Adapa, der ›Samen der Menschheit‹,
> [...] siegvoll den Flügel des Südwindes brach
> und zum Himmel hinaufstieg, und was weiter geschah,
> wurde dies festgelegt. Was auch er an Übel über die Menschen
> gebracht hat, und die Krankheiten, die er über die Körper
> der Menschen gebracht hat,
> diese wird die Göttin Ninkarrak lindern.
> Lasst die Krankheit entstehen und vergehen, lasst die Krankheit weichen!
> [...] möge Schrecken fallen!
> [...] einen süßen Schlaf soll er nicht haben!
> [...] Freude des Herzens des Volkes.« (Fragment IV, 9-21)

Wie aus den hier angeführten Versen hervorgeht, ist Ninkarrak die Göttin des Heilens. Auch wenn die Menschheit wegen des oben erwähnten Geschehens fortan leiden musste, so gab es gegen das Leid auch Linderung und Heil. Den Menschen wurde jedoch die »Unsterblichkeit« vorenthalten. In den Erzählungen wird angedeutet, dass die »Götter« »ewig« leben, doch wird hier eher gemeint sein, dass sie wohl sehr viel länger leben als die Menschen und nur im Vergleich beinahe »ewig« (denn auch sie sind ja erschaffen und nicht wirklich Götter).

Was sind denn die »Winde«?

In der eben erwähnten Schöpfungsgeschichte wird an vielen Stellen von »Winden« gesprochen. Der Wind weht und fliegt. Da sich die Götter den Inschriften zufolge im Weltraum und auch in der Luft hin und her bewegten, liegt der Gedanke nahe, dass sie Fluggeräte benutzten. Dies tritt besonders an der Textstelle zutage, in der es heißt, dass dem Südwind der Flügel brach und er deshalb nicht mehr fliegen konnte. Denn es kann im luftlosen Weltraum, in dem der Darstellung nach der Kampf zwischen Marduk und Tiâmat stattgefunden haben müsste, keine Winde in Form von Luftbewegungen geben! Wir werden in späteren Kapiteln auf diese Idee bzw. diese Frage zurückkommen.

REFERENZEN

1. Eberhard Schrader[19]: Die Keilinschriften und das Alte Testament, 2. Aufl., J. Ricker'sche Buchhandlung, Giessen, 1883, S. 7 bzw. 5.

2. Schrader, a.a.O., S. 10.

3. Alexander Heidel: The Babylonian Genesis, 2. Ausgabe, The University of Chicago Press, Chicago, 1960.

---

19 Sitchin nennt den Autor fälschlicherweise »Schräder«.

2. BABEL UND DIE BIBEL

Man findet eine Anzahl an Parallelen zwischen den babylonischen Schriften und dem Alten Testament. Einige dieser sich entsprechenden Textstellen sind in der Bibel an verschiedenen Orten zu finden. Darüber hinaus gibt es eine bemerkenswerte und ausführliche Parallele zur Sintflutgeschichte [1-3]. Physikalisch ist es allerdings unvorstellbar, dass die ganze Erde von Wasser bedeckt wurde! Wo sollte denn all das Wasser herkommen und wo ging es nachher hin? Wenn das Wasser derart hoch stieg, müsste es sich ja um sehr viel mehr Wasser gehandelt haben, als in unseren Meeren vorhanden. Genügt da die Annahme vom Schmelzen und von einer anschließenden Neubildung des Polareises? Wie sollte so etwas denn in einem so kurzen Zeitraum geschehen können? Der Bibel zufolge entspräche dieser Zeitraum weniger als einem Jahr. Es wird sich also doch um eine andere Art von Katastrophe gehandelt haben müssen. Vorstellbar wären durch Naturkatastrophen ausgelöste riesengroße Flutwellen. So soll nach neuen Erkenntnissen der Vulkanologen vor vielen Jahrtausenden der größte Vulkanausbruch der Erdgeschichte auf der Insel Sumatra die Menschheit durch Flutwellen, Gas und Verdunkelung (Staub in der Atmosphäre, weshalb es zu einer Abkühlung und einer Eiszeit kam) beinahe ausgelöscht haben (mehr hierzu unten). Der Untergang von Atlantis, so sehr die Existenz dieses (Sub-?)Kontinents auch von der Schulwissenschaft angezweifelt wird, dürfte ebenfalls große Flutwellen ausgelöst haben.

Verschiedene Verfasser haben sich mit den oben genannten Parallelen und Übereinstimmungen ausführlich befasst [3-6]. Es wird ersichtlich, dass die Schöpfungsgeschichte in der *Genesis*, im 1. Buch Mose, wie eine hebräifizierte Kurzfassung der babylonischen Geschichte erscheint, wobei Letztere viel früher ansetzt. Die Vorgeschichte in der Götterwelt ist in der Version der *Genesis* nicht enthalten. In der Bibelversion wird die Erschaffung der Himmel (im Originaltext in Mehrzahl) und der Erde (oder der materiellen Welt) zu Beginn nur kurz angedeutet.

Zu den stärker auffallenden Parallelen gehören folgende Aspekte (vgl. [4], hier darüber hinaus von mir etwas ergänzt):

Die *Mehrzahl* der Schöpfergötter und die wiederholte *Mehrzahl* im 1. Buch Mose

Die Erschaffung des Firmaments
Die Erschaffung des Festlandes
Die Erschaffung der großen Lichter (Sonne und Mond)
Die Erschaffung von Pflanzen und Tieren
Die Erschaffung der Menschen (aus Lehm bzw. Staub oder Erde)
Die möglicherweise *zweifache* Erschaffung der Menschen
Adapa und Adam[20]
Die Sintflutgeschichte

Mehrere dieser Parallelen sind offensichtlich. Auf sie muss hier nicht näher eingegangen werden, der Hinweis auf die entsprechende Literatur [1-6] soll an dieser Stelle genügen.

Die Mehrzahl in der biblischen Schöpfungsgeschichte

Im ersten Kapitel des 1. Buches Mose steht:[21]

> »Gott sprach: ›Nun wollen WIR einen Menschen machen, in UNSEREM Abbilde, in Ähnlichkeit mit UNS ...‹
> Da erschuf Gott den Menschen in seinem Abbilde,
> ... männlich und weiblich erschuf er sie.« (26-27)

Es fällt auf, dass in der Formulierung die Mehrzahl verwendet wird und von »WIR« bzw. »UNS« gesprochen wird. Und es steckt noch mehr dahinter! Das im hebräischen Text verwendete Wort für Gott ist hier *'Elohim*, das wiederum die *Mehrzahlform* von *'Eloha* ist. *'Eloha* oder *'El* bedeutet »Gott« und *'Elohim* bedeutet also »**die Götter**«! Nun wird diese Bibelstelle immer mit »Gott« in der Einzahl übersetzt, und die Theologie (scheinbar auch die

20 Man darf sich nicht dazu verleiten lassen, »Ea« aufgrund der Lautähnlichkeit mit »Eva« zu vergleichen! »Eva« ist die verwestlichte Form von hebr. *cheva* = »Leben«.

21 Die Zitate aus dem Alten Testament werden hier mit wenigen Ausnahmen aus *Die Tora nach der Übersetzung von Moses Mendelssohn* [7] zitiert (da diese Übersetzung eines jüdischen Gelehrten etwas neutraler sein dürfte als eine kirchliche). Da die weiteren Bücher des Alten Testaments darin nicht erhalten sind, wird darüber hinaus nach Luthers Übersetzung [8] zitiert (vom Verfasser in heutiges Deutsch übertragen). Die Hervorhebungen in den zitierten Bibelstellen stammen vom Verfasser.

jüdische) erklärt die Mehrzahl als *pluralis majestatis*. Mir erscheint dies wie eine Notlösung in einem theologischen Dilemma.[22]

'El kommt laut Sitchin [10] vom akkadischen *ilu* = »die Hohen« – auch im physischen Sinne von: »Jene, die hoch oben sind« – oder »die von der Höhe«?

In einem Bibeltext, der sich an die Pfingstbewegung anlehnt [11], wird die Mehrzahl als »Vater, Sohn und der Heilige Geist« gedeutet – Begriffe, die erst im Neuen Testament auftreten und dem Alten Testament fremd sind (der »Geist Gottes« im Alten Testament dürfte etwas anderes sein, als der Heilige Geist, von dem Jesus spricht). Auch dies sieht nach einer Notlösung aus.

Die Mehrzahlform tritt im dritten Kapitel des 1. Buches Mose nochmals auf:

> »Das ewige Wesen, Gott, sprach: ›Nunmehr ist Adam wie einer von UNS, zu kennen Gutes und Böses ...‹« (22)

Ein indirekter weiterer Hinweis liegt in der Antwort der Schlange an Eva: Wenn sie und Adam von der Frucht des Baumes der Erkenntnis essen würden, so würden sie »wie *Götter*« sein (1 Mos 3,5).

An mehreren Stellen der Bibel werden in einem Zusammenhang *Götter* erwähnt, wobei der folgende Eindruck vermittelt wird: Es existieren zwar durchaus auch andere Götter, man soll sich allerdings nur an einen einzigen halten. Das bekannte Gebot im 2. Buch Mose 20,3 (siehe unten) mag wie eine »Konkurrenzverbotsklausel« erscheinen. In diesem 2. Buch befinden sich mehrere in diesem Zusammenhang relevante Stellen:

22 Tuch versuchte es so zu erklären: »Im concreten Sinne ist *'Elohim* zunächst Plural ... wo indess die Mehrzahl der göttlichen Erscheinungen aufhört concret aufgefasst zu werden, vielmehr im Gedanken des Göttlichen überhaupt aufgeht, da wird der Plural *'Elohim* zum Abstractum: *die Gottheit*« [9]. Hier scheint mir seine Überlegung selbst das größere Abstractum zu sein. (Seine ältere Schreibweise ist im Zitat belassen.)

»Herr, wer ist dir gleich unter den Göttern?«[23] (15,11)
»Nun weiß ich, dass der Herr größer ist als alle Götter ...«[4] (18,11)
»Du sollst keine anderen Götter haben vor meinem Angesicht.« (20,3)
»Über die Götter sollst du nicht fluchen.«[4] (22,28)
»Lass den Namen fremder Götter nicht erwähnen. Er soll durch deinen Mund gar nicht gehört werden.« (23,13)

Es gibt eine sehr große Zahl weiterer Beispiele, so zum Beispiel in 2 Mos 12,12; 20,5; 22,20; 22,28; 23,24; 23,32-33 und 34,14-16, in 4 Mos 25,2 und 33,4, in 5 Mos 4,28; 5,7; 6,14; 7,4; 7,16; 7,25; 8,19; 10,17; 11,16; 11,28; 12,2-3; 12,30-31; 13,2; 13,6-7; 13,13; 17,3; 18,20; 20,18; 20,26; 28,24; 28,64; 29,18; 29,26; 30,17; 31,16; 31,18; 31,20; 32,16-17 und 32,37 sowie an noch viel mehr Stellen in Joshua, Richter, 1 Samuel, 2 Samuel, 1 Könige, 2 Könige, 1 Chronik, 2 Chronik, Ezra, Psalmen, Isaias, Jeremias, Daniel, Hosea, Nahum und Sophonias.

Bemerkenswert ist auch die Rede von den »Kindern Gottes« in 1 Mos 6,2 und 6,4 (hier nach [8], da [7] abweichend als »göttliche Menschen« übersetzt): »Da sahen die Kinder Gottes die Töchter der Menschen, wie schön sie waren, und nahmen sich zu Weibern, welche sie wollten ... Es waren zu diesen Zeiten Riesen (Tyrannen) auf der Erde, denn da die Kinder Gottes die Töchter der Menschen beschliefen und ihnen Kinder zeugten, wurden daraus Gewaltige in der Welt und berühmte Leute«. Hier verwendet der hebräische Text wieder *'Elohim,* und dem Wortlaut nach wären die »Kinder Gottes« eigentlich »*Kinder der Götter*«. Der Text unterscheidet zwischen ihnen und den Menschen. Sie waren also keine Menschen. Waren sie Halbgötter? Und warem die von ihnen gezeugten »Riesen« dann etwa Viertelgötter? (Vgl. hierzu auch Kapitel 3.)

Eine apokryphe Schrift, das *Buch Enoch* (*Henoch*) – zur Unterscheidung von anderen Büchern, die ebenfalls Enoch zugeschrieben werden, auch *1 Enoch* genannt – beschreibt folgendermaßen das, was geschah [12]: »Und es ergab sich, dass wenn die Kinder der Menschen sich vermehrt hatten, in

23 An dieser Stelle nach Luthers Übersetzung [8], da [7] mit »Mächten« bzw. »göttlichen Wesen« übersetzt. In fast allen geläufigen Bibelübersetzungen steht an diesen Stellen aber das Wort »Götter«. Der hebräische Text verwendet jedenfalls in 2 Mos (Exodus) 18,11, 20,3 und 23,13 das Wort 'Elohim (Mehrzahl von 'Eloha). (15,11) weist die Mehrzahlform von 'El auf, nämlich 'Elim.

jenen Tagen ihnen schöne und anziehende Töchter geboren wurden. Und die Engel, die Kinder des Himmels, sahen sie und hatten Lust nach ihnen, und sie sagten zueinander: ›Kommt, lasst uns von den Kindern der Menschen Frauen nehmen und mit ihnen Kinder zeugen.‹ Und Semjâzâ (hebr. Shemîhazah), ihr Leiter, sagte zu ihnen: ›Ich fürchte dass ihr mit diesem Vorhaben nicht einverstanden sein werdet, sodass ich alleine die Strafe für eine große Sünde werde zahlen müssen.‹ Und sie antworteten ihm alle und sagten: ›Lasst uns einen Eid schwören und uns gegenseitig mit einem Bann binden, diesen Plan nicht aufzugeben, sondern dieses zu tun.‹ Und sie schworen alle und banden sich gegenseitig mit einem Bann. Und sie waren in allem zweihundert, die in den Tagen des Jared auf den Gipfel des Berges Hermon niederstiegen, und sie nannten den Berg Hermon, da sie auf ihm geschworen und sich gegenseitig durch Bann gebunden hatten.[24]« Sie nahmen sich Töchter der Menschen und es entstanden Kinder, die zu Riesen heranwuchsen. Diese wandten sich gegen die Menschen, um diese zu verschlingen. Sie wollten das Fleisch von Menschen und Tieren essen und Blut trinken. Die 200 auf diese Weise gefallenen Engel lehrten sie und die Töchter der Menschen viele Geheimnisse über Magie, Astrologie, Geomantie und manche andere Dinge. Schließlich ging Gott dies zu weit. Er beauftragte den Erzengel Uriel, Noah zu warnen, da er eine Sintflut kommen lassen wolle. Die gefallenen Engel wurden an einem üblen Ort bis zum Tage des Gerichts eingekerkert. Diese »Engel« werden oft als »Wächter« bezeichnet. Es gibt weitere Bücher des Enoch. *Das Buch der Geheimnisse des Enoch* wird oft auch als *2 Enoch* bezeichnet [13]. Zwar enthält es fast nichts über die »Wächter« und die Sintflut (außer einer Andeutung in Kapitel 34), aber doch interessante Berichte über die Schöpfung. Darüber hinaus steht uns *Das hebräische Buch Enoch* oder *3 Enoch* zur Verfügung, in dem zu dem Thema »Wächter« mehr zu lesen ist [14]. Hierin werden die »Wächter« als *'irin* und *qadishin* bezeichnet. In diesem Buch wird Enoch auch Metatron genannt. Schließlich existiert noch eine Zusammenstellung von Fragmenten aus Höhle 4 in Qumran, *4 Enoch* genannt [15]. Darin gibt es ein *Buch der Riesen*, in dem Semjâzâ als Shamîzâd und Shemhazai bezeichnet wird. Es wurde teilweise rekonstruiert und erzählt von den Kindern, welche die »Wächter« mit den Erdenfrauen zeugten. Die »Wächter« hatten bei der Schöpfung Gott gebeten, keine Menschen zu erschaffen. Da es doch gesche-

24 »Hermon« bedeutet Burg, Festung, Palast.

hen war, baten sie um Erlaubnis, zu diesen Menschen herunterzusteigen, aber sie haben den Versuchungen nicht widerstanden und beherrschten nicht ihre »bösen Neigungen«. Eine weitere apokryphe Schrift, in der von den »Wächtern« die Rede ist, ist *Das Buch der Jubiläen* [16]. Hierin werden die »Wächter« so dargestellt, dass man an die »Himmelswächter« Igigi denkt[25]: »Und gegen die Engel, die er auf die Erde gesandt hatte, war er übermäßig erzürnt und gab den Befehl, sie alle aus ihren Gewalten auszurotten. Und er gebot uns, sie in den Tiefen der Erde zu fesseln ... und gegen ihre Söhne erging von seinem Gesicht ein Befehl, dass sie alle mit dem Schwert geschlagen und von [der Welt] unter dem Himmel entfernt werden sollten.« (Kapitel 5, 6-7) Danach folgt die Beschreibung einer gewaltigen Zerstörung und schließlich der Sintflut.

Es gibt also auch aus anderen Quellen bemerkenswerte Informationen über diese »Wächter«, welche gewissermaßen die babylonische Geschichte mit der biblischen verknüpfen.

Waren die »Wächter« eigentlich Entwicklungshelfer?

Die »Wächter« oder »Söhne der Götter« werden in der Bibel ziemlich negativ dargestellt. Ihre Kinder seien »Riesen«, die Menschenfleisch essen und Blut trinken würden. Andererseits hatten die »Wächter« Gott (oder wohl eher die »Götter«) darum gebeten, keine Menschen zu erschaffen, und da sie doch erschaffen wurden, wollten sie zu ihnen. Allerdings bekommt man den Eindruck, dass es in Wirklichkeit anders gewesen sein könnte, etwa so: Die Anunnaki wollten Menschen in ihrem Sinne züchten, und zwar als Arbeiter (vgl. Kapitel 5) und auch, um von ihnen Lebensenergie »melken« zu können (vgl. Kapitel 8 und 9). Und diese Menschen sollten auf einer primitiven Stufe gehalten werden. Die »Wächter« aber hatten Mitgefühl mit diesen Menschen und wollten sie durch die Einführung neuer Gene bewusstseinsmäßig und geistig auf eine höhere Stufe erheben. Könnte es also sein, dass ihre Kinder nicht körperlich »Riesen« waren, sondern vielmehr in Bezug auf ihren Verstand, ihre Fähigkeiten und ihr Wissen? Viel-

25 Hier stellt sich die Frage, ob es einen etymologischen Zusammenhang zwischen »Igigi« und der lateinischen Bezeichnung »gigas« für »Riese« geben könnte. Die Kinder, welche die »Wächter« mit den Erdenfrauen zeugten, werden ja als »Riesen« bezeichnet.

leicht waren sie mit unseren heutigen Indigo- und Kristallkindern zu vergleichen? Und wollten dann die Anunnaki diese für sie so unerwünschte Entwicklung durch die Sintflut beseitigen? Wurden die »Wächter« und ihre Kinder als negativ dargestellt, um somit für die Sintflut eine Ausrede zu haben? Dies sind die Fragen, mit deren Beantwortung sich die nachfolgenden Kapitel befassen werden.

Wieder die Mehrzahl

3 Enoch erwähnt interessanterweise sowohl JHWH (Jahweh) als auch *'Elohim* in klarer Mehrzahl! In Kapitel X steht: »… außer die acht großen Prinzen, die Verehrten, die im Namen des Königs JHWH genannt werden« (3). Kapitel XV B erwähnt: »Er, der größer als alle Elohim ist« (1).

Widerspricht nun die Bibel grundsätzlich der Existenz anderer Götter – oder gibt die Bibel zu verstehen, dass es zwar andere gibt, verlangt aber von uns, dass wir uns von ihnen abwenden? Dass es möglicherweise andere Götter geben könnte, steht nicht in Widerspruch zu einer monotheistischen Grundanschauung! Jene Götter dürften in einem solchen Fall hierarchisch *einem* höchsten Gott unterstellt sein! Es ergibt sich allerdings die Frage, was mit dem Begriff »Götter« gemeint ist – eine Frage der Terminologie. Wenn wir die Mehrzahl in der Bibel wörtlich nehmen – eben *'Elohim* –, dann wäre damit wohl eine erste Definition gegeben.

Außerdem ergibt sich noch die Frage, welcher dieser Götter in der Bibel unser einziger Gott sein wollte. Zu dieser Frage kommen wir später zurück.

Eine zweifache Menschenschöpfung?

In Kapitel 1 wurde erwähnt, dass es einer Keilschrifttafel zufolge vielleicht eine *zweite* Menschenschöpfung gab ([4], S. 66). Diese Deutung ist unsicher, erscheint aber immerhin möglich.

Auch in der Bibel findet sich der Hinweis darauf, dass es eine zweite Menschenschöpfung gab. (In Kapitel 5 dieses Buches wird noch konkreter auf eine zweifache Menschenschöpfung nach der babylonischen Darstellung eingegangen, wodurch sich die Parallele erhärtet.)

In der Bibel steht geschrieben, dass Adam erst *nach* dem 7. Tag erschaffen wurde. Er war also doch nicht der erste Mensch! Denn die erste Menschenschöpfung gemäß Kapitel 1 des 1. Buch Mose (*Genesis*) erfolgt ja bereits am sechsten Tag. Adam tritt im 2. Kapitel auf die Bühne und war erst alleine da, bis ihm recht viel später eine Frau erschaffen wurde. Am sechsten Tag wurden aber bereits Menschen erschaffen, und zwar gleichzeitig (und nicht nacheinander) als Mann und Frau.

»... der erste Mensch war noch nicht da, um das Erdreich zu bearbeiten« (1 Mos 2,5) – aber vielleicht bereits woanders, außerhalb von Eden – mit anderen oder gar keinen Aufgaben betraut. Deshalb schuf Gott Adam aus dem Staub der Erde und blies ihm eine Seele[26] durch die Nase ein (2,7). Es stellt sich hier die Frage, ob in diesem Zusammenhang »Staub« wirklich von dem »Lehm« der babylonischen Texte (vgl. Kapitel 5) wesentlich zu unterscheiden ist, insbesondere, wenn man bemerkt, dass »Staub« durch Feuchtigkeit lehmig wird. Es ist an dieser Stelle zu bemerken, dass in Bezug auf Adam nicht von Gottes Abbild die Rede ist. Dieser Vergleich wird erst nachträglich – in 1 Mos 5,2 – in die Bibel eingebracht. Adam wird in 1 Mos 2,5 in den Garten Eden gesetzt, gewissermaßen als Gottes Gärtner. Sein Name bedeutet an erster Stelle »Mensch«.

Das Wort für »Staub« ist hier *'aphar*. Es bedeutet auch etwas, das pulverisiert, d.h. zu Staub oder kleinen Teilchen zerrieben ist. »Erde« heißt *'adamah*. Dies wird so erklärt, dass die Erde im Orient meistens rötlich ist, und *'adam* bedeutet auch »rot«, »rötlich«, »blutfarbig«. Es scheint aber sehr seltsam und weit hergeholt, als »Rohmaterial« für Adam trockenen Erdstaub anzunehmen. So stellt sich die Frage, ob man »Staub der Erde« etwa als »Blutteilchen« verstehen könnte (vgl. Kapitel 5)? Denn würde man von »Blutbestandteilen« ausgehen, so käme man der babylonischen Schöpfungsgeschichte sehr nahe, in der von der Erschaffung aus dem Blut eines erschlagenen »Gottes« gesprochen wird! Blutzellen enthalten Gene, und damit kämen wir auch Sitchins Theorien über ein genetisches Vorgehen sehr nahe! »Staub *der Erde*« könnte auch noch auf »Blutteilchen« irdischer Herkunft weisen, vielleicht von Tieren oder irgendwelchen Vormenschen.

26 In den meisten Übersetzungen wird von dem »Odem des Lebens« gesprochen. In dem hebräischen Text wird das Wort *nephesh* verwendet. Dieses Wort bedeutet in diesem Zusammenhang »Lebenshauch« im Sinne einer *Seele* und ist eine von drei verschiedenen hebräischen Bezeichnungen der menschlichen Seele: *ruach*, *nephesh* und *neshamah*.

Was das »Einblasen« einer Seele oder eines Lebensodems betrifft, so enthält eine Keilschrifttafel ebenfalls eine Parallele zu der biblischen Geschichte: »Im reinen Schafpferch ließen sie (die Anunna), für ihr Wohlergehen, in den Menschen den Lebensodem vorhanden sein« (siehe Kapitel 5).

In der Bibel wird im 1. Buch Mose Kapitel 2 nicht mehr *'Elohim* genannt, sondern *Jahweh 'Elohim*, sodass wohl *Jahweh* einer der *'Elohim* zu sein scheint, der sich eine eigene Schöpfung macht.

Adam und Eva aßen vom Baum der Erkenntnis und mussten Eden verlassen. Bald hatten sie Kinder, und der Sohn Kain nahm sich eine Frau (1 Mos 4,17). Seine Söhne nahmen sich auch Frauen. Woher kamen sie denn? Des Rätsels Lösung dürfte wohl sein, dass Gott – oder andere Götter – noch vor Adam Menschen erschaffen hat, die sich auch noch fleißig vermehren sollten (1 Mos 1,28)! Diese werden außerhalb von Eden gelebt haben, und Adam und Eva wurden offensichtlich zu ihnen verwiesen. Dies erklärt auch die sonst rätselhafte Angst Kains, dass jeder, der ihn finde, ihn wegen des Brudermordes töten könnte (1 Mos 4,14). Nach kirchlichem Dogma hätte es ja keine anderen Menschen gegeben, die ihn hätten töten können! Seine Eltern, seine Frau und seine eigenen Kinder kämen wohl kaum infrage (höchstens dann *Götter*, die es aber nach dem Dogma auch nicht gäbe).

Es lässt sich schwer leugnen, dass die Geschichte von Adam (»Mensch«) eine gewisse Ähnlichkeit mit jener von Adapa (»Samen der Menschheit«, Kapitel 1) aufweist. Adapa war ein Betreuer des Tempelgebietes Eridu, so wie Adam ein Betreuer Edens war. Auch die Bedeutungen der Namen sind verwandt. Adapa hat Wissen, Erkenntnis, von Ea erhalten, denn ihm wurde »das Herz von Himmel und Erde offenbart« (vgl. Kapitel 1) – Adam aß vom Baum der Erkenntnis. Er sollte nicht auch noch vom Baum des Lebens essen, um nicht auch ewiges Leben zu erhalten – Ea hat Adapa scheinbar irregeführt, sodass er die Chance auf ewiges Leben verpassen sollte (»Die Speise des Lebens brachten sie ihm, aber er aß nicht.«). Das, was Adam und Eva taten, ebenso wie das, was Adapa tat, wurde als Ursache für das Leid der Menschen gesehen (vgl. Ende Kapitel 1).

Es könnte noch eine weitere Ähnlichkeit zwischen den beiden Erzählungen geben: Adapa begegnet an der Pforte zum himmlischen Aufenthaltsort des Anu zwei »Göttern«, Tammuz und Gizzida (in der Literatur auch mit der Schreibweise Tamûz und Gishzida), die früher auf der Erde waren, sie aber nunmehr verlassen hatten (Kapitel 1), weshalb Adapa darüber Trauer zeigen sollte. In den Texten der Keilschriftkundigen sind die Namen belassen, Sitchin [17] aber übersetzt sie mit »Träger des Lebens« bzw. »Züchter der Wahrheit«, was uns an die zwei Bäume[27] in Eden denken lässt: an jenen des Lebens und jenen der Erkenntnis der Wahrheit von Gut und Böse.

Die Sintflutgeschichte

Heidel hat die Sintflutgeschichten in den babylonischen Texten und in der Bibel eingehend verglichen ([3], Kap. IV). Er spricht von den »bemerkenswertesten Parallelen zwischen dem Alten Testament und der ganzen Sammlung von Keilinschriften aus Mesopotamien«. Es gibt aber auch interessante Unterschiede, die man meiner Meinung nach im Zusammenhang mit der »Ummünzung« vom Polytheismus zum Monotheismus (vgl. Kapitel 6) sehen muss. Im Folgenden fasse ich Heidels Vergleich und seine Befunde kurz zusammen:

Laut dem 1. Buch Mose (*Genesis*), Kapitel 6-8, löste Jahweh die Sintflut aus, da die Menschheit böse geworden war, wobei auch die guten Menschen untergehen mussten. Den Keilschriften zufolge wurde die Sintflut von den »Göttern« nach einer Ratsbesprechung ausgelöst, da ihnen die Menschen »lästig« wurden. Sie waren zu zahlreich und »zu laut« geworden, und man wollte sie in einer schlechten Laune darüber loswerden (was als eine gewisse Parallele zum Anfang des *Enûma Elish* erscheint). In der Bibel hat Jahweh Noah den Auftrag gegeben, eine Arche zu bauen, um einen Keim des Lebens auf der Erde zu retten. In den Keilschriften ist Ea gegen den Beschluss des Götterrates. Er warnt daher Utnapishtim (auch Ziusudra genannt) und rät ihm, zum gleichen Zweck ein Fahrzeug zu bauen. In 1 Mos 8,21 bereut Jahweh, die Sintflut ausgelöst zu haben. In den babylonischen Texten sind die »Götter« zornig, da ihnen Ea einen Strich durch die Rechnung machte. In der Bibel gewährt Jahweh eine Gnadenfrist zur Besserung, die die Menschen aber nicht nutzen. In den Keilschriften haben die »Götter« verboten, die Menschen zu warnen, aber Ea übertrat das Verbot durch einen Trick: Er sprach nicht zu einem Menschen, sondern zu einer Wand – aber so, dass Utnapishtim dies mitbekam.

27 »Baum« heißt assyrisch/akkadisch *ishu(m)*. In manchen Verbindungen tritt aber die Abwandlung *gish-* auf. Kann man damit »Gish[zida]« verbinden?

Man könnte sich fragen, ob die Sintflut eine Art »ethnische Säuberung« bewirken sollte. Sollte vielleicht Genmaterial, das von den »Kindern der Götter« durch die »Töchter der Menschen« in die Menschheit gelangte, wieder ausgemerzt werden?

Es ist interessant, dass die Hopi-Indianer ebenfalls von einer Sintflut berichten: Die Menschen fingen an, ihre schöpferischen Fähigkeiten für Böses und Zerstörerisches einzusetzen. »Einige davon machten eine *pátuwvota* [einen Schild aus Haut] und konnten mit ihren schöpferischen Fähigkeiten diesen zum Fliegen durch die Luft bringen. Darauf flogen viele Menschen zu einer großen Stadt, griffen diese an und kehrten so schnell zurück, dass fast niemand wusste, woher sie gekommen waren. Bald machten Menschen vieler Städte und Länder *pátuwvotas* und flogen aus, um einander anzugreifen. So kamen Verderbnis und Krieg in die Dritte Welt, so wie diese zu den anderen [Welten] gekommen war. Zu dieser Zeit kam Sótuknang zur Spinnenfrau und sagte: ›... Es muss etwas unternommen werden, so dass nicht auch das Volk, das den Gesang in seinem Herzen hat, verdorben und getötet wird. ... Aber ich werde ihnen helfen. Dann wirst du sie retten, wenn ich diese Welt mit Wasser zerstöre.‹ ... So ließ er die Wässer über die Erde kommen. Wellen höher als Berge rollten auf das Land zu. Erdteile brachen auseinander und sanken in die Meere. Es regnete weiter und die Wellen rollten heran.« Einige Menschen retteten sich in hohlen Stämmen und konnten damit auf dem Wasser schwimmen. (Zur Schöpfung der Menschen durch Sótuknang und die Spinnenfrau siehe Kapitel 5.) [18]

Die Toba-Katastrophe – Auslöser der Sintflut?

Vor über 70 000 Jahren ereignete sich der größte uns bekannte Vulkanausbruch aller Zeiten. Der Vulkan Toba auf der Insel Sumatra explodierte mit einer unfassbaren Wucht, mit der ganze 800 Kubikkilometer Staub und Asche in die Atmosphäre hinauf geworfen wurden. Die Folge dieses Geschehens war ein »Vulkanwinter«, der sechs Jahre dauerte, sowie eine tausendjährige Eiszeit. Die Überlebensbedingungen für die bis dahin auf der Erde vorhandene Menschheit wurden durch Kälte und Hungersnöte so schlecht, dass man die Zahl der Überlebenden auf nur 10 000 bis 40 000 Menschen geschätzt hat, die sich in geschützteren Gebieten unweit des Äquators hatten verstecken können. Diese fast unvorstellbare Katastrophe brach genetische Linien der Menschheit ab. Das genetische Material eines Menschen enthält die gesamte Geschichte der Bevölkerungsgruppe, aus welcher dieser stammt. Man kann durch genetische Analysen erkennen, dass von einer Mehrzahl zuvor existierender genetischer Linien wahrscheinlich nur einige wenige übrig blieben. Man spricht von einem »genetischen Flaschenhals« der Menschheitsentwicklung. Es gingen also ganze »Menschenrassen« unter, und nur ein paar blieben bestehen [19]. Diese wissenschaftliche Erkenntnis stimmt mit den Bemerkungen in der babylonischen Überlieferung sowie mit den Erzählungen in der Bibel überein, in denen es heißt, dass ein Teil der Menschheit vernichtet werden sollte, und zwar derjenige Teil, der eine für die »Götter«‹unerwünschte Entwicklung erreicht hatte. Sollten also tatsächlich die Gene von den »Kindern der Götter« ausgemerzt werden?

Die geschilderte Katastrophe führte zu einer lang andauernden starken Verdunkelung der Erde, die zu einem wesentlichen Teil durch den Staub und die Asche, die sich in der Atmosphäre angesammelt hatte, verursacht wurde und zu einem weiteren Teil daraus resultierte, dass die hoch oben in der Luft schwebenden Partikel Kondensationskerne für die Luftfeuchtigkeit bildeten und somit zu sehr starken, dauerhaften Wolkenbildungen führten. Es trat rasch eine Eiszeit ein, und es muss aufgrund der Wolkenmassen ständig stark geregnet bzw. geschneit haben, was die Sintflutgeschichte ja auch beschreibt. Riesige Tsunami-Flutwellen werden breite Küstengebiete im asiatischen Raum – bis hin zu den Gebieten des heutigen Afrika und des Vorderen Orients – weit ins Landesinnere hinein überspült haben. Hinzu kamen vermutlich starke Erdbeben und mit ihnen neue Flutwellen. Wahrscheinlich wurde die Erdkarte durch diese Ereignisse umgestaltet. Verschob sich gar die Erdachse? Frühere, heute historisch eher unbekannte Hochkulturen dürften untergegangen sein, so zum Beispiel die lemurische (vgl. Kapitel 4 und 11). Das alles passt zur biblischen Sintflutgeschichte. Man mag sich fragen, ob die Anunnaki diese enorme Explosion *ausgelöst haben*? Interessant ist in diesem Zusammenhang folgende Mitteilung im apokryphen *Buch Jasher*: »An jenem Tag brachte der Herr die ganze Erde zum Beben, und die Sonne wurde verdunkelt, und die Fundamente der Welt wüteten, und der Blitz flammte auf, und der Donner brüllte, und die Quellen der Erde brachen aus, so wie es ihre Bewohner noch nie gekannt hatten; und Gott führte diese mächtige Tat aus, um die Söhne der Menschen [die

»Riesen« oder *nephilim*? (vgl. Anfang dieses Kapitels und Kapitel 3)] zu erschrecken, sodass es auf der Erde kein Böses mehr geben solle.« [20]

Dass Flutwellen die Landmassen überschwemmten wird in Bezug auf die Toba-Katastrophe in der Literatur selten erwähnt. Doch haben wir am 26. Dezember 2004 und in den Wochen danach diesen Aspekt leider allzu deutlich vorgeführt bekommen, und zwar in einem Ausmaß, das angesichts der gewaltigen Toba-Katastrophe nur als »Miniaturausgabe« der Tsunamis bezeichnet werden kann. Der Vulkan Toba, der sich auf der *Insel* Sumatra in der Nähe des Meeres befand, existiert heute nicht mehr. Die Explosion hat an der Stelle, an der dieser große Berg einst lag, lediglich einen Riesenkrater hinterlassen. In ihm befindet sich heute ein großer See. Es ist offenkundig, dass die enorme Ausbruchswucht zu entsprechenden intensiven Seebeben um die Insel herum geführt haben muss – und das weit über die Richter-Skala hinaus. Die Insel dürfte damals eine andere Form gehabt haben, da der Ausbruch sie höchstwahrscheinlich umgestaltet hat.

Das Wasser oben und das Wasser unten

In der Bibel steht: »Gott sprach: ›Es werde eine Ausdehnung mitten im Wasser, damit eine Abscheidung sei zwischen Wasser und Wasser.‹ Also machte Gott die Ausdehnung und schied zwischen den Wassern unter der Ausdehnung und den Wassern über der Ausdehnung, und es geschah so. Gott nannte die Ausdehnung ›Himmel‹ [wiederum steht hier im Originaltext Himmel in der Mehrzahl].« (1 Mos 1,6-8) Das Wort, das hier mit »Gott« übersetzt wurde, ist wiederum *'Elohim*, also »die Götter«. Bei Luther steht: »Da macht Gott die Feste und scheidet das Wasser unter der Feste von dem Wasser über der Feste.« Was für eine »Feste« ist das, und wie kann das Wasser oben und unten sein? Was hier mit »Feste« übersetzt wurde, ist das hebräische Wort *raqi'a*, das »breitgeschlagene (Metall-)Platte, Firmament, das feste Himmelsgewölbe« bedeutet. Doch stellen wir uns heute das Himmelsgewölbe eigentlich keineswegs als »fest« vor. Sitchin versteht dies als den Asteroidengürtel, der aus Überresten eines zertrümmerten Planeten bestünde. Das Wasser oben und unten kann er aber nicht gut erklären. Boulay [21] stellt eine Hypothese von einem »Wasserbaldachin« auf und meint, dass in uralten Zeiten eine dicke Wolkenhülle die Erde umgeben habe, worin eine enorme Menge von Wasser »schwebend« gespeichert gewesen sei. Eine Art von Gleichgewicht zwischen dem Wasser in den Wolkenmassen und dem Wasser in den Meeren sei dann zusammengebrochen, und das »Wasser oben« sei bei der Sintflut heruntergekommen. Es ist nicht leicht, schwebendes Wasser physikalisch als Dauerzustand vor jenem Abschnitt der Schöpfung zu begründen; man kann darunter höchstens Wolkenmassen verstehen. Würde Boulays Hypothese zutreffen, so wäre es zu jener Zeit unter einer dicken, schweren und alles überdeckenden Wolkenhülle auf der Erde – wie in einer Eiszeit – ständig sehr dunkel und kalt gewesen, so wie vorübergehend nach der Toba-Katastrophe. Eine solche Hypothese wäre also nur vorstellbar, wenn man einen solchen vorübergehenden Zustand nach der Toba-Katastrophe annimmt. Eine derartige Wolkenhülle könnte außerdem nicht derart viel Wasser enthalten, dass es, wenn es herunterkäme, die ganze Erde überdecken würde! Denn erstens wäre ja das Wasser in den Wolken vorher von einer nicht überschwemmten Erde hinaufgestiegen (und wie sollte es dann so viel davon sein können, dass es nachher die Erde überschwemmte?) und zweitens: Wo wäre denn all dieses Wasser heute (denn da die Erde ja nicht mehr überschwemmt ist, müsste es woanders hin entschwunden sein)?

Ich persönlich würde eine andere Theorie vorschlagen, die mir viel einleuchtender erscheint. Nehmen wir einmal an, dass in uralten Zeiten vor der Sintflut die Erde mit ihrer damaligen Achsenlage zwei Polarozeane hatte und sich dazwischen eine im Wesentlichen äquatorial ausgebreitete Landmasse befand. Damit hätten wir dann »das Wasser oben« (in der nördlichen Polargegend, wenn auch »oben« und »unten« hier subjektive Zuordnungen sind), »das Wasser unten« (südlich) und dazwischen die »Feste« – einen Äquatorialkontinent. Durch eine gewaltige Katastrophe mit umfassender Umgestaltung der Erde könnte diese Trennung durchbrochen worden sein, sodass vorher im Wesentlichen äquatorial gelagerte Landmassen nachher größtenteils nicht mehr äquatorial gelegen wären.

Es ist wiederholt behauptet worden, dass die Erdachse sich verlagert habe, und dies wohl nicht nur einmal in der Erdgeschichte. Die Schulphysik ist da allerdings sehr skeptisch und weist auf den Gyroskopeffekt hin. Demnach wäre für eine Verschiebung der Erdachse eine enorme Energie notwendig (die allerdings durch einen Zusammenstoß mit einem Asteroiden oder einem Kometen hätte zustande kommen können). Da dürfte aber ein Denkfehler vorliegen! Denn die Lage der Rotationsachse der Erde muss sich ja nicht im Verhältnis zur Ekliptik geändert haben; die Lage der Erdkugel im Verhältnis zu ihrer Rotationsachse kann sich aber sehr wohl verschoben haben. Das wäre dann eine andere Sache und käme für die Geografie einer nur scheinbaren Verschiebung der Erdachse gleich. Letztere hat sich dann nicht wirklich verschoben, sondern ihre Lage im Verhältnis zur Ekliptik behalten, während sich aber die Erdkugel quer zur Äquatorialebene gedreht hat. Diese Theorie stünde viel weniger im Konflikt zum Gyroskopeffekt.

Heute schmelzen die Polareismassen immer schneller. Es ist vielleicht nicht sehr viel Ungleichheit im Abschmelzen in verschiedenen Regionen um die Pole herum erforderlich, um eine Unwucht der Erdkugel zu verursachen! So wie das Rad eines Autos bei einer Unwucht rattert, könnte dann die Erdkugel im Verhältnis zu ihrer Rotationsachse anfangen zu taumeln – wobei Letztere ihre Lage im Verhältnis zur Ekliptik immer noch beibehalten dürfte –, bis sich die Erde schließlich auf eine neue Gleichgewichtslage einpendelt. Ein solches Taumeln würde zu Spannungen in der Erdkruste führen. Diese könnte aufbrechen, und die Kontinente könnten sich abermals verschieben. Es käme folglich zu großen Erdbeben und Vulkanausbrüchen. Die Erde würde noch einmal umgestaltet und es könnte wieder eine Sintflut kommen.

So könnte einmal ein hypothetischer Äquatorialkontinent aufgebrochen worden sein. Wenn die Erde taumelt, so schwappt das Wasser der Meere sicherlich über. Gewaltige Flutwellen überspülen schon deshalb die zum Teil auseinanderbrechenden Landmassen. Ein solches Ereignis wäre von einer »Sintflut« auch nicht weit entfernt!

Aber warum haben denn die *'Elohim* die Feste als »Himmel« bezeichnet? Das Himmelsgewölbe über der Erde ist ja nicht fest, sondern bildet vielmehr eine Lufthülle. Das hebräische Wort für »Himmel« ist hier *shamajim*, was wiederum eine Mehrzahlform ist! Die Einzahl *shamaj* wird in der Sprache nicht gebraucht. Das Wort kommt von *shamah*, was »hoch sein« bedeutet. Würde ein hypothetischer Äquatorialkontinent mit hohen Bergen über die Polarozeane hochragen, so ist hier diese Bezeichnung zutreffend. Und gäbe es dann viele hohe Berge, so wäre die Mehrzahl berechtigt, etwa im Sinne von: »Die Höhen über den Wassern«?

Das Ende des Mayakalenders und das Kippen der Erdachse

Der Kalender der alten zentralamerikanischen Mayakultur endet angeblich im Jahre 2012. Es ist viel darum gerätselt worden, was dies bedeuten soll. Vielleicht meinte man einfach, dass eine Zeitspanne bis zu diesem Jahr zunächst reiche, da man einen Kalender ja nicht unendlich fortsetzen könne, und man dachte, dass andere später den Kalender fortsetzen. Viele meinen jedoch, dass das Ende jenes Kalenders auf eine bevorstehende einschneidende Veränderung der Erde hinweisen könnte. Wenn diese Behauptung zutrifft, dann stellt sich allerdings folgende Frage: Auf welches Ereignis sollte es hinweisen? Hier reichen die Spekulationen von Katastrophen und einem dritten Weltkrieg bis hin zu einem spirituellen Umbruch mit einer Bewusstseinsveränderung der Menschheit. Damit wäre wohl das Ende des Kalenders schwer zu begründen. Dazu reichen auch Erdbeben, Vulkanausbrüche, Tsunamis, Wirbelstürme, Klimaveränderungen und ein eventueller dritter Weltkrieg nicht aus. Denn selbst wenn es zu einem einschneidenden Ereignis kommen sollte, so würde der gleiche Kalender im Anschluss daran – wenn auch in einer veränderten Welt – immer noch gelten müssen. Sollte aber die Erdachse wieder kippen, dann sieht es anders aus. Dann müsste der jetzt noch gültige Kalender aufhören zu gelten, da sich Jahreszeiten und Erdregionen in Bezug auf Erdrotation und Sonne ändern würden. Die Sonnenbahn würde von der Erde aus gesehen anders verlaufen als heute. Damit müsste der Kalender ganz neu berechnet werden. Ist dies möglicherweise die Erklärung für das Ende des Mayakalenders?

Reaktionen der kirchlichen und der rabbinischen Theologie

Wie reagiert nun die Kirche auf diese Vergleiche? Sie ignoriert sie größtenteils oder versucht, ein anderes Bild heraufzubeschwören. In der Öffentlichkeit wird nicht von babylonisch-biblischen Zusammenhängen gesprochen, sodass das Volk der Kirchengläubigen darüber kaum Bescheid weiß. In wissenschaftlichen Arbeiten der Theologie gelingt es den Autoren nicht wirklich, diese Zusammenhänge zu ignorieren. Doch versucht man, sie zu entkräften. So schreibt z.B. Westermann: »Wenn Genesis 1 in einem entscheidenden Punkt von der babylonischen Schöpfungsgeschichte in

Enuma eliš abweicht, weil in Genesis 1 die Schöpfung nicht aufgrund eines Kampfes ermöglicht wird und damit der dramatische Charakter fehlt ...« [22], obwohl doch recht deutlich zu erkennen sein sollte, dass *Genesis* 1 (1 Mos) dort anfängt, wo der Kampf *vorüber* ist. Die Vorgeschichte im Kosmos wird in der Bibel nicht erwähnt. War sie vielleicht in einem verloren gegangenen Abschnitt der *Genesis* noch enthalten? Wenn dies so wäre, dann könnte ein Rätsel bezüglich des Anfangsbuchstabens der Bibel gelöst werden, das von Sitchin aufgeworfen wurde (der Buchstabe sollte ihm zufolge nicht *beth*, sondern der erste Buchstabe *'aleph* des Alphabets sein, vgl. Kapitel 7). Heidel [4] versucht im Zusammenhang mit seiner Übersetzung von *Enûma Elish*, die Vergleiche ein wenig in den Hintergrund zu schieben, ohne jedoch von der herkömmlichen Meinung grundsätzlich abzuweichen.

Auch in jüdischen Kreisen will man die Zusammenhänge zwischen der Bibel und den babylonischen Schriften nicht anerkennen. Sitchin dürfte in dieser Hinsicht zumindest von einigen als »graues Schaf« gesehen werden. Der Rabbiner Rapaport [23] hat versucht, das Ganze umzudrehen. Man bemerkt sein vorgefasstes Ziel: Es *darf* nicht wahr sein, dass das erste Buch Mose, die Genesis, aus babylonischen Quellen stammt – es *muss* umgekehrt sein, sofern die Vergleiche überhaupt stimmen. Er leugnet manche Parallelen und sucht an einigen Stellen eine andere Übersetzung von Passagen der Keilschrifttexte zu finden. Er will nachweisen, dass die *Genesis* älter sei als diese Texte, und dass daher wohl eher die babylonischen Texte von der Bibel beeinflusst worden seien – nicht umgekehrt. Zwischen Moses und Marduk will er eine Ähnlichkeit sehen. Ohne es zwar direkt zu behaupten, scheint er den Gedanken nahe legen zu wollen, Moses könnte eine »Vorlage« für die Marduk-Gestalt gewesen sein. Rapaports Abhandlung wirkt aber nicht überzeugend, denn man spürt seine Absicht, die Texte in seinem Sinne deuten zu wollen.

Neue Bücher von Sitchin verschleiern den kosmischen Ursprung

In seinem neunten Buch [25] rekonstruiert Sitchin aus einer ganz eigenen Sichtweise heraus die Geschichte der Götter und der Menschheit. Es ist eine ziemlich eigensinnige Zusammenfassung der Darstellung der Lehmtafeln, in der die Urgeschichte von Apsû und Tiâmat sowie die Erzählung von den Urgöttermorden der Anunnaki mit keinem Wort erwähnt werden.

Vor ein paar Jahren ist Sitchins zehntes Buch erschienen [26], das aber lediglich auf die irdischen Zeugnisse seiner Auslegung eingeht.

Warum geht er nicht auf die Urgöttermorde ein? Er scheint im Wesentlichen die Anunnaki als ziemlich positiv darstellen zu wollen, was aber jener Mordgeschichte widersprechen würde.

REFERENZEN

Bemerkung: Ref. 5, 6 und 17 beziehen sich auf noch nicht ganz vollständig zur Verfügung stehende babylonische Texte in einem frühen Stadium der Forschung, da erst später die Zusammenstellung und Zuordnung der Tafelfunde allmählich weitergeführt wurden.

1. W.G. Lambert, A.R. Millard: *Atra-Hasis, the Babylonian Story of the Flood*, Clarendon, Oxford, 1969
2. *Das Gilgamesch-Epos*, übers. v. Albert Schott, Reclam, Stuttgart, 1977, Tafel 11
3. Alexander Heidel: *The Gilgamesh Epic and Old Testament Parallels*, The University of Chicago Press, Chicago IL, 1949
4. Alexander Heidel: *The Babylonian Genesis*, 2. Aufl., The University of Chicago Press, Chicago IL, 1960
5. Eberhard Schrader: *Die Keilinschriften und das Alte Testament.* Die 1. Ausgabe dieses Buches (J. Ricker, Giessen, 1872, 388 Seiten) ist wie ein Kommentar in Lexikon-Form zum Alten Testament gestaltet, nach den Texten in deren Reihenfolge geordnet sowie in der Folge des Auftretens der jeweils besprochenen hebräischen Wörter jener Texte, und zwar mit Erklärungen, die sich auf die Keilinschriften beziehen. Die 2. Ausgabe war darüber hinaus auf fast den doppelten Umfang erweitert (J. Ricker, Giessen, 1883, 618 Seiten). Diese Ausgabe ist in unserem Zusammenhang die brauchbarste, doch leider schwer zu finden. Die 3. Auflage ist eine posthume Überarbeitung – völlig umgestaltet und ganz anders geordnet –, welche die z.T. kritisch dargestellte Beziehung zum Alten Testament in den Hintergrund treten lässt – eine wissenschaftliche Bibelkritik wahrscheinlich absichtlich abschwächend? (Reuther & Richard, 1905, überarbeitet von H. Zimmern und H. Winckler; 2. Teil von H. Zimmern: »Religion und Sprache«). Eine Textsammlung zu den Schriften Schraders wurde von Rogers herausgegeben [24].
6. George Smith: *The Chaldean Account of Genesis*, Sampson Low, Marston, Searle and Rivington, London, 1876

7. Annette Böckler (Hrsg.): *Die Tora nach der Übersetzung von Moses Mendelssohn*, Jüdische Verlagsanstalt, Berlin, 2001

8. Martin Luther: *Die gantze Heilige Schrifft*, 3 Bde., dtv, 1974

9. Friedrich Tuch: *Commentar über die Genesis*, 2. Auflage, Buchhandlung des Waisenhauses, Halle, 1871, S. XXXI

10. Zecharia Sitchin: *The Stairway to Heaven*, Avon, New York, 1983, S. 86

11. *The Holy Bible. Amplified Version*, Zondervan, Grand Rapids MI, 1987

12. *The Book of Enoch*, übers. v. R.H. Charles, Clarendon, Oxford, 1912, Kap. VI-XI; Neudruck 1964 von Health Research, Mokelumne Hill CA. Äthiopischer Text, aus dem Amharischen übersetzt

13. »The Book of the Secrets of Enoch« in *The Lost Books of the Bible and the Forgotten Books of Eden*, Collins World / Fontana, 31. Druck, New York, 1974, sowie http://www.delusion-resistance.org/ufo/docs/enochsecret.pdf

14. *3 Enoch or The Hebrew Book of Enoch*, übers. v. Hugo Oldberg, Ktav, New York, 1973

15. *The Books of Enoch*, hrsg. v. J.T. Milk, Clarendon, Oxford, 1976

16. *The Book of Jubilees*, http://alge.anart.no/projects/free_books/apocrypha/The_Book_of_Jubilees.pdf sowie http://www.sherryshriner.com/books/book_of_jubilees.htm

17. Zecharia Sitchin: *The 12th Planet*, Avon, New York, 1978, S. 90

18. *Book of the Hopi*, zusammengestellt von Frank Waters, Ballantine, New York, 11. Druck 1977, S. 23-24

19. http://www.bradshawfoundation.com/evolution, http://www.sciencedaily.com/releases/1998/09/980908074159.htm, http://encyclopedia.thefreedictionary.com/Toba%20catastrope%20theory, http://www.braiyencyclopedia.com/encyclopedia/t/toba_catastrope_theory.html

20. *The Book of Jasher*, TGS Services, Yoakum TX, o.J., sowie M.M. Noah & A.S. Gould, New York, 1840

21. R.A. Boulay: *Flying Serpents and Dragons*, The Book Tree, Escondido CA, 1997

22. Claus Westermann: *Genesis*, Neukirchener Verlag des Erziehungsvereins Neukirchen-Vluyn, Neukirchen, 1974, S. 112

23. I. Rapaport: *The Babylonian Poem* Enuma Elish *and Genesis Chapter One*, Hawthorn, Melbourne, 1979

24. Robert William Rogers: *Cuneiform Parallels to the Old Testament*, Abingdon, New York, 2. Ausg. 1926

25. Zecharia Sitchin: *The lost Book of Enki*, Bear, Rochester VT, 2002

26. Zecharia Sitchin: *The Earth Chronicles Expedition*, Bear, Rochester VT, 2004

3. MODERNE TECHNIK IN DER ALTEN BIBEL?

Der 1962 plötzlich verstorbene schwedische Flugdirektor und Professor der Flugtechnik namens Henry Kjellson (geboren 1891) erweckte im Jahre 1956 eine lebhafte Diskussion und erregte recht viel Aufregung, als er in der renommierten Industriezeitschrift *Industria* einen Artikel veröffentlichte [1]. Darin legte er eine höchst kontroverse Theorie vor, nämlich die, dass einige Stellen in der Bibel Beschreibungen von so hoch entwickelten technischen Einrichtungen wie Flugzeugen sein könnten und dass Moses in der Bundeslade ein radioaktives Material hätte gehabt haben können.

Auch andere Autoren haben einige Rätsel aufgegriffen, die in den Bibelgeschichten zu finden sind – u.a. haben Josef F. Blumrich, Erich von Däniken und Zecharia Sitchin (siehe unten und spätere Kapitel) die nachfolgend besprochene Beschreibung Hesekiels der *Cherubim* im gleichen Sinne erörtert. Doch Kjellson war ein Pionier und einer der Ersten, die diese Thematiken behandelten. Er war im Ausland unbekannt und dürfte heute auch in seiner Heimat weitgehend vergessen sein. Er schrieb hierüber vier Bücher [2-5], und ich möchte ihn deshalb als Vertreter dieser Gedankengänge wählen, da ich selbst Schwede bin und seine Studien erinnerungswürdig finde.

Wie konnte man das bauen?

Kjellson stellt die Frage, wie man in uralten Zeiten die Cheopspyramide und andere monumentale Steinkonstruktionen hat bauen können. Die Königskammer im Inneren dieser Pyramide hat 43 enorme Granitsäulen, die ein Gewicht von je 70 000 kg aufweisen. Die enormen Steinblöcke der Pyramide selbst fügen sich so fein aneinander, dass man zwischen die Fugen nicht einmal eine Stecknadel einbringen könnte, und sie sind mit einer dünnen Schicht eines uns heute unbekannten Zements verbunden. Im Baalstempel von Baalbeek liegen 12 Meter über dem Boden drei Riesensteinblöcke von je 1200 Tonnen. Damit seien nur zwei Beispiele genannt, die eine Steinbaukunst vorführen, die uns bisher rätselhaft erscheint. Man stellt sich heute die große Frage, wie man ohne jegliche Technik solche Konstruktionen herstellen konnte? Konnte dies lediglich mit dem massenhaften Einsatz von Sklaven geschehen? Reicht eine solche Erklärung wirklich aus? Oder ist sie einfach nur die einzige, die in der Schulwissenschaft vorstellbar ist?

Alte Flugzeugsichtung?

Um die Bibel unvoreingenommen lesen zu können, hatte Kjellson Hebräisch gelernt und ist zu unkonventionellen Deutungen gekommen. In Hesekiel 1,4-28 erblickt der Prophet merkwürdige »Tiere« (vgl. Hesekiel 10). Er nennt sie »Cheruben«, die oft als »himmlische Wesen« beschrieben werden. Diese »Tiere« haben vier Flügel und auf geraden metallglänzenden Beinen Räder (»runde Füße«[28]), die ihnen im Fluge folgen!

> »... und diese Flügel lagen aneinander. Wenn sie gingen, mussten sie sich nicht drehen, sondern wohin sie gingen, gingen sie geradeaus.«[29] (9)
>
> »Als ich das Tier sah, da stand ein Rad bei den vier Tieren auf der Erde und es sah aus wie vier Räder. Diese Räder waren türkisfarbig und sie waren vier, das eine wie das andere, und sie sahen aus als wäre ein Rad im anderen. Wenn sie gehen sollten, konnten sie ohne sich zu drehen in alle vier Richtungen gehen. Ihre Felgen und Höhe waren schrecklich und ihre Felgen waren voller Augen rund herum, an allen vier Rädern[30]. Wenn die Tiere gingen, so gingen die Räder auch neben ihnen, und wenn das Tier sich von der Erde emporhob, so hoben sich auch die Räder empor. Denn es war ein lebendiger Wind in den Rädern.« (15-20)
>
> »Oben aber über den Tieren war eine Gestalt wie ein Himmel, wie ein Kristall, schrecklich, gerade oben über ihnen ausgebreitet. Unter dem Himmel waren ihre Flügel und einer stand neben dem anderen, und jeder Leib war von einem Flügel bedeckt. Ich hörte die Flügel

28 In manchen Bibelübersetzungen »Füße wie ein Kalb« oder »wie die Fußsohlen eines Kalbs«. Das Wort *'agel* (Hes 1,7) kann »Kalb, Rind« bedeuten, aber auch »rund« oder »rollen«.

29 Nach der Luther-Bibel, siehe Referenz in Kapitel 1, vom Verfasser in heutiges Deutsch übertragen.

30 Vgl. die peripheren Aussparungslöcher zur Massenverringerung, wie z.B. in Autofelgen!

rauschen wie große Gewässer und wie ein Dröhnen des Allmächtigen, wenn sie gingen, und wie ein Getümmel in einem Heer. Wenn sie aber stillstanden, ließen sie ihre Flügel nieder, und wenn sie stillstanden und die Flügel niederließen, donnerte es im Himmel oben über ihnen. Über dem Himmel, so wie oben über jedem [Tier] einer war, war eine Gestalt wie ein Saphir, einem Stuhl ähnlich, und auf jenem Stuhl saß eine Gestalt wie ein Mensch. Ich sah es und es war leicht hell. Innen war es eine Gestalt wie ein Feuer rund herum. Von seinen Lenden über ihn und unter ihm sah ich es wie Feuer glänzen.« (22-28)

Hätte Hesekiel ein helikopterähnliches Fluggerät gesehen, mit einer Kuppel aus Glas oder Kunststoff, unter der ein Pilot sitzt und in dem ein inneres Licht und eine Instrumentenbeleuchtung schimmerten, so hätte er es aus seiner Sicht nicht besser beschreiben können.

Auch Jahweh flog umher

Einigen Bibelstellen zufolge ist sogar Jahweh so »herumgefahren«, dass man an ein Fluggerät denken könnte:

»Und er fuhr auf dem Cherub und flog daher, und er schwebte auf den Fittichen des Windes.« (2 Sam 22,11)

»Er neigte den Himmel und fuhr herab, und dunkel war es unter seinen Füßen. Und er fuhr auf dem Cherub und flog daher, er schwebte auf den Flügeln des Windes.« (Psalter 18[17[31]],10-11)

»Wer fährt zum Himmel hinauf und herab? Wer fasst den Wind in seinen Händen?« (Sprüche 30,4)

»... du fährst auf den Wolken wie auf einem Wagen und gehst auf den Flügeln des Windes ...« (Psalter 104[103[31]],3)

31 Andere Zählung.

Was ist denn ein Cherub?

Im ersten Buch Mose (3,24) heißt es: »Er [Gott] vertrieb also den Adam und lagerte zur Morgenseite des Garten Eden die Cherubim und die flammende Klinge des Schwertes, das sich umwälzt, um den Weg zum Lebensbaum zu verwehren.«[32] Eine andere Übersetzung lautet: »… ein flammendes Schwert, das sich in alle Richtungen dreht …« [6]. Die Darstellung von Schwertern, die sich in alle Richtungen drehen, passt zur obigen Beschreibung eines helikopterähnlichen Flugzeuges, das einen rotierenden Hubpropeller (oder auch eine rundum zielende Waffe) hat. Diese Geräte wurden also an der Grenze zum Garten Eden stationiert. Gesenius [7] verbindet das Wort Cherub u.a. mit dem arabischen Wort *kheribb*, das »Transportschiff« bedeutet!

Ein Dampfer mit Metallrumpf?

Der Leviathan wird in Hiobs Buch, Kapitel 41, wie folgt beschrieben:

> »Seine stolzen Schuppen sind wie feste Schilder, fest und eng ineinander. Die eine berührt die andere, sodass kein Lüftlein dazwischen kommt. Sie hängen aneinander und halten untrennbar zusammen. Sein Niesen glänzt wie ein Licht, seine Augen sind wie die Augenlider der Morgenröte. Aus seinem Munde fahren Fackeln und feurige Funken schießen heraus. Aus seiner Nase geht ein Rauch wie von heißen Töpfen und Kesseln. Sein Odem ist lichterloh und aus seinem Munde gehen Flammen. Er hat einen starken Hals und es ist seine Lust, wenn er etwas verderben kann.« (6-13)

Kjellson wird durch diese Beschreibung an ein Kampfschiff erinnert, möglicherweise sogar eine Art von U-Boot aus zusammengefügten Metallplatten, aus dessen Schornstein (»Nase«) Rauch und Dampf steigen und das

32 Zitate aus den 5 Büchern Mose werden nach der Tora in Moses Mendelssohns Übersetzung gegeben, s. Referenz in Kap. 1 – Zitate aus anderen Teilen des Alten Testaments weiterhin nach Luthers Übersetzung, da Mendelssohns Übersetzung über die Tora hinaus nur noch Teile des Alten Testaments beinhaltet, die dazu als Ergänzung von Bedeutung sind.

mit Feuerwaffen schießen kann. Bei dem »starken Hals« könnte es sich möglicherweise um einen Drehturm handeln, aus dem heraus geschossen wurde. Vielleicht hatte es auch Scheinwerfer.

Die Bundeslade

Über die Substanz, die in der Bundeslade war, steht im 2. Buch Mose (*Exodus*):

> »Sie nahmen Ruß vom Ofen, stellten sich vor Pharao, Mosche warf ihn gen Himmel, da wurde er zu entzündeten Blasen, hervorbrechend am Menschen und am Vieh.« (9,10)

Für den Transport dieser Substanz in der Bundeslade und den Umgang mit ihr gab es strenge Vorschriften. Die Bundeslade war aus Akazienholz gebaut, innen und außen mit Gold bekleidet, und mit mehreren Schichten von Tierhaut bedeckt. Darüber kamen eine Decke aus Ziegenhaar, eine rotgefärbte Widderhaut und eine Tahash-Haut[33]. Wer an die Bundeslade gehen durfte, musste eine besondere Kleidung tragen und strenge Sicherheitsvorschriften einhalten. Sollte all dies gegen Strahlung schützen? Kjellson hält dies für möglich. Man fragt sich allerdings, wozu diese strahlende Substanz diente und wie man sie vor dem Pharao ausstreuen konnte, ohne selbst davon angegriffen zu werden – es sei denn, man ist in Schutzkleidung vor ihn getreten.

Elias' Himmelfahrt und alte Raketen

Sitchin [8] weist auch auf die Himmelfahrt des Elias hin, die dieser im Voraus selbst angekündigt hatte:

> »Und da sie miteinander gingen und redeten, siehe da kam ein feuriger Wagen mit feurigen Rossen und trennte sie voneinander, und Elias fuhr so in das Wetter gegen den Himmel.« (2 Kön 2,11)

33 Es handelt sich bei Tahash vermutlich um eine Robbe oder einen Dachs.

Er weist noch auf eine »rätselhafte Stelle am Anfang von Kapitel sechs im ersten Buch Mose hin, die Übersetzer und Theologen« in Schrecken versetzt (vgl. Kapitel 2):

> »... da sahen die göttlichen Menschen [in anderen Übersetzungen: ›Die Söhne der Götter‹] die Töchter des gemeinen Mannes, dass sie schön waren, und nahmen sich Frauen, welche sie sich erwählten.« (2)
> »Die Riesen waren damals auf der Erde, so war es auch nachher, weil die göttlichen Menschen [Söhne der Götter] zu den Töchtern des gemeinen Mannes kamen und diese ihnen gebaren. Dies sind Helden, welche von jeher berühmte Männer waren.« (4)

Das Wort, das hier mit »Riesen« übersetzt wurde, ist *nephilim*. Das hebräische Wort bedeutet eigentlich »Heruntergefallene«, abgeleitet von *naphal* = »fallen, herunterfallen, herabfallen, zur Erde fallen«. Was mit »berühmte Männer« übersetzt wurde, heißt im Originaltext eigentlich »die Männer des *shem*«. Was aber ist ein *shem*? Das Wort bedeutet »Name, Ruhm, Merkmal, Zeichen« und stammt nach Sitchin von der Wurzel *shamah*, die er mit »aufwärtsstrebend« oder »hochgestreckt« übersetzt (vgl. *shamajim* = »Himmel«, Mehrzahl!). Meine Wörterbücher übersetzen *shamah* als »hoch sein« [7,9]. Das Wort *shem* kommt auch in den babylonischen Texten vor und bezeichnet etwas, was in alten bildhaften Darstellungen als ein langgestreckter hoher Gegenstand mit einer konischen oder pyramidenförmigen Spitze erscheint. Sitchin meint, dass das Wort hypothetisch etwa auch als »Rakete« verstanden werden könnte und begründet dies mit vielen Hinweisen. So sei unter anderem Adapa mit Hilfe von einem *shem* in den Himmel gefahren (in Kapitel 1 mit »Namen« übersetzt). Sind also die *nephilim* die »Raketenleute«, die Söhne derer, die vom Himmel herunterkamen? Dies jedenfalls behauptet Sitchin.

Um noch einmal auf den zuvor erwähnten Zusammenhang von Anunnaki und den sogenannten Riesen zurückzukommen, so könnte man an dieser Stelle folgende Verknüpfung herstellen: Da die Männer des *shem* sich mit den Töchtern der Erde vermischten, kamen auf unkontrollierte Weise Gene der Anunnaki in die Menschheit, und diese hätten schneller als erwünscht so langlebig »wie die Götter« werden können (also: vom »Baum des Lebens essen«). Wurde deshalb – wie bereits einmal erwähnt – die Sintflut ausgelöst, um Überbleibsel unerwünschter »göttlicher« Gene aus der Menschheit auszumerzen?

Im ersten Buch Mose, Kapitel 11, wird vom Turm in Babel berichtet:

> »›Wohlan, lasst uns eine Stadt bauen und einen Turm, dessen Spitze an den Himmel reicht, damit wir uns einen Namen machen und verhüten, dass wir [die Söhne Adams] auf der ganzen Erde zerstreut werden‹.« (4)

Das Wort für »Name« ist hier wiederum *shem*. Sitchin behauptet [8], dass man eine Rakete bauen wollte – wollte man damit von der Erde weg, statt hier »zerstreut« zu werden? Jahweh kam dann herunter und sagte:

> »›Nun ist es ein einziges Volk und sie haben alle einerlei Sprache … Wohlan, wollen wir uns selbst herablassen und ihre Sprache daselbst verwirren, damit einer die Sprache des anderen nicht verstehe‹.« (6-7)

Was war das für eine Sprachverwirrung? Wenn sich tatsächlich alle auf der Erde verstanden, als würden sie eine einzige Sprache sprechen, so dürfte man sich eine *telepathische* Kommunikation vorstellen können! Die »Götter« unterhielten sich wahrscheinlich größtenteils telepathisch mit den Menschen und untereinander (vgl. Kapitel 8). Wurde nun den Menschen diese telepathische Fähigkeit genommen, sodass sie auf eine rein akustische Kommunikationsweise angewiesen waren? Die Menschen sollten sich nicht anmaßen, so wie die »Götter« Raketen zu bauen. Wenn sie sich nicht mehr verstehen würden, so würde dieses Vorhaben vereitelt werden können (und sie könnten sich das erforderliche Wissen darüber nicht mehr telepathisch von den »Göttern« holen und somit vom »Baum der Erkenntnis essen«)[34] – vorausgesetzt natürlich, dass die Erde tatsächlich von Außerirdischen besucht worden ist. Und eine solche Möglichkeit ist – wie bereits in der Einleitung erläutert wurde – rein logisch und »statistisch« gesehen keinesfalls unwahrscheinlich.
Ausgehend von dieser Annahme sind die erwähnten – wenn auch hypothe-

34 Könnte dies etwa mit dem »Essen vom Baum der Erkenntnis« zu tun haben?

tischen – Deutungen keineswegs so abwegig, wie sie zunächst erscheinen!

Theorien wie diese über Hesekiel und Elia wurden bereits von Morris K. Jessup in *The UFO and the Bible* (1956), von Virginia F. Brasington in *Flying Saucers in the Bible* (1963) und von Barry H. Downing in *The Bible and Flying Saucers* (1967) vorgelegt [10].

Woraus wurde die Arche Noahs gebaut?

In 1 Mos 6,14 steht, dass die Arche aus *gofer* gebaut wurde. Man nimmt an, dass dieses hebräische Wort eine Holzart bezeichnet. Auf der Innenseite wurde die Konstruktion mit Pech abgedichtet. Nach gängiger Auffassung ist das Fahrzeug kastenförmig, wie eine große Schachtel mit flachem Boden. Was übersehen wird, ist, dass eine solche Konstruktion in ihrem Schwimmverhalten ziemlich instabil wäre. Sie könnte im Wasser umkippen. Schon kleine Wellen würden sie zum Taumeln bringen. Das Fahrzeug hatte eine Lichtöffnung, die laut einigen Interpreten um die Arche verlief (vgl. [11], S. 234-235, v.a. Fußnote dort) wie ein Spaltfenster oder eine Reihe rundum angeordneter Fenster. Die übliche Deutung der Keilschrifttexte über das Fahrzeug Utnapishtims (vgl. Kap. 2) ist, dass es würfelförmig ([11], S. 236) war. Eine solche Form wäre im Wasser noch instabiler. Zudem wurde gesagt, dass es von einem »starken Material« überzogen sei. Einige halten es hingegen für ein kreisrundes Gebilde ([11], S. 236). Ein solches wäre bei geeigneter Gestaltung stabiler. Solche runden Boote sollen in Tigris und Euphrat noch heute verwendet werden.

Aber was eigentlich ist nun *gofer*? Heidel verbindet es mit dem selten verwendeten babylonischen Wort *gupru*, das »Tisch, Tischtafel« bedeutet. Die Ableitung von *gupru* auf *gofer* vergleicht er mit der Ableitung des babylonischen Wortes *kupru* auf das hebräische Wort *kofer* ([11], S. 233-234). Zwar meint er hier nur den Vergleich der Wortableitung, doch könnte hinter dieser Analogie mehr stecken. Was wäre, wenn im 1. Buch Mose ursprünglich nicht *gofer*, sondern *kofer* stand? Eine solche Verwechslung sehr ähnlicher Worte wäre beim vielfachen Abschreiben der Überlieferung durchaus denkbar; erst recht, da die Buchstaben G (ג) und K (כ) einander im Hebräischen sehr ähnlich sind und bei flüchtigem Lesen und Schreiben verwechselt werden könnten. Zudem handelt es sich um verwandte Laute – G ist ja ein »weiches K«.

Allerdings stehen in 1 Mos 6,14 *beide* Worte – erst *gofer* (als eine Holzart verstanden) und am Schluss *kofer* (dort mit »Pech« übersetzt). Möglicherweise stand ursprünglich durchgehend *kofer*.

Kofer hat viele Bedeutungen: Dorf, Pech, Zypresse (griechisch: *Kupros*), Lösegeld [7]. Interessant ist hier die dritte Bedeutung und das damit verbundene griechische Wort! Eigentlich bedeutet *kupros* nämlich »Cypern« und übertrug sich nicht nur auf den Namen eines dort häufig wachsenden Baumes, nämlich auf die Zypresse, sondern auch auf ein *Metall*, und zwar auf Kupfer, das in alten Zeiten dort gewonnen wurde. Die vierte Bedeutung »Lösegeld« (Münzen!) dürfte genau damit in Zusammenhang stehen.

Nun stellt sich doch folgende Frage: Könnte es sein, dass die Arche aus Metall gebaut wurde? Oder dass sie mit Metallplatten überzogen wurde?

REFERENZEN

1. Kjellson, Henry: »Hade Moses radium i arken?« (»Hatte Moses Radium in der Bundeslade?«), *Industria*, 1/56, S. 19-24 u. 65; nachfolgende Leserdiskussion in *Industria* 2/56, S. 17-23 u. 63 und 3/56 S. 70 u. 72 und 5/56, S. 63-64; Replik Kjellsons in *Industria* 3/60, S. 36-39 u. 82 und fortgesetzte Diskussion in *Industria* 6/60 S. 8, 10 und 12 und 9/60, S. 8
2. Henry Kjellson: *Forntidens teknik* (»Die Technik des Altertums«), Nybloms, Uppsala, 1973 (Neudruck, 1. Ausgabe 1956)
3. Henry Kjellson: *Mellan fantasi och verklighet* (»Zwischen Fantasie und Wirklichkeit«), Nybloms, Uppsala, 1957
4. Henry Kjellson: *Försvunnen teknik* (»Verschwundene Technik«), Nybloms, Uppsala, 1961
5. Henry Kjellson: *Sju nätter på Cheopspyramidens topp* (»Sieben Nächte auf dem Gipfel der Cheopspyramide«), Nybloms, Uppsala, 1982 (posthum)
6. *The Holy Scriptures. A Jewish Bible according to the Masoretic Text*, Sinai Publishing, Tel Aviv, 1995
7. *Gesenius' Hebrew and Chaldee Lexicon*, übers. v. Samuel Prideaux Tregelles, Wm.B. Eerdmans, Grand Rapids MI, o.J. (Vorwort dat. 1846)
8. Zecharia Sitchin: *The 12th Planet*, Avon, New York, 1978
9. Julius Fürst: *Hebräisches und chaldäisches Schul-Wörterbuch über das Alte Testament*, Otto Holtzes Nachf., Leipzig, 1905
10. William Bramley: *The Gods of Eden*, Avon, New York, 1993
11. Alexander Heidel: *The Gilgamesh Epic and Old Testament Parallels*, The University of Chicago Press, Chicago IL, 1949

4. WER WAR MARDUK – UND WER WAR TIÂMAT?

Die Religion der Babylonier wird auch als eine »Astralreligion« [1] bezeichnet, da deren »Götter« nach Meinung mancher Keilschriftforscher Personifikationen der Planeten gewesen seien.

So haben heutige Sprachforscher und Ethnologen Marduk als den Planeten Jupiter interpretiert ([1], S. 374). Tiâmat hingegen wird nicht mit einem Planeten in Verbindung gebracht, sondern als ein »Drache« oder ein schlangenähnliches Ungeheuer aufgefasst. Ea ist der »König der Wassertiefe«, Anu ist der »Gott« des Himmels. Apsû ist das »Wasser«, das bereits vor der Schöpfung bestand, vergleichbar mit dem »Urmeer« mancher anderer Mythologien, und Ea übernahm gewaltsam sein Reich (s. Kapitel 1). Dieses »Wasser« des »Urmeeres« kann man natürlich nicht wörtlich nehmen, sondern man muss es als eine Art von Urenergie der Schöpfung sehen.

Tiâmat: Ein Monster – oder die göttliche Urweiblichkeit?

Heidel schreibt über Tiâmat: »Man hat behauptet, da *Enûma Elish* (Tafel I:132 ff.) Tiâmat als Gebärerin von Monsterschlangen darstellt, sie selbst eine große und mächtige Schlange oder ein schlangenähnliches Ungeheuer gewesen sein müsse. Dem gegenüber muss man aber im Gedächtnis halten, dass Tiâmat auch gute und wohlwollende ›Götter‹ gebar, die sie ausdrücklich als ›unsere Gebärerin‹ bezeichnen (Tafel I:132 ff.), und dass, auch nach ihrer Erzeugung von Ungeheuern, Marduk sie immer noch ›Frau‹ nennt (Tafel II:110 f.) … Tiâmat war eine Göttin, und als solche konnte sie Drachen gebären ohne selbst ein Drache zu sein« ([2], S. 83). Heidel führt in der Fortsetzung mehrere weitere Argumente gegen die Anschauung an, dass Tiâmat ein Ungeheuer gewesen sei. »Apsû und Tiâmat waren nicht nur die Ureltern der Schöpfung. Sie stellen auch die lebendige Ursubstanz der noch bevorstehenden Weltenschöpfung dar. Apsû ist der uranfängliche Süßwasser-Ozean und Tiâmat der uranfängliche Salzwasser-Ozean. Sie waren Materie und göttlicher Geist, vereint wie Körper und Seele« ([2], S. 88). An dieser Stelle würde ich allerdings die Ozean-Deutung und erst recht die Bezeichnung der Tiâmat als »Salzwasser-Ozean« mit einer sehr großen »Prise Salz« nehmen. Wie soll man sich denn vorstellen, dass man den »Süßwasser-Ozean« einschläfern und umbringen sowie den »Salzwasser-Ozean« in Stücke zerreißen und töten könnte (vgl. Kapitel 1)? Es dürfte sich hier wohl eher um symbolische Bezeichnungen ihrer Urenergien handeln.

So steht ja auch in den Tafeln, dass Tiâmat erst dann, als sie sich für den von ihr ungewollten Kampf rüsten musste, solche »Ungeheuer« hervorbrachte, und dass diese »Ungeheuer« in ihrer Auswirkung wie eine Form von *Waffen* seien (vgl. Kapitel 1). Tiâmat wird eigentlich nur deshalb als »böse« bezeichnet, weil sie sich zur Verteidigung gegen ihre Vernichtung rüstete. Vorher erscheint sie eher als *gut*, da sie auch die »Störenfriede« in der Schöpfung wohlwollend mütterlich in Schutz nehmen wollte, obwohl sie mit deren Treiben nicht einverstanden war! Wie in Kapitel 1 erwähnt, ist die Darstellung nicht gerade unparteiisch, sondern erscheint vielmehr als die subjektive Sichtweise der Marduk-Verehrer.

Chaos?

Man hat Tiâmat auch als das uranfängliche Chaos bezeichnet. Aber was ist denn ein Chaos? Wir verstehen unter Chaos heute eine wirre Unordnung. Hesiod verstand das Chaos als *leeren Raum*, später fasste man es als ungeordneten Urstoff auf [3], als das reine Sein vor der Schöpfung. Interessanterweise kommt das griechische Wort *chaos* von *chaíno*, was »gähnen« bedeutet – wie beispielsweise die »gähnende Leere« (vgl. »*tohu va bohu*« oder »wüst und leer« (1 Mos 1,2, Jer 4,23 und Isa 34,11). Die Bezeichnung als Chaos passt, im Zusammenhang mit den Lehmtafeln, in diesem Sinne eher auf den Urzustand vor der Schöpfung als auf »Wasser« im physikalischen Sinne.

Marduk – der uns in kritischer Betrachtung als nicht besonders großartig erscheinende Vernichter der Urgöttin Tiâmat, gnadenloser Sohn des Urgottmörders Ea – wird als Schöpfer der materiellen Welt dargestellt. Demnach hat er zusammen mit den anderen »Göttern« die Schöpfung vollführt. Mit Anu, Enlil, Shamash und Ea erschuf er das Universum, mit Aruru zusammen erschuf er den »Samen der Menschheit« und gemeinsam mit den anderen Anunnaki (dem zu Anu gehörenden »Götter«-Volk) erschuf er die zwei ersten Menschen, Ulligarra und Zalgarra. Aber es wird auch berichtet, dass die »Göttin« der Geburt, Ninhursag (oder Mami), von den »Göttern« mit der Erschaffung der Menschen beauftragt wurde (Kapitel 1 und 5).

Sitchins Planetenzuordnungen

Sitchin [4] kommt zu einer anderen Entsprechung zwischen »Göttern« und Planeten: Apsû würde der Sonne entsprechen, Anu dem Uranus, Ea dem Neptun, Tiâmat einem nicht mehr vorhandenen Planeten und Marduk einem in unser Sonnensystem eingedrungenen Himmelskörper Nîbiru. Lahmu und Lahâmu[35] entsprächen Mars und Venus. Jupiter entspräche in seiner Sicht hingegen Kishar (s. Kapitel 1). Auch die anderen Planeten würden hier nicht erwähnten »Göttern« entsprechen. Vieles deutet darauf hin, dass man in babylonischen Zeiten tatsächlich die äußeren, transsaturnalen Planeten gekannt hat! Hier tut sich die Frage auf: Woher kannten sie diese? Eine hypothetische Antwort wird im Folgenden gegeben.

Sitchin will in der Sonne eine Entsprechung zu Apsû sehen, was er allerdings nur schwach begründet. Der Name bedeutet ihm zufolge »von Anfang an seiend«, was auch andere Deutungen zulässt und insbesondere als eine Bezeichnung des Urschöpfers aufgefasst werden kann. Er scheint – wie einige Keilschriftforscher auch – in einer vorgefassten Meinung bestrebt zu sein, die primären »Götter« mit Planeten zu *identifizieren.* Dieser Ansicht kann ich mich jedoch nicht gut anschließen.

Der zerborstene Planet

Eine an sich rätselhafte Erscheinung in unserem Planetensystem ist der Asteroidengürtel zwischen Mars und Jupiter. Nach astronomischen Gesetzmäßigkeiten wäre hier ein Planet zu erwarten. Stattdessen umkreisen an dieser Stelle unzählige größere und kleine Bruchstücke die Sonne. Sie wirken fast wie der Ring um den Saturn, erscheinen jedoch bei Weitem nicht so dicht und sind deshalb nicht als Ring wahrnehmbar.

35 »Lahmu« ist männlich und »Lahâmu« weiblich.

Es wurde bereits mehrfach darüber spekuliert, ob dort in uralten Zeiten möglicherweise ein Planet war, der aus irgendeinem Grund in Stücke zersprang, etwa durch die Kollision mit einem Kometen, vielleicht durch eruptive Vorgänge im Planeten selbst oder möglicherweise auch aus ganz anderen Gründen.

Esoterische Quellen behaupten, dass in vorhistorischen Zeiten dort der Planet »Phaeton« oder »Mallona« gewesen sei, dessen Menschen ihren eigenen Planeten durch überhebliches Technikstreben und durch Waffenwahn schließlich in die Luft sprengten. Dabei sollen sich einige dieser Menschen auf den Mars gerettet haben, andere auf die Erde. Die Flüchtlingskolonie auf dem Mars wäre mit der Zeit durch die dort herrschenden schweren Lebensbedingungen untergegangen. Diejenigen, die sich zur Erde retten konnten, hätten sich zu unserer Menschheit entwickelt.

Dieser Planet sei, so die Quellen weiter, in der Bibel mit Rahab erwähnt. In Hiob 26,12 heißt es: »... und durch seinen Verstand zerschmetterte er [vgl. unten, Tafel IV, 130-132!] Rahab« (so Luther). In anderen Bibelübersetzungen steht geschrieben: »... zerschmetterte er den Stolzen« u.ä.

Wie es nun einmal mit vielen esoterischen Quellen so ist, ist dies nur eine Aussage, die heute nicht überprüft werden kann. Aber ist sie wirklich unvorstellbar? Könnte sie nicht einige rätselhafte Erscheinungen auf dem Mars erklären, die uns durch Raumsonden bekannt geworden sind? Es handelt sich um einige Strukturen, die nicht natürlich entstanden zu sein scheinen. (Davon gibt es vielleicht noch einige mehr, als nur die, von der die Öffentlichkeit Kenntnis hat.)

Spaltung von Tiâmats Planet

Auch Sitchin behauptet, dass es an jener Stelle in unserem Sonnensystem einen Planeten gegeben habe, den er als Tiâmat identifiziert oder den er zumindest in einer Entsprechung zu ihr sieht. Ein unserem System fremder Himmelskörper sei von der Sonne angezogen worden, so Sitchin, um eine kometenähnliche Bahn in der Form einer langgestreckten Ellipse einzuschlagen. Dieser entspräche Marduk und soll damit zum zwölften Planeten[36] unseres Sonnensystems geworden sein, aber mit einer für Pla-

36 Astronomisch gesehen der 10. Planet, jedoch zählt man seit alters her u.a. in der Astrologie die Sonne und den Mond zu den Planeten, wodurch man auf die Zahl 12 kommt.

neten außergewöhnlichen Umlaufbahn, welche die Bahnen der anderen Planeten durchkreuze. Sein Name sei Nîbiru, und die Umlaufzeit betrüge 3600 Jahre.

Sitchin sieht in den »Winden« des Marduk Satelliten (Monde) dieses Planeten, und einer der Satelliten soll mit dem Planeten der Tiâmat zusammengestoßen sein und ihn zweigeteilt haben. Dabei soll die eine Hälfte in eine neue Bahn geschleudert worden sein. Diese sei zu unserer Erde geworden. Unser Mond sei auch ein Mond jenes Planeten gewesen und entspräche Kingu. Die andere Hälfte des Planeten der Tiâmat sei zu Bruchstücken zertrümmert worden und bilde heute den Asteroidengürtel. Die Bestätigung sieht Sitchin in den folgenden Zeilen der Lehmtafeln (nach Heidel, vgl. Kapitel 1):

> »Und mit der gnadenlosen Keule zerspaltete er [Marduk] ihren [Tiâmats] Schädel.
> Er schnitt ihre Blutgefäße durch
> und ließ seinen Nordwind
> [Sitchin: Einer der Monde des Planeten Marduks] ihn zu
> entfernten Orten tragen.«
>
> (Tafel IV, 130-132)
>
> »Er teilte sie wie eine Muschel in zwei Teile;
> ihre eine Hälfte setzte er an ihren Ort und bildete daraus
> den Himmel als ein Dach.«
>
> (Tafel IV, 137-138)
>
> »Und ein großes Gebilde, sein Gegenstück, errichtete er, nämlich Esharra,
> das große Gebilde Esharra, das er zu einem Thronhimmel machte.«
>
> (Tafel IV, 144-145)

Heidel sieht in Esharra die Erde mit ihrem Himmelsgewölbe. Es scheint schwer, Sitchins Vergleich von Kingu mit dem Mond und die Darstellung der Menschenschöpfung in Einklang zu bringen, wo doch Letztere mit Hilfe von Kingus Blut vollbracht worden sein soll!

Was die »Winde« betrifft, so denkt man nach der Beschreibung eher an Flugkörper (etwa »Weltraumjäger«) als an Monde (vgl. Kapitel 1; mehr hierzu unten, S. 76).

Es ist verständlich, dass solche Gedanken in der Schulwissenschaft verboten sind. Wer so etwas ernst nehmen würde, würde riskieren, auf die moderne Variante des Scheiterhaufens zu geraten, nämlich von intriganten Kollegen lächerlich gemacht zu werden.

Der »Gott« der Erde

Den Lehmtafeln zufolge wird Marduk dann zum »Gott« der Erde ernannt:

> »Lass die Menschheit in Ehrfurcht vor unserem Gott stehen.
> Uns soll er, mit so vielen Namen wie wir ihn genannt haben, unser Gott sein. Kommt, lasst uns seine fünfzig Namen ausrufen!«
>
> (Tafel VI, 119-121)

Auch diese kleine Passage passt schlecht zu der Identifikation Marduks mit einem Planeten.

Liest man in den Lehmtafeln weiter, so folgt nun die Ausrufung aller seiner fünfzig Namen. Einer davon ist Nîbiru.

> »Nîbiru soll die Durchfahrten im Himmel und auf der Erde beherrschen, sodass jeder oben und unten, der den Durchgang nicht findet, ihn fragen mag. Nîbiru ist der Stern, den sie zum Strahlen auf dem Himmel brachten; er hat seine Stellung am Punkt der Sonnenwende eingenommen. Mögen sie ihn anschauen, und sagen: ›Wer die Mitte des Meeres ohne zu ruhen durchquert, sein Name soll Nîbiru sein, der die Mitte davon einnimmt; möge er den Lauf der Sterne auf dem Himmel aufrecht halten; möge er der Hirte aller Götter wie seine Schafe sein; möge er Tiâmat bezwingen, möge er ihr Leben pfänden, und möge es kurz sein! Bis zu zukünftigen Generationen der Menschen, wenn die jetzigen Tage alt geworden sind, möge sie ungehindert zurücktreten, möge sie sich für immer zurückziehen!‹ Da er die Orte des Himmels erschuf und die feste Erde gestaltete.«
> (Tafel VII, 124-135)

Leben auf Marduks Planet?

Sitchin meint nun, dass auf dem »Planeten Marduk« oder Nîbiru Menschen lebten, die unsere Erde besuchten und hier durch genetische Manipulation den *Homo sapiens* erschufen. Diejenigen Menschen oder »Götter« jenes Planeten, die zur Erde gesandt wurden, waren die Anunnaki. Sie wurden so genannt, weil sie dem Anu unterstellt waren. Sitchin sieht eine Parallele zur oben berichteten Entstehungsgeschichte von Erde und Asteroidengürtel in Hiob 26,7-13, deren Verse er wie folgt aus dem Hebräischen übersetzt:

> »Den gehämmerten Thronhimmel erstreckte er am Orte des *tehom*,
> und hängte die Erde in den leeren Raum …
> Die Mächte der Gewässer hielt er an,
> seine Kraft spaltete die Hochmütigen;
> sein Wind maß den gehämmerten Thronhimmel ab;
> seine Hand vernichtete den verdrehten Drachen.«

Sitchin meint, dass der »gehämmerte« oder zertrümmerte »Thronhimmel« der Asteroidengürtel sei. Die Bezeichnung »gehämmert« dürfte von dem biblischen Wort *raqi'a* übernommen sein, das »Firmament, Himmelsgewölbe« bedeutet (die »Feste« in 1 Mos 1,6-8, vgl. Kapitel 2), da es aus der Wurzel *raqa* = »schlagen, hämmern« entstanden ist. Allerdings hat das Wort *raqi'a* auch die Bedeutung von etwas, was *ausgebreitet* (»breitgeschlagen«) ist [5]. *Tehom* ist ein biblisches Wort, auf das wir bereits in 1 Mos 1,2 stoßen: »Finsternis war über dem Abgrund«. Wörtlich übersetzt heißt es [2]: »Dunkelheit war auf dem Gesicht von *tehom*.« *Tehom* wird von mehreren Verfassern etymologisch mit Tiâmat verbunden. Heidel meint jedoch, dass ein Widerspruch entstünde, wenn man *tehom* als Bezeichnung für ein mythologisches Wesen verstehen möchte: Warum sollte die Dunkelheit nur über ihrem Gesicht sein und nicht über ihrem ganzen Körper? Meine Gegenfrage hierzu lautet: Warum sollte die Dunkelheit auf dem Gesicht nicht eine bildliche Darstellung der Gefühle eines Wesens sein können? In einer bildhaften Sprache – so auch in Romanen – sprechen wir doch immer wieder davon, dass sich das Gesicht eines Menschen vor Schmerz oder aus Trübsal verdunkelt. Deshalb kann ich hier nicht unbedingt den Widerspruch sehen, den Heidel sieht.

Sitchins oben erwähnte Übersetzung ist aber ziemlich eigensinnig. Im hebräischen Text Hiob 26,7 steht: »Er erstreckte den Nordhimmel über die Leere«, wobei das Wort für »Leere« *tohu* ist. Vermutlich sieht Sitchin eine Verbindung zwischen *tohu* und *tehom*, die aber wohl ziemlich abwegig erscheint, denn das Wort *tehom* kommt an dieser Stelle gar nicht vor. Das Wort für »Nord(himmel)« ist *zapon*. Es ist mir rätselhaft, wie Sitchin dieses mit *raqi'a* in Verbindung bringen kann. Auch dieses Wort kommt an dieser Stelle nicht vor. Es gibt aber das Wort *zipuj*[37], das »Metallschicht« oder »Metallüberzug« bedeutet, also etwa »gehämmertes Metall«. Möglicherweise ist dies das Wort, zu dem Sitchin hier eine Verbindung sieht. Wenn dies so wäre, dann wäre es doch ziemlich weit hergeholt.

Der »Stern« Nîbiru

Nîbiru wird oben als »Stern« bezeichnet. In alten Zeiten bezeichnete man oft auch Planeten als Sterne, als »Wandelsterne«. Man darf das Wort allgemein als »Himmelskörper« auffassen. In den Tafeln steht auch [2]:

> »Er legte den Ort des Nîbiru fest,
> um ihre Pflichten bekannt zu machen.« (Tafel V, 6)

Heidel identifiziert Nîbiru/Marduk mit Jupiter. In den Tafeln wird allerdings Marduk stets wie eine »Person«, wie eine göttliche Entität beschrieben, wie jemand, der bewusst überlegt und handelt. So wird man kaum von einem Planeten sprechen, und wir wollen im Folgenden den »12. Planeten« und nicht Jupiter als Nîbiru bezeichnen und den damit verbundenen »Gott« als Marduk. Um auch bei Tiâmat die gleiche Unterscheidung zu machen, werde ich weiterhin den Planeten, mit dem Sitchin sie verbindet, als Phaeton bezeichnen (s.o.) – dies allerdings in Ermangelung eines besseren Namens.

37 Bei Vergleichen zwischen hebräischen Wörtern zählen an erster Stelle die Konsonanten. Die Vokale sind zweitrangig, da sie keine eigenen Schriftzeichen haben und (sofern überhaupt geschrieben) nur als Diakritika (Zusatzzeichen) hinzugefügt werden.

Wie könnten auf Nîbiru Menschen leben?

Wie könnten Menschen, die sich den Erdbewohnern gegenüber als »Götter« ausgaben und von diesen als solche behandelt wurden, auf einem Planeten leben, der sich in seiner langgestreckten elliptischen Bahn über Jahrtausende hinweg so weit weg von der Sonne befindet, dass diese von jenem Planeten aus nur wie ein heller Stern aussehen muss? Dort müsste dann wohl eisige Kälte herrschen, Temperaturen, bei welchen Gase eher flüssig und viele Substanzen steinhart gefroren sein müssten. Könnte dort jemand leben?

Die Erforschung der äußeren Planeten Uranus und Neptun durch Raumsonden hat überraschenderweise ergeben, dass dort unerwartet hohe Temperaturen herrschen [6]. Die Planeten scheinen sich von innen her warm zu halten, wobei man nicht genau weiß, wie dies vor sich geht. Vielleicht ist es auf Nîbiru also doch nicht so kalt, wie wir meinen.

Der Kosmos ist mehrdimensional

Es ist meine Überzeugung [7], dass unser Kosmos mehrdimensional ist. Er hat ganz sicher einige Dimensionen mehr, als die uns bekannten drei, die wir als die einzigen kennen. Es ist nur so, dass unser *Bewusstsein* dreidimensional ist, und zwar weil wir durch unsere Wahrnehmungsorgane nur in drei Dimensionen wahrnehmen können. Wurden wir etwa absichtlich durch die Anunnaki so gemacht (vgl. die Maya-Überlieferung, Kapitel 5)?

Warum sollte die Wahrnehmung bei Menschen anderer Himmelskörper ebenso sein? Könnten die Menschen des Nîbiru ein vier-, fünf- oder mehrdimensionales Bewusstsein haben? Wenn jemand bewusst in mehreren Dimensionen lebt, so sind ihm sicher uns nicht bekannte Existenzbereiche erschlossen. So kann es auch sein, dass eine (im dreidimensionalen Bereich) eisige Kälte auf einem solchen Himmelskörper nicht unbedingt ein Existenzhindernis sein müsste, als welches sie *uns* erscheint! In einer höheren Dimension könnte es anders aussehen, als wir es uns vorstellen können. Wir wissen nicht, ob und wie man dort leben könnte. Sie jedoch werden es wohl wissen.

War auch Phaeton bewohnt?

Wenn schon ein solcher Planet wie Nîbiru bewohnt sein sollte, dessen Lebensbedingungen unserem dreidimensionalen Bewusstsein »auf den ersten Blick« derart ungastlich erscheinen, die aber nicht unbedingt so schlecht sein müssen – warum sollte dies nicht auch für Phaeton gelten, solange dieser noch existierte?

Und wenn es so war, begegneten sich damals nicht nur Planeten, sondern auch Völker, als die beiden Himmelskörper auf Kollisionskurs gerieten! Sie werden sich beiderseits gegen die bevorstehende Katastrophe haben wehren wollen! Beide Völker wollten überleben und ihre Welt retten, und sie werden wohl keinen anderen Ausweg gesehen haben, als den Gegenplaneten zu zerstören. Es wird ihnen nicht möglich gewesen sein, ihn von der Bahn abzulenken. Könnte man nicht also eine regelrechte »Star Wars«-Geschichte in der Darstellung des Kampfes sehen, so wie es bereits in Kapitel 1 angedeutet wurde? Ein gegenseitiger Kampf ums Überleben? So schwer verdaulich dies für die Anhänger der Schulwissenschaft auch sein mag, es ist immerhin vorstellbar.

Abwehr des Aufpralls

Wenn die Bewohner beider Planeten schon – wie Sitchin behauptet – raketenähnliche und andere Flugkörper hatten, dann hatten sie sicher auch Raketenwaffen! Den Darstellungen zufolge scheinen die Nîbiruaner ja auch sonst nicht sehr friedlich, und sollten wir tatsächlich von ihnen Gene erhalten haben, so haben wir Erdenmenschen vielleicht deshalb noch die geistige Deformation, die uns dazu bringt, Kriege auszufechten. Diese moralische Unreife haben wir vielleicht von ihnen geerbt.

Könnte dann der »Pfeil«, den Marduk auf Tiâmat abschoss und der sie zerriss, eine Rakete gewesen sein? Vielleicht handelte es sich um eine Riesenrakete mit einem Sprengkopf, dessen zerstörerische Kraft alles übertrifft, was wir mit unserer Technik bisher zustande gebracht haben? Und was ist mit den »Winden« Marduks: Könnten sie möglicherweise »Raumkampfjäger« sein? Sie verhinderten, dass Tiâmat irgend etwas »entfliehen« könne. Das könnten ihre Geschosse sein. Der »schreckliche Sturmwagen« (Kapitel

1) könnte eine »fliegende Raumfestung« mit einem »Gespann« von vier »Jägern« sein. Das »Netz«, das Marduk über Tiâmat warf, könnte man als das Schwerkraftfeld des Nîbiru deuten, in das der andere Planet geriet. Dementsprechend könnten dann Tiâmats »Drachen« und »Ungeheuer« Waffen sein.

Wenn die Technik der Nîbiruaner schon damals unseren heutigen technischen Errungenschaften derart weit voraus war, und wenn es damals tatsächlich solche in der Luft und im Raum dahinrasenden Fluggeräte gegeben haben sollte, wäre es keineswegs erstaunlich, wenn die Erdenmenschen diese als »Winde« bezeichneten. Die Verfasser der Keilschrifttafeln konnten diese Dinge natürlich nicht kennen und deshalb keine besseren Bezeichnungen finden.

Adapa hatte ja dem Südwind einen *Flügel* abgeschlagen! Was soll das heißen? War der Südwind etwa ein Fluggerät, das durch diesen Vorfall und zum Ärger der Anunnaki eine Zeit lang unbrauchbar wurde? Erkundungs- oder Überwachungsflüge mussten erst einmal eingestellt werden.

Wollte Tiâmat von Phaeton aus den Aufprall auf den Gegenplaneten durch dessen Zerstörung abwehren, auch wenn der nîbiruanische Befehlshaber Marduk ihr zuvorkam? Hat sie vielleicht ein bisschen zu lange die Vernichtung Nîbirus hinausgezögert, zu der ihr andere auf ihrem Planeten rieten, sodass sie zu spät in Aktion trat? Hatten beide Seiten jeweils Spione und Agenten, die dabei eine Rolle spielten?

Sollte das stimmen, was Sitchin und andere Forscher im Wesentlichen meinen, dann wäre eine solche Annahme gar nicht so abwegig!

Wurden Erdenmenschen nur von den Anunnaki gezüchtet?

Es bleibt die Frage, ob wir Menschen nur von den Anunnaki gezüchtet worden sind, oder ob es bereits vorher bzw. gleichzeitig noch andere Menschen auf der Erde gab? Es gab doch auf verschiedenen Kontinenten auch andere hochragende Kulturen, und es gibt auch heute verschiedene Menschenarten – »Rassen«, um nun einmal dieses so sehr missbrauchte Wort im richtigen Sinne zu verwenden.

Sitchin meint, dass die frühbabylonische sumerische Kultur die erste bekannte Zivilisation der Menschheit [8] sei. Wenn wir aber den Erzählungen über Atlantis glauben schenken wollen – bevor die Archäologen Sumer entdeckten, hielt man die Erzählung von »Shinear« (Sumer) ebenfalls für ein Märchen – und wenn wir einige Überlieferungen der großen süd- und mittelamerikanischen Indianerkulturen ein bisschen ernst nehmen, wonach diese ursprünglich Überlebende einer im Pazifischen Ozean vor »zig« Jahrtausenden ins Meer versunkenen Hochkultur auf dem Kontinent Mu oder Lemurien sind –, dann öffnen sich uns weitere Perspektiven. Sollte die Erde tatsächlich die Hälfte von Phaeton sein, könnte dann die Überlieferung der indianischen Hochkulturen *eigentlich* bedeuten, dass sie Überlebende von Phaeton waren? Nach Sitchin soll nämlich der Pazifische Ozean ein wassergefülltes Loch sein, das durch das Auseinanderreißen des Phaetons entstand. Dies wäre aber nur eine von verschiedenen möglichen Hypothesen, die es zu Lemurien gibt.

Müssen wirklich alle anderen und früheren Kulturen von den Anunnaki stammen? Oder waren die Anunnaki bestrebt, das Wissen über sie zu unterdrücken und zu beseitigen? Gab es gar eine Art von »Schöpfungskonkurrenz«?

Wenn es Phaeton gab und dort tatsächlich eine Zivilisation existierte, die in diesem Fall ebenfalls technisch hoch entwickelt war, warum sollten nicht auch Menschen von dort die Erde besucht haben? Wenn wir es entgegen Sitchins Auffassung für möglich halten wollen, dass die Erde schon damals existierte.[38] Diese Menschen könnten dann ebenfalls genetische Experimente durchgeführt haben, oder es könnten hier Flüchtlinge und Überlebende der Vernichtung ihres Planeten weitergelebt haben – oder beides. Man könnte es sich so vorstellen, wie die esoterische Sage von Phaeton behauptet (vgl. S. 70), nur dass man von einem anderen Grund der Entstehung ausgeht, nämlich von einer abgewehrten Planetenkollision.

Vielleicht kann man die babylonische Geschichte auch folgendermaßen sehen: Der Urschöpfer Apsû ließ erst Leben auf Phaeton entstehen, wodurch jener Planet zur Quelle von Leben in unserem Sonnensystem wurde, zur »Mutter« Tiâmat. Das schließt allerdings nicht aus, dass Tiâmat

---

38 Andernfalls müsste damals an der Stelle der Erde in der systematischen Planetenreihe die oben erwähnte Lücke gewesen sein, die sich heute an der Stelle des Asteroidengürtels befindet – es sei denn, die Planetenbahnen liefen damals anders.

auch als wirkliches göttliches Wesen und Mitschöpferin dieses Lebens existierte und sich des Lebens auf Phaeton annahm. Durch das Eindringen des Nîbiru kam es dann zu einem Existenzkonflikt.

Sicher könnte sich auch ein Teil der Menschheit ohne »Hilfe« von außen entwickelt haben, wohl aber kaum ohne Interaktion mit den anderen Teilen der Menschheit, sofern es solche gab. Das verhältnismäßig »plötzliche« Auftreten von Hochkulturen in einigen Teilen unserer Erde scheint allerdings nur schwer durch Evolution erklärbar zu sein.

Vielleicht wollten uns die Anunnaki ein Stück Vergangenheit der Erde verschleiern und uns durch Schrifttafeln und deren Einfluss auf Bibeltexte einen Mythos glauben machen, der nur eine gefilterte und vielleicht schöngefärbte Auswahl, nicht aber die ganze Wahrheit ausmacht? Das würde auch zu ihrer Absicht passen, Menschen in erster Linie als Sklaven zu züchten, denn brauchbare Sklaven dürfen nicht zu viel wissen. Dies wird auch der Grund sein, weshalb sie sich nicht zu viel Wissen aneignen, also nicht von einem »Baum der Erkenntnis« essen sollten.

Matriarchat und Patriarchat

Sitchins Hypothese in Bezug auf die Schöpfung der Menschheit, die auf tatsächlich vorhandenen babylonischen Quellen basiert, zeigt uns eine auffallend patriarchalische Haltung Marduks und der Anunnaki. Tiâmat, die göttliche Urmutter, wurde durch sie vernichtet. Es drängt sich hier regelrecht die Frage auf, ob die längst vergangenen matriarchalischen Kulturen unserer Erde, in denen an erster Stelle Göttinnen verehrt wurden, etwas mit Tiâmat zu tun hatten. Geht es hier auch um den Kampf zwischen Matriarchat und Patriarchat? Geht es in dieser Schöpfungsgeschichte auch darum, wie das Patriarchat durch die ihm typischen, gleichzeitig primitiven Mittel von Gewalt und Betrug damals die Macht übernahm?

Und wird das Matriarchat zurückkommen? Vielleicht finden wir aber auch endlich das reife Gleichgewicht in der Mitte zwischen beiden Systemen. Wenn dies der Fall wäre, entstünde damit eine neue, zeitgemäße Religion der Menschheit, von anunnakischer Zensur befreit? Mit diesen Fragen befassen sich spätere Kapitel in diesem Buch. Fragen, Gedanken, und wieder Fragen. Die Antworten stehen noch aus.

Nur Anunnaki und »Phaetoner« – oder auch andere?

Es gibt merkwürdige Zeugnisse von einem erstaunlichen Wissen über Sirius im afrikanischen Stamm der Dogon (in Mali, südlich von Niger) [9]. Diese kleine Volksgruppe behauptet, vor 5000 Jahren mit außerirdischen Amphibienmenschen des Sirius Kontakt gehabt zu haben, die sie Nommos nennen. Aber woher können sie so viel über die Planeten dieses Doppel-Sterns wissen, deren Existenz erst in der heutigen Zeit durch unsere Astronomie tatsächlich bestätigt wurde? Haben sie tatsächlich Besucher von dort getroffen?

Nach den Dogon sei die Schöpfung von Sirius ausgegangen. Handelt es sich hier wiederum um die Schöpfung oder eher »Züchtung« eines Teils der Erdenbevölkerung, parallel zur »Züchtung« anderer Völker?

Die Pyramiden in Ägypten liegen so gruppiert, dass sie das gleiche Muster bilden wie damals die Sterne im Sternbild Orion. Warum sind die Pyramiden so gruppiert? Sirius liegt auf der Sternenkarte nicht weit von Orion entfernt (im Sternbild »Der große Hund«, weshalb Sirius auch »Hundsstern« genannt wird). Kann man darin auch ein Zeugnis von einem Einfluss von Sirius her sehen?

Andere Theorien zur Umgestaltung des Planetensystems durch Kometen

Immanuel Velikovsky hat eine Theorie veröffentlicht, wonach das Planetensystem unserer Sonne durch einen eingedrungenen Kometen umgestaltet worden sein sollte, und behauptet, dass dieser Komet zum Planeten Venus wurde [10]. Seine Theorie wurde von Vertretern des »wissenschaftlichen Vorurteils« und des Dogmatismus mit allen Mitteln angegriffen. Allerdings brachten diese wenig an konkreten Argumenten vor. Es handelte sich eher um eine Beschimpfung als um eine sachliche Widerlegung, vielleicht weil für ihren angeblichen Gegenbeweis konkrete wissenschaftliche Tatsachen und Gegenargumente schwer zu finden waren (vgl. [11] und [12]).

Bemerkenswerterweise haben sich Velikovskys Voraussagen über Verhältnisse auf dem Planeten Venus durch Raumsonden tatsächlich bestätigt (Vorwort in [10]). Darin hatte er jedenfalls Recht.

Sitchin ist also nicht der einzige Autor, der eine neue Theorie zum Ursprung unseres Planetensystems und unserer Menschheit vorbringt, doch kommt er insgesamt zu anderen Ergebnissen als etwa Immanuel Velikovsky.

REFERENZEN

1. Schrader, 3. Ausgabe, s. den ausführlichen Hinweis in Kapitel 2
2. Alexander Heidel: *The Babylonian Genesis*, 2. Aufl., The University of Chicago Press, Chicago IL, 1960
3. *Das neue Taschen-Lexikon*, Bd. 3, Bertelsmann, 1992
4. Zecharia Sitchin: *The 12th Planet*, Avon, New York, 1978, Kapitel 7
5. *Gesenius' Hebrew and Chaldee Lexicon*, übersetzt von Samuel Prideaux Tregelles, Wm.B. Eerdmans, Grand Rapids MI, o.J. (Vorwort dat. 1846)
6. Zecharia Sitchin: *Genesis Revisited*, Avon, New York, 1990
7. Jan Erik Sigdell: *Reinkarnation, Christentum und das kirchliche Dogma*, Ibera, Wien, 2001, Kapitel 4
8. Zecharia Sitchin: »Are We Alone? The Enigma of Ancient Knowledge« in *Of Heaven and Earth* (Vorträge am ersten »Sitchin Studies Day«), The Book Tree, Escondido CA, 1996
9. Robert K.G. Temple: *Das Sirius-Rätsel*, Heyne, München, 1977
10. Immanuel Velikovsky: *Worlds in Collision*, Pocket Books, New York, 1977 (zuerst 1950 von Doubleday herausgegeben)
11. Stephen L. Talbott (Hrsg.): *Velikovsky Reconsidered*, Warner, New York, 1976
12. Alfred de Grazia: *Immanuel Velikovsky. Die Theorien der kosmischen Katastrophen*, Goldmann, München, 1979

5. ZUM SKLAVENTUM ERSCHAFFEN

Die Bibel lässt die Frage offen, weshalb die Menschen der Erde erschaffen wurden. Es heißt dort nur, dass wir als Abbild Gottes (wörtlich der »Götter«) erschaffen wurden, um über das übrige Leben auf der Erde zu herrschen (1 Mos 1). Vielleicht kann man außerdem die Geschichte mit Adam so auffassen, dass Jahweh für seinen Garten einen Gärtner brauchte (1 Mos 2). Die babylonischen Schriften geben hingegen eine ziemlich konkrete Antwort auf die Frage, warum und wozu die »Götter« auf der Erde Menschen in ihrem Sinne haben wollten.

Eine wertvolle Übersicht über die Menschenschöpfung nach babylonischen Quellen wird in einer Dissertation von Pettinato gegeben [1]. Der Zweck des menschlichen Lebens ist demnach folgender: »Der Mensch wurde erschaffen um zu arbeiten, und zwar um die Götter von ihrer schweren Arbeit zu entlasten ... Gott braucht den Menschen; dieser versorgt durch seine harte Arbeit die Götter mit Speise und Trank. Der Entschluss der Götter, den Menschen zu erschaffen ... wird durch Ereignisse in der Götterwelt vorbereitet und sogar gefordert« ([1], S. 21-22).

Enûma Elish berichtet, dass jenen »Göttern«, die sich auf Tiâmats Seite geschlagen und gegen Marduk gekämpft hatten, Fronarbeit auferlegt wurde. Sie mussten graben und die Erde »mit Spitzhacke und Tragkorb« bearbeiten. Nach einer Meuterei verlangten sie nach einer Entlastung von dieser Mühsal. Die Götterversammlung zeigte Verständnis und beschloss, Menschen zu erschaffen, die jenen »Göttern« die Arbeit abnehmen sollten. (Wenn zuerst »Göttern« solche grobe Arbeit auferlegt wurde, zeigt dies übrigens, dass auch sie physische Körper hatten!)

Es zeichnen sich allerdings *zwei* Arten von Menschenschöpfungen ab. Als eine *erste* Art sprechen sumerische Quellen von einem »Hervorsprießen« von Menschen, wie Pflanzen aus der Erde, und zwar an einem bestimmten Ort, Uzumúa genannt (»[Ort,] der das Fleisch wachsen lässt«) ([1], S. 30 ff). Es entstand eine Art Tiermenschen: Sie wussten nicht, Brot zu essen noch Kleider zu tragen und sie gingen auf Händen und Füßen und fraßen Gras wie die Schafe. In einer anderen mythologischen Geschichte steht allerdings, dass man an jenem Ort aus dem Blut der erschlagenen Lamga-»Götter« Menschen hervorsprießen ließ, womit sich die zwei Schöpfungsarten wohl doch miteinander verbinden könnten.

Später wurden diese Menschen »zivilisiert«, und es entstand eine Kultur. In einem Text, der als »Streitgespräch zwischen U_s und Ashnan« bezeichnet wird, ist zu lesen ([1], S. 32):

> »Im reinen Schafpferch ließen sie (die Anunna), für ihr Wohlergehen, in den Menschen den Lebensodem vorhanden sein.«

Auf diese Weise lassen die Menschen den »Tiermenschenzustand« hinter sich und werden durch die Eingabe von Odem, was man wohl als eine Beseelung auffassen darf, »echte Menschen«. Sie betreiben dann Landwirtschaft. Diese Stelle weist wiederum eine Ähnlichkeit mit der Bibel auf!

Die *zweite* Art der Menschenschöpfung, die Sitchin für einen *genetischen Eingriff* der »Götter« hält, soll im Folgenden ausführlicher dargestellt werden.

Sitchin erklärt – allerdings ohne deutliche Quellenangabe, aber durchaus auf der Grundlage der Keilschrifttexte – die Vorgeschichte wie folgt [2]: Die Anunnaki brauchten Gold und fanden das Metall auf unserer Erde. Man brauchte es nicht etwa als Luxusgut oder zur Bereicherung, sondern vielmehr dazu, die eigenen Lebensverhältnisse auf Nîbiru sicherzustellen. Die Atmosphäre drohte, dünn zu werden, und sie war selbstverständlich zum Atmen notwendig und gleichermaßen nötig, die vom Inneren des Planeten kommende Wärme wie durch einen Treibhauseffekt zu erhalten. Man verteilte in der obersten Schicht der Atmosphäre Goldstaub, der die Wärme reflektieren sollte.

Anunnaki meutern

Laut Sitchin hatten die Anunnaki in Afrika Goldgruben eingerichtet, in denen sie die »Götter«, denen Fronarbeit auferlegt war, arbeiten ließen.[39]

39 Es gibt hierbei möglicherweise eine weitere indirekte Beziehung zu unserer Bibel, da im 2. Kapitel im 1. Buch Mose in der Aufzählung der vier Flüsse des Gartens Eden der Fluss Pishon als erster genannt wird. Dieser Fluss umkreist das Land Chawila, wo sich das Gold befindet, und dieses Gold wird als gut bezeichnet.

Diese schufteten mit Hacken und Tragkörben für Mineralien. Sie fanden mit der Zeit die Arbeit zu schwer und rebellierten [3,4]. Hierüber berichtet das babylonische Epos *Atra-Hasis*, früher *Die Geschichte von Atarpi* genannt [4]:

»Als die Götter so wie Menschen
die Arbeit trugen und die Mühsal erlitten –
war die Mühsal der Götter groß,
die Arbeit war schwer, es gab viel Qual.« (Tafel I, 1-4)

Die arbeitenden Anunnaki meuterten und erklärten ihren Übergeordneten den Kampf. Es gab Empörung, aber Anu zeigte Verständnis. Ea schlug vor, einen Arbeiter zu erschaffen, der die Mühsal übernehmen und ertragen solle.

»Da die Geburts-Göttin anwesend ist,
lasst sie den Mensch erschaffen.
Lasst den Mensch die Mühsal der Götter tragen,
lasst sie den Mensch erschaffen.
Lasst ihn das Joch tragen […]
Lasst ihn das Joch tragen […]« (K 6634 [V])

Sein Name soll Mensch (*lullû*) sein, so sagten sie. Die Geburtsgöttin Ninhursag (die auch Mami oder Belet-Ili genannt wird) erschuf mit Hilfe von Enki den Menschen aus dem Fleisch und aus dem Blut eines getöteten »Gottes«.

»›Ihr habt mir eine Aufgabe befohlen, ich habe sie erfüllt;
ihr habt einen Gott mit seiner Persönlichkeit erschlagen.
Ich habe euch die schwere Arbeit weggenommen,
ich habe eure Mühsal dem Menschen auferlegt.
Ihr habt nach der Menschheit gerufen, ich habe das Joch gelöst,
ich habe Freiheit hergestellt‹.« (Tafel I, 237-243)

Der Mensch war erschaffen.

Ein weiteres Zeugnis

Eine weitere Überlieferung ist in der *Geschichte von Enki und Ninmah* zu finden, deren ausführlichere Übersetzung bisher nur in der Dissertation von Benito veröffentlicht wurde [5]. Hierin wird die Erschaffung von Menschen etwas ausführlicher beschrieben.

> »Die großen Götter führten ihre Aufgaben aus,
> die jüngeren trugen ihre Kübel. Die Götter gruben
> Kanäle und häuften den Schutt auf.
> Sie plackten sich und beklagten sich über ihr Leben.« (9-11)
> »›Stellt Ersatz für die Götter her, lasst sie ihre Kübel
> wegwerfen‹.« (23)
> »Als Enki, selbst Schöpfer von (göttlichen) Lebensformen,
> nachgedacht hatte sagt er seiner Mutter Nammu:
> ›Meine Mutter, das Geschöpf, an das du denkst,
> wird wirklich sein, lege ihm die Arbeit des Körbetragens auf,
> wenn du das Herz des Lehms, das über Apsû ist, geknetet hast,
> wird Sigensigdu den Lehm abzwicken und du lässt die Lebensform
> entstehen. Lass Ninmah deine Mitarbeiterin sein,
> und lass Ninimma, Suzianna, Ninmada, Ninbara,
> Ninmug, Sarsargaba, Ningunna dir beistehen als du gebärst.
> Meine Mutter, du verfügst sein Schicksal und lässt Ninmah die Arbeit
> des Körbetragens auferlegen‹.
> […] Menschheit […] Menschheit […]
> Sie zeugt Mensch […] aus ihrem Mutterleib […]
> Mensch zeugend gebar sie.« (28-39)
> »Enki antwortete Ninmah:
> ›Das Schicksal, das du wünschest, gut oder böse, will ich verfügen‹.
> Dann nahm Ninmah vom Lehm, der über Apsû ist.« (56-58)

Was oder wer ist *sigensigdu*? Manche verstehen das Wort als einen zusammenfassenden Begriff für die Geburtsgöttinnen. Pettinato übersetzt hier ein wenig anders und kommt zu dem Schluss, dass Enki zuerst ein »Menschenmodell« erschaffen habe, das er in seiner Transliteration als *sigensigšar* (statt *sigensigdu*) bezeichnet. Dies ist wie eine »Vorlage« für die nachfolgende richtige Menschenschöpfung. Die entsprechende Zeile oben übersetzt Pettinato wie folgt ([1], S. 40):

> »... nachdem du das Innere des Lehms über dem Apsû gemischt hast, wirst du das Sigensigshar (und) den Lehm formen; lass die Geschöpfe vorhanden sein; ...«

Anlehnend an die Interpretation Sitchins liegt hier der Gedanke an eine *genetische Vorlage* für die Menschenschöpfung nahe!

Zunächst unfertige Menschen

In der *Geschichte von Enki und Ninmah* heißt es weiter [5]:

> »Der erste von ihr erschaffene Mann konnte seinen schwachen Arm nicht biegen, um die Dinge in Ordnung zu halten.
> Enki, als er den ersten Mann sah, der seinen schwachen Arm nicht biegen und die Dinge nicht in Ordnung halten konnte,
> verfügte sein Schicksal und machte ihn zu einem Hofbeamten.
> Der Zweite, den sie machte, konnte auch mit blinzelnden (?) Augen[40] sehen, Enki, als er den Mann erblickte,
> der mit blinzelnden (?) Augen sah, verfügte sein Schicksal
> und gab ihm die Kunst des Singens.« (59-64)

Der dritte erschaffene Mensch hatte Probleme mit seinen Füßen und wurde zur Arbeit mit Silber eingesetzt. Der vierte erschaffene Mensch, ein Mann, konnte seinen Samen nicht zurückhalten, und Enki scheint ihn geheilt zu haben. Das fünfte Geschöpf war eine unfruchtbare Frau, die in Enkis Harem kam. Das sechste Geschöpf hatte weder Penis noch Scheide, und Enlil gab ihm »einen Namen an einem großen Ort« (sandte es hinauf zu einem hochgelegenen Ort? Vgl. Kapitel 3), wo es vor dem König stehen solle. Als Enki diese Misserfolge sah, griff er selbst in die Arbeit der Erschaffung ein:

40 Sitchin deutet diesen als einen Menschen ohne Augenlider.

»›Nun werde ich für dich erschaffen und du wirst das Schicksal des Neugeborenen verfügen‹.
Enki gestaltete (nach dem Abbild von) ihrem Kopf, Körper, Mund und ihren inneren Teilen
und sagt zu Ninmah:
›Den Samen eines erigierten Penis in den Unterleib einer Frau ergießend, wird die Frau im Leib empfangen‹.« (82-85)

Es entstanden wieder nur unfertige Geschöpfe. Einer war zum Beispiel an Kopf, Lungen, Herz und Bauch krank. Er war fast nicht lebensfähig, und es wurde ihm Brot zu essen gegeben. Was mit ihm weiter geschah, steht vermutlich auf einem fehlenden Stück Lehmtafel.

Parallelen in der Überlieferung der Mayas

Die Mayas in Zentralamerika haben eine uralte Überlieferung, die *Popol Vuh* genannt wird. Auch darin wird die Schöpfung dargestellt. Die Schöpfung der Welt erinnert hier an die babylonische Darstellung und an diejenige im ersten Buch Mose. Es wurden zunächst Tiere erschaffen, aber diese verehrten die »Götter« nicht und beteten sie nicht an. In der Überlieferung heißt es: »So galt es denn einen neuen Versuch, den Menschen zu schaffen und zu bilden. Der Schöpfer … sagte: ›… Schaffen wir uns jene, die uns erhalten und ernähren. Was ist zu tun, dass man uns anrufe und erinnere auf der Erde? Schon schufen wir unsere ersten Werke, unsere ersten Wesen. Aber sie konnten uns nicht preisen und verehren. Lasst uns denn ein Wesen schaffen, das gehorsam und ergeben uns nährt und erhält.‹« ([6], S. 33)

Aus Lehm (wieder diese Substanz!) wurde nun der erste Mensch erschaffen. Er war aber weich und schwach, der Kopf hing ihm an der Seite, sein Blick war verschleiert, er konnte den Kopf nicht drehen. Er konnte sprechen, hatte aber keine Vernunft. Sein Leben schwand dahin. »Und sie sagten darauf: ›Wie können wir unsere Anbeter, unsere Anrufer, vollkommen erschaffen?‹« Nach einer Beratung wurden »Wesen aus Holz« gemacht. Sie hatten auch keinen Verstand und verehrten ebenfalls die »Götter« nicht. Sie wurden durch eine Flut vernichtet. »Und man sagt, die Nachkommen jener seien die Affen, die heute in den Wäldern leben.« ([6], S. 33-37)

Zu den Göttern, die Menschen erschaffen wollten, heißt es in der Überlieferung weiter: »In Nacht und Dunkelheit kamen sie zusammen und erwogen alles in ihrer Weisheit. Sie überlegten, suchten, bedachten und besprachen es. Und dann gelangten sie zur Einsicht. Sie fanden den Lebensstoff. Die Erleuchtung kam ihnen, woraus des Menschen Fleisch zu schaffen«. Nun entstanden aber Menschen, die den »Göttern« zu gut waren! Ihre Einsicht war zu hoch, ihre Wahrnehmungsfähigkeiten gingen zu weit. Sie sahen alles, was im Himmel oder auf Erden war. Sie wussten zu viel, um die »Götter« unterwürfig so zu verehren, wie jene es haben wollten! »Deren Rede ist nicht gut. … Sollen sie gleichfalls Götter sein?« ([6], S. 102-105, vgl. 1 Mos 3,22)

Ähnliches bei den Hopis

Auch die Hopi-Indianer erzählen eine Schöpfungsgeschichte. Der Urschöpfer Taiowa hat zunächst Sótuknang erschaffen, der dann wiederum die Spinnenfrau Kókyangwúti schuf. Sie sollte nun Leben auf der Erde erschaffen, nahm Erde vom Boden, mischte ihn mit Speichel und formte zwei Wesen als Helfer. Dann formte sie in der gleichen Weise vier weitere Geschöpfe und sang über sie den Schöpfungsgesang. Diese ersten Menschen waren aber stumm. Sótuknang wurde geholt und gab ihnen die Sprache. So entstanden die Menschen der ersten Welt. Diese verloren später ihr inneres Sehen. Ihr Kopfzentrum, das Tor zur Erkenntnis, wurde geschlossen. Einige wurden dann unter die Erde geschickt, um mit dem Ameisenvolk zu leben, während Sótuknang die erste Welt zerstörte. Nach dieser Zerstörung kamen sie in die zweite Welt wieder herauf. In dieser zweiten Welt wurden sie aber habgierig und vergaßen, den Schöpfungsgesang zu singen. Nun zerstörte Sótuknang auch diese zweite Welt, während ausgewählte Menschen zu dem Ameisenvolk zurückkehrten, um sich zu retten. Danach konnten diese die dritte Welt besiedeln. Nach der Sintflut, die über die dritte Welt hereintrat (s. Kapitel 2), besiedelten sie schließlich die vierte. [7]

Es sei die Frage erlaubt: Dürfen wir hier bei der ersten Welt an Lemurien (vgl. Kapitel 4 und 11), bei der zweiten an Atlantis und bei der dritten an die Welt vor der Sintflut denken?

Warum wollten die »Götter« verehrt und angebetet werden?

Wie die Mayas beschrieben, wollten die Götter Menschen, die sie verehren und anbeten sollten und die – wie die Hopis sagten – den »Schöpfungsgesang« singen sollten. Durch diese Hingabe an die »Götter« gaben die Menschen – wahrscheinlich ohne es zu wissen – etwas von ihrer *Lebensenergie* an die Götter ab. Diese Energie nährte die Götter.

In einem dreidimensionalen Weltbild ist schwer zu erklären, wie das vor sich geht. Die Wissenschaft kommt aber immer mehr zu der Überzeugung, dass das Universum weit mehr als nur drei Dimensionen hat. In einem davon ausgehenden Weltbild sieht es tatsächlich anders aus. Auch der Mensch ist in Wirklichkeit mehrdimensional, und auf Existenzebenen von uns selbst, die uns allerdings unbewusst sind, könnten von uns Energien abgezapft werden, zumindest von denjenigen, die wissen, wie das geht.

Was war der »Lehm«?

Angeblich entstanden aber auch experimentelle Hybriden aus Mensch und Tier. Vielleicht haben auch die griechischen Sagen über Kentauren und über ähnliche Wesen oder über Figuren wie beispielsweise die Sphinx mit solchen Geschöpfen zu tun? Sie könnten Ausdruck dafür sein, dass es solche Misch-Geschöpfe einst gegeben hat. Dann wurden die Gene der Anunnaki eingesetzt, um wie oben berichtet die eher misslungenen Züchtungsversuche richtig hinzubekommen. Es wurde »Lehm« mit »göttlichem Blut« vermischt. Dass das »göttliche Blut« für die »Vorlage« der Menschenschöpfung die nötigen Gene trug, ist offensichtlich, aber was war der »Lehm«? Sitchin vermutet, dass es sich hierbei um das Ei einer Äffin handelt [8,9]! Ich würde hier eher an die Zeugungssubstanz eines weiblichen »Tiermenschens« der ersten Schöpfung (s.o.) denken. Das akkadische Wort für »Lehm« ist *tiit* und soll auch »Lebensträger« bedeuten. Im Hebräischen bedeutet *tit* »Lehm, Schlamm« und hat als Synonym *buz* – ein Wort mit der gleichen Wurzel *bazaz* (= träufeln) wie *bejzah*, das nach Sitchin »Ei« bedeutet [8]. In Wörterbüchern fand ich dies bestätigt, aber auch, dass *buz* nicht nur Lehm, sondern auch »weiß sein« sowie »feines weißes Gewebe« bedeuten kann [10,11,12]. Das Wort *bejzah* für das Ei kommt daher, dass es *weiß* ist [12]. Vielleicht kann man hier »Lehm« auch etwa als »Schleim« menschlicher Schleimhäute und Organe verstehen, oder als das Stück einer Schleimhaut (»abzwicken« oben – es wurde in dem Fall ein Stück Schleimhaut abgezwickt)? Ein mit »göttlichen Genen« befruchtetes Ei – wohl in »Schleim(haut)« aus einem weiblichen Organ – müsste offensichtlich durch eine Frau ausgetragen werden, wofür sich Ninhursag im ersten Experiment selbst zur Verfügung stellte. Später wurden gleichzeitig Männer und Frauen erschaffen, nach *Atra-Hasis*:

»Sie [Ninhursag] zwickte vierzehn Stückchen Lehm ab;
sieben legte sie zur Rechten,
sieben zur Linken.
Dazwischen stellte sie den Ziegel.
[...] die Nabelschnur.« (Tafel I, 256-260)

Vierzehn Geburtsgöttinen trugen dies aus. Es entstanden sieben männliche und sieben weibliche Kinder [4,9].

Was aber ist dann »der Lehm, der über Apsû ist«? Diese wiederholte Formulierung erscheint zunächst verwunderlich. Wie bereits oben erwähnt (Kapitel 1, vgl. Kapitel 4), wird es zwei miteinander verbundene Aspekte des Apsû geben:

- die Urenergie, die »Ursubstanz« der Schöpfung, und
- das Wesenhafte dieser Urenergie, die sozusagen personifizierte Urenergie, das Urwesen überhaupt.

Die Urenergie wird als »Ozean« dargestellt (Kapitel 4), was uns an das »Urmeer« anderer Mythologien oder an den »Milchozean« der indischen Mythologie erinnert. Wie in der großartigen indischen Philosophie Samkhya [13,14] dargestellt, erfolgte die Schöpfung durch eine stufenweise Verdichtung der Urenergie. In der mythologischen Darstellung ist von einem »Quirlen des Milchozeans« die Rede, wodurch »Butterklumpen« entstanden, welche die erste festere Materie symbolisieren.

Zurück zur bildhaften Darstellung des Apsû als »(Wasser-)Ozean«: Was wäre dann die entsprechende erste dichtere Materie? Könnte man an Lehm am Rande des Ozeans, der das Ufer bildet denken? Oder an den Schaum auf der Oberfläche? Den »Lehm, der über Apsû ist« könnte man in bildhafter Analogie als aus dem »Ozean» der Urenergie verdichtete jungfräuliche Substanz verstehen, die gewissermaßen auf dem »Ozean» schwimmt.

Nun versuche ich zumindest ein wenig den Kreis zu schließen, mit der Antwort auf die Frage: Was ist die jungfräuliche biologische Materie der Menschen? Es sind die Zeugungssubstanzen: Das Ei in seiner Schleimhaut und die Samenzellen im Ejakulat.

Arbeiter werden nach Mesopotamien entführt

Die erschaffenen Arbeiter wurden in Afrika in den Gruben eingesetzt. Ein Merkmal war, dass sie schwarze Haare hatten. Später wurden auch einige dieser Menschen von den dort tätigen Anunnaki zum Dienst in den Anlagen in Mesopotamien angefordert [15].

> »Die Anunnaki gingen zu Enlil …
> Sie verlangten von ihm Schwarzköpfige.
> Schwarzköpfige Menschen,
> um ihnen die Hacke zum Halten zu geben.«
>
> (*Der Mythos von der Hacke*)

Enki, der über das Gebiet in Afrika herrschte, wollte keine Arbeiter hergeben. Enlil griff daraufhin das Land der Goldgruben an und holte sich die »Schwarzhaarigen« mit Gewalt nach Mesopotamien.

Der Baum der Erkenntnis

Mit der Zeit erlangten die Arbeiter »Erkenntnis« und mussten das Gebiet der »Götter« verlassen. Was für eine »Erkenntnis« war das? Wussten sie zu viel? Erkannten sie ihre Situation? Wollten sie sich nicht mehr ausnutzen lassen? Zettelten sie einen Aufstand an oder waren sie ungehorsam?

In der Bibel wird erzählt, dass Adam und Eva vom »Baum der Erkenntnis« aßen. Sie waren daraufhin wie die »Götter« geworden: »›Nunmehr ist Adam wie einer von uns, zu kennen Gutes und Böses … ‹.« (1 Mos

3,22). Sie werden offensichtlich ein Wissen erworben haben, das nur für die »Götter« vorgesehen war! Deshalb wurden sie des Paradieses verwiesen, bevor sie auch noch Langlebigkeit erlangen konnten. Durch die *ethnische Säuberung* der Sintflut wurde schließlich die neu heranwachsende Menschheit auf eine Bewusstseinsstufe herabgesetzt, die den »Göttern« passte.

Eine Parallele in *Popol Vuh* wurde oben aufgezeigt. Auch hierin hat die zu hohe Bewusstheit der Menschen üble Folgen für sie! »›Unterdrücken wir ein wenig ihre Wünsche, denn was wir sehen, ist nicht gut. Sollen sie am Ende uns gleich sein, die wir sie schufen, und die wir in weite Ferne sehen, alles wissen und alles sehen?‹ … Es warf das Herz des Himmels einen Schleier über die Augen. Und die trübten sich, wie wenn ein Hauch über den Spiegel geht. Ihre Augen trübten sich: Sie konnten nur noch sehen, was nahe war, nur was klar war. So wurden zerstört die Weisheit und alle Erkenntnisse der vier Menschen des Ursprungs und Anfangs. So wurden erschaffen und geformt unsere Ahnen, unsere Väter.« ([6], S. 105)

Sind wir durch diesen »Schleier« unfähig geworden, mehr als drei Dimensionen wahrzunehmen, die wir für die »einzige Realität« halten wollen (und nach dem Willen der »Götter« auch halten sollen)? Hätten wir sonst Fähigkeiten, die die »Götter« nicht zulassen wollten? Eine »Entwicklungsbremse«?

Die »Sünde« der Sexualität?

Das Dogma interpretiert das »Essen vom Baum der Erkenntnis« als den »Sündenfall« durch die Sexualität. Sitchin deutet es auch so. Aber das stimmt nicht mit dem Text im 1. Buch Mose überein!

Zwar wird das Wort *jada'* = »erkennen, kennen, wahrnehmen« in der Bibel manchmal als Bezeichnung für die sexuelle Vereinigung verwendet, aber hier kann es ja nicht darum gehen, denn als Jahweh das Verbot äußerte (1 Mos 2,17), war Eva noch nicht erschaffen! Adam hatte also noch keine Sexualpartnerin! Er hätte höchstens sich selbst befriedigen können. Es waren zwar vorher von Gott (von den Göttern) Menschen erschaffen worden, aber in Eden war Adam noch ganz alleine. Wo die nach 1 Mos 1,26 bereits erschaffenen Menschen waren, wissen wir nicht, aber sie waren offensichtlich nicht in Eden. Adam hätte es nicht einmal mit einem Tier tun können, denn Tiere kommen erst in 1 Mos 2,19 in den Garten. Jahweh hatte mit Adam wegen dessen Einsamkeit Mitleid und führte ihm nicht nur Tiere zu, sondern erschuf ihm später auch Eva, die aber erst in 1 Mos 2,22 auf die Bühne tritt – erst als Jahweh erkannte, dass die Tiere Adam als Gesellschaftspartner nicht reichten.

Der »Baum der Erkenntnis« (*'az ha-da'at*) wird aber nicht einmal nach dem Wort *jada'* benannt, sondern nach *da'at*, das »wissen, kennen« bzw. »Wissen, Weisheit« bedeutet.

Es ergibt auch keinen Sinn, wenn – in einer dogmatischen Auslegung – Adam und Eva durch Sex ihre Augen geöffnet bekamen, um dadurch gut und böse zu erkennen. Wie sollte denn das durch Sex geschehen können? Es macht auch keinen Sinn, wenn sie durch Sex »wie die Götter« geworden sein sollten. Die Sexualität *in Liebe* ist schon wahrhaftig göttlich, aber weshalb sollte sie nur den »Göttern« vorbehalten sein?

Es ist erstaunlich, dass offensichtlich bisher niemandem Folgendes aufgefallen ist: Erst aß Eva *alleine* von der Frucht jenes Baumes, danach auch Adam – ebenfalls *alleine* (1 Mos 3,6). Hätte dies mit Sexualität zu tun, so hätten sie selbstverständlich *gemeinsam* davon gegessen! Es sei denn, sie hätten beide für sich alleine masturbiert. Erst nachdem sie Eden verlassen hatten (1 Mos 4,1), wird eindeutig die sexuelle Vereinigung von Adam und Eva beschrieben. Wenn dies eine Sünde sein soll, so stellt sich die Frage, warum Gott der Frau dann eine Klitoris gegeben hat? Dieses Organ hat keine Bedeutung für die Empfängnis, sondern seine einzige Aufgabe ist es, den Orgasmus zu ermöglichen.

Die Frucht vom Baum der Erkenntnis zu essen wird also etwas anderes bedeuten, aber die Kirche machte nun einmal die Sexualität zum Sündenbock, was übrigens bereits 1 Mos 1,28 widerspricht: »Seid fruchtbar, mehret euch, füllet die Erde …« Was aber sollte das Essen der Frucht vom Baum der Erkenntnis dann bedeuten? Die Menschen haben etwas erkannt, das ihnen zuvor nicht bewusst war. Erreichten sie eine Bewusstseinserweiterung? Und wodurch? Hatten die »Götter« etwas, was das Bewusstsein erweiterte? Vielleicht sogar eine psychoaktive Substanz, eine »Droge«? War es eine Frucht, ein Kraut, wodurch das Bewusstsein erweitert wurde?

In den indischen Veden wird wiederholt von einer göttlichen Pflanze oder Frucht berichtet, die *soma* genannt wird. Es heißt, dass man durch ihren Verzehr in einen anderen Bewusstseinszustand geraten würde und mit »den Göttern« kommunizieren könne. Angeblich sei *soma* auch lebensverlängernd. Vielleicht gibt es zwischen dieser Pflanze bzw. Frucht und der Frucht vom »Baum der Erkenntnis« eine Parallele.

Von den Inkas wird erzählt, dass ihre Priester durch Verzehr einer Pflanze ein höheres Bewusstsein erlangten. Diese Pflanze ist ein Kaktus, der in der Quechuasprache *wachuma* heißt (San Pedro, *Trichocereus pachanoi*).

Eine gewisse Parallele dazu gibt es im babylonischen Gilgamesh-Epos. Hierin ist die Rede von einem Engidu, der ein »Tiermensch« (s.o.) war. Er lebte in den Bergen, fraß mit den Gazellen Gras und kannte weder Brot noch »Rauschtrank«. Eine Dirne sprach zu ihm ([1], S. 36):

»›Iss das Brot, Engidu, das gehört zum Leben!
Trink den Rauschtrank, wie's Brauch im Lande‹.
Brot aß Engidu, bis er gesättigt war,
trank den Rauschtrank – der Krüge sieben!
Frei ward sein Inneres und heiter,
es frohlockte sein Herz, und sein Antlitz erstrahlte!«

Nun wusch Engidu seinen haarigen Körper mit Wasser, salbte sich mit Öl und wurde zu einem (richtigen) Menschen. Er zog ein Gewand an und war nun wie ein Mann (Mensch). Auch er erlangte durch eine Substanz (hier in einem Trank) ein erweitertes Bewusstsein.

Hatten sich Adam und Eva einen Zugang zu verbotenem Wissen eröffnet? (Vgl. *Enûma Elish*, Tafel VI, 29-44, zitiert in Kapitel 1: »Die Menschen sollten diese Arbeit nicht verstehen«.) Ob nun durch eine Substanz in einer tatsächlichen Frucht oder in anderer Weise (die »Frucht« kann ja symbolisch sein)? Erkannten sie ihr wahres Selbst und ihre wahre Rolle, in die sie durch die Manipulation der »Götter« geraten waren? Wurden sie dadurch »unbrauchbar« für das, was die »Götter« mit ihnen vorhatten?

Warum erkannten sie sich nach dem Essen von der Frucht jenes Baumes, als »ihre Augen geöffnet wurden«, als »nackt« (1 Mos 3,7)? Wurde ihnen etwa klar, dass sie anders aussahen als die »Götter« (die sich außerdem bekleideten, was Adam und Eva scheinbar noch nicht taten)? Wollten sie deshalb nicht wie die Tiere sein? Sie machten sich »Schürzen« aus Feigenblättern. Das Wort *chegorah*, das hier mit »Schürze« übersetzt wurde, bedeutet eher: »Gurt, Gürtel«. Es ist nicht explizit herauszulesen, ob sie damit die Geschlechtsteile bedecken wollten, dies kann vielmehr auch als indirekte Folge des »Umgürtens« gesehen werden. Eine eventuelle »Scham« angesichts ihrer Nacktheit – sofern es wirklich darum ging – wäre dann eher die Folge einer erweiterten Erkenntnis als die Folge einer »verbotenen« Sexualität, da sie vorher eher wie Tiere waren und nun lieber den Göttern ähnlich sein wollten.

Adam und Eva werden auch erkannt haben, dass sie einen freien Willen hatten. War das in den Augen der »Götter« etwas »Böses«, da sie dann den freien Willen auch beanspruchen könnten? Man denkt allzu schnell, dass ein Hund für »brav« gehalten wird, wenn er tut, was wir wollen, und eher für »böse«, wenn er das tut, was er selbst will.

Warum denn Sklaven?

Eine Sache ist aber in dieser Schöpfungsgeschichte merkwürdig! Wenn die »Götter« ein so weit entwickeltes Wissen und einen so hohen technischen Stand erreicht hatten, warum erschufen sie *Sklaven*? Warum konstruierten sie nicht *Maschinen* zur Erleichterung der Arbeit der Anunnaki? Einfach aus Bequemlichkeit? Oder aus »wirtschaftlichen« Überlegungen heraus? Sind wir für sie nicht mehr als Bioroboter – biologische »Maschinen«?

Die »Götter« waren – wenngleich sie auch Misserfolge hatten – ziemlich fähige Genetiker und beherrschten den Raumflug. Und doch züchteten sie Sklaven, anstatt (mechanische) Maschinen zu bauen. Es ist auch erstaunlich, wie primitiv ihre Telekommunikation für unsere Begriffe gewesen zu sein scheint – jedenfalls nach den Theorien von Sitchin [16] und Boulay [17], die ich (aus Platzgründen und da sie nur am Rande zum Thema gehören) hier nicht noch einmal wiederholen möchte. In dieser Hinsicht sind wir heute in der Entwicklung weiter. Diese merkwürdige Diskrepanz könnte daran liegen, dass sie mehrdimensionale Wesen sind. Vieles, was uns schwierig erscheint, mag von höheren Dimensionen aus gesehen fast ein »Kinderspiel« sein. Umgekehrt mag vieles, was wirklich nur zu unserer dreidimensionalen Welt gehört und uns natürlich geworden ist, den Anunnaki als unnötig kompliziert erscheinen. Für sie könnte manches in anderer Weise leichter gehen. Der Unterschied hat dann einfach damit zu tun, dass ihr bewusstseinsmäßiger Schwerpunkt anders liegt als unserer.

Wie auch immer – nach dieser uralten Überlieferung waren also unsere Vorfahren »maßgeschneiderte« Sklaven. Das muss uns als eine verwerfliche Haltung der Anunnaki gelten! Sie zeigten wahrhaftig keine Verantwortung und keine Liebe für ihre Geschöpfe! Mit welchem Recht sollten sie dann unsere Verehrung erwarten? Sicher und unberechtigterweise nur als Strategie für die Herrschaft.

Eine Strategie, die wir uns unwissend heute noch gefallen lassen, und zwar in ihrer Nachwirkung durch nicht mehr zeitgemäße Religionen!

Das indische Kastensystem

Es gibt in uralten indischen Schriften verwandte Berichte über Kriege im Himmel, Flugzeuge (*vimanas*, »Himmelswagen«) und manche ähnliche Dinge. Auch Sitchin [15] behandelt dieses Thema, ebenso wie Kjellson (Kapitel 3) und andere Autoren. Es gibt Sanskrit-Schriften, die den Bau von Maschinen und sogar Flugzeugen beschreiben (z.B. [18]). In diesem in vorhistorischen Zeiten demnach so hoch entwickelten Indien entstand aber auch ein Kastensystem, das uns ungerecht erscheint und das es heute noch gibt. Könnte dieses etwa – diese Frage stellt sich hier – seinen Ursprung in für bestimmte Aktivitäten »maßgeschneiderten« Menschen haben, die sich dann durch die Jahrtausende untereinander vermischten, sodass es heute keinen wirklichen Unterschied zwischen diesen Menschen mehr gibt als nur die beibehaltene Tradition?

Was die indische Götterwelt betrifft, so kennt man dort auch Dämonen, die man als *asuras* bezeichnet. Auch ein umfassendes Sanskrit-Wörterbuch [19] gibt zu diesem Wort keine etymologische Erklärung. Könnte es sein, dass das Wort mit »Assyrien« zu tun hat? »Assyrien« heißt in assyrisch *ashshur*. Waren vielleicht die *asuras* eigentlich Anunnaki, die sich vorwiegend in *ashshur* aufhielten?[41] Dies ist zwar eine reine Spekulation, doch wäre es die Mühe wert, diesen Sachverhalt auf seine Plausibilität hin zu untersuchen.

41 Nun möchte vielleicht jemand einwenden, dass diese (nicht ganz so ernst gemeinte) Hypothese unsinnig sei, da *a-sura* die Negation von *sura* = »Gott« sei. Aber gerade bei diesem Wort stimmt das nicht! Das Sanskrit-Wörterbuch erklärt zum letzteren Wort: »Durch falsche Etymologie von *asura*, verstanden als Negation *a-sura*«. Das Wort *sura* ist hier eine volkstümliche Konstruktion aus irrtümlicher Etymologie heraus und *asura* ist keine Negation.

REFERENZEN

1. Giovanni Pettinato: *Das altorientalische Menschenbild und die sumerischen und akkadischen Schöpfungsmythen*, Carl Winter Universitätsverlag, Heidelberg, 1971

2. Zecharia Sitchin: *The Lost Realms*, Avon, New York, 1990, Kapitel 12: »Gods of the Golden Tears«

3. Zecharia Sitchin: *The 12th Planet*, Avon, New York, 1978, Kapitel 11: »The Mutiny of the Anunnaki«

4. W.G. Lambert, A.R. Millard: *Atra-Hasis, the Babylonian Story of the Flood*, Clarendon, Oxford, 1969

5. Carlos A. Benito: *»Enki and Ninmah« and »Enki and the World Order«*, Dissertation an der Universität von Pennsylvania, 1969

6. *Popol Vuh, das Buch des Rates*, übersetzt und erläutert von Wolfgang Cordan, Diederich, Düsseldorf/Köln, 3. Aufl. 1975

7. *Book of the Hopi*, zusammengestellt v. Frank Waters, Ballantine, New York, 11. Druck 1977

8. Zecharia Sitchin: *The 12th Planet*, Avon, New York, 1978, Kap. 12: »The Creation of Man«

9. Zecharia Sitchin: *Genesis Revisited*, Avon, New York, 1990, Kapitel 8: »Adam: A Slave made to Order«

10. Jaacov Lavy, Chanan Prinz: *Lagenscheidts Handwörterbuch Deutsch–Hebräisch*, Langenscheidt, Berlin, 1980

11. Ludwig Koehler, Walter Baumgartner: *Hebräisches und aramäisches Lexikon zum Neuen Testament*, E.J. Brill, Leiden, 3. Aufl. 1967

12. *Gesenius' Hebrew and Chaldee Lexicon*, übersetzt von Samuel Prideaux Tregelles, Wm.B. Eerdmans, Grand Rapids MI, o.J. (Vorwort dat. 1846)

13. Gerald J. Larson: *Classical Samkhya*, Motilal Banarsidass, Delhi, 2. Ausg. 1979

14. Oscar Marcel Hinze und Theodora Hugentobler: *Der Lichtweg des Samkhya*, Akademie für Phänomenologie und Ganzheitswissenschaft, Moos-Weiler/Bodensee, 1996

15. Zecharia Sitchin: *The Wars of Gods and Men*, Avon, New York, 1985, Kapitel 5: »The Wars of the Olden Gods«

16. Zecharia Sitchin: *The 12th Planet*, Avon, New York, 1978, Kap. 10: »Cities of the Gods«

17. R.A. Boulay: *Flying Serpents and Dragons*, The Book Tree, Escondido CA, Kapitel 25: »The Radios of the Ancients«

18. König Bhoja: *Samaranganasutradharah* (»Der Schlachtfeld-Führer«), Kapitel 31: »*Atha yantravidhanam namaikatrimsho'dhyayaḥ*« (»Die Herstellung von Maschinen und mechanischen Vorrichtungen«), G. Wendelholm, Stockholm, 1973

19. Monier Monier-Williams: *A Sanskrit-English Dictionary*, Motilal Banarsidass, Delhi, 1986

6. DER MYTHOS VOM MONOTHEISMUS

Die babylonischen Schriften beschreiben eine vielbevölkerte Götterwelt und stellen demnach eine polytheistische Religion dar. Dies gilt auch für den Hinduismus sowie für verschiedene alte Religionen, die es nicht mehr oder kaum noch gibt. Später sind allerdings die monotheistischen Religionen entstanden – zuerst das Judentum, dann das Christentum und schließlich der Islam. Aber wie kamen die Religionen dazu, monotheistisch zu werden? Man muss hier zwischen drei »Graden« von Monotheismus unterscheiden: dem strengen Monotheismus, wonach es nur einen einzigen Gott gibt und keine anderen, der Monolatrie, die aussagt, dass es zwar andere Götter geben mag, dass aber nur der Eine wichtig ist und nur er verehrt werden soll, und dem Henotheismus, in dem eigentlich nur ein Gott verehrt, aber die Verehrung anderer Götter zumindest geduldet wird. Die Monolatrie ist also die strengere Variante der beiden Letzteren, da sie die Existenz anderer Götter zumindest zugibt, aber deren Verehrung nicht erlaubt. Der Henotheismus ist eine tolerantere Variante. Es gibt also keine scharfe Grenze zwischen dem Polytheismus, in dem viele, mehr oder weniger gleichwertige Götter verehrt werden, und dem Monotheismus.

Archäologische Funde haben in den letzten 25 Jahren die Sicht auf den Monotheismus in der religionsgeschichtlichen Forschung wesentlich beeinflusst, wenn nicht gar revolutioniert. Es wurde deutlich, dass der Ursprung der hebräisch-christlichen Religion polytheistisch ist und dass sogar Göttinnen verehrt wurden! Erst dann kam es – insbesondere während der Exile in Ägypten und Babylon – zu einem streng dogmatisierten Monotheismus. Die Göttinnen, von denen in alten vorexilischen Zeiten besonders die 'Asherah verehrt wurde, wurden in einer patriarchalischen Bestrebung verbannt, ihre Symbole wurden verboten und zerstört. Diese Forschungsergebnisse scheinen in der Öffentlichkeit noch ziemlich unbekannt zu sein, und die Kirche scheint sie zu ignorieren, obwohl sie heute Themen von Dissertationen und Symposien an religionshistorischen Fakultäten sind. Im Folgenden soll eine kurze Übersicht über diese Erkenntnisse gegeben werden, die sich im Wesentlichen auf einen umfassenden Symposiumsbericht [1] beziehen. Auch wenn der Lesefluss dadurch ein wenig gestört sein könnte, wird aus diesem Bericht[42] vieles zitiert, um zu belegen, dass die

42 In den Zitaten bezeichnet » …« einen ausgelassenen Teil des Textes.

folgende Darstellung auf neuen Erkenntnissen renommierter Religionsforscher beruht und nicht etwa auf eigenen Spekulationen. Auf diese Weise soll die Darstellung wissenschaftliches Gewicht bekommen, insbesondere weil manche Aussagen ziemlich kontrovers oder geradezu brisant sind. Ich halte es für angebracht, dass dieses Erkenntnismaterial aus der ziemlich verschlossenen Welt der universitären Religionswissenchaft an die Öffentlichkeit gelangt.

Diese sehr bemerkenswerten Forschungsergebnisse bedeuten natürlich nicht, dass es keinen höchsten Gott, keinen Urschöpfer gibt. Sie stellen aber infrage, ob unsere monotheistischen Religionen sich wirklich auf **den** Urschöpfer beziehen oder ob sie eigentlich pseudomonotheistische Religionen sind und sich auf eine Art von »Zwischengott« beziehen, der in die Rolle des Urschöpfers geschlüpft oder aus irgendwelchen politischen Gründen in sie gedrängt worden ist – sei es von »Göttern« oder von Menschen. Wie wir gesehen haben, ist weder Anu noch Marduk der Urschöpfer in der babylonischen Schöpfungsgeschichte, sondern Apsû – und zwar in Einheit mit Tiâmat. Sie wurden nur aus politischen Gründen abgewertet und gewissermaßen »abgesetzt«. Andere »Götter« haben sich zwischen sie und uns Menschen gedrängt. In Indien ist – was Gott bzw. die Götter in der Religion betrifft – die Situation ähnlich, aber dafür offen. Dort gilt Parabrahman[43] als der *eine* höchste Gott, aber keine Gottheit des indischen Pantheons versucht, ihm die Schau zu stehlen. Ist jemand z.B. Verehrer von Vishnu oder von Shiva, so weiß er trotzdem, dass diese Gottheit nicht der Urschöpfer ist, sondern – selbst erschaffen – gewissermaßen sein Vertreter. So gesehen könnten auch Erkenntnisse über die wahren Hintergründe der sogenannten monotheistischen Religionen Brücken des gegenseitigen Verständnisses schlagen und zu einer *echten* Ökumene beitragen! Was den Islam betrifft, so ist festzustellen, dass ihm eine Religionskultur vorausging, in der 360 Götter, vor allem der Mondgott Hubal, die Sonnengöttin Shams sowie deren drei Töchter Al-Lat, Al-Uzza und Manat verehrt wurden. Es ist nicht gesichert, ob auch Al-Ilah – in der Kurzform Allah – einer dieser Götter war oder als allgemeine Bezeichnung für einen Gott gebraucht wurde. Der Buddhismus hat diesbezüglich eine Sonderstellung, da er sich

43 Brahman hat zwei Gestalten: Die höchste Form Parabrahman oder *das* Brahman ist formlos und unverkörpert, während Aparabrahman oder *der* Brahman die manifestierte Form darstellt.

höchstens am Rande mit der Frage eines Gottes befasst. Auf jeden Fall kann es nur *einen* Urschöpfer geben, auch wenn er in den verschiedenen Religionen ganz unterschiedliche Namen hat. »Nach oben hin« müssen schließlich alle Religionen zwangsläufig in den gleichen Urschöpfer zusammenlaufen.

Ergebnisse aus archäologischen Funden

Es ist uns von der Kirche und durch den Religionsunterricht immer eingetrichtert worden, dass es nur einen Gott gäbe. Es gelte seit Urzeiten, dass der Gott des Alten Testaments der Einzige sei. Die Bibel würde dies bezeugen. Dazu schreibt Prof. Dr. Walter Dietrich in seiner Einleitung zu einem religionshistorischen Symposiumsbericht [1] wie folgt: »Trifft dieses Bild historisch wirklich zu? … Es lassen sich Gründe dafür anführen, dass die normale JHWH-Religion zunächst polytheistisch war … In dem nordkanaanäischen Stadtstaat Ugarit [heute: Ras Shamra] trifft man auf einen ausgefächerten Polytheismus, dessen Götter teilweise auch im Alten Testament auftauchen: 'El, Ba'al, Astarte, 'Anat und 'Ashera. Während sich den biblischen Texten eine friedliche Koexistenz und Verschmelzung von JHWH und 'El entnehmen lässt, werden Ba'al und auch die weiblichen Gottheiten aufs Heftigste bekämpft«. Er erwähnt archäologische Funde vor allem in Kuntillet-'Agrud (heute: Horvat Teman) und Khirbet-el-Qom (12 km westlich von Hebron), wo Inschriften ausdrücklich von JHWH und seiner göttlichen Gemahlin 'Asherah sprechen. »Begreiflicherweise haben diese außerbiblischen Textzeugnisse in der Forschung einen erheblichen Wirbel ausgelöst.« »Man kann aber … auch ein vorsichtigeres, der biblischen Tradition näherstehendes Bild zeichnen«, so Dietrich weiter. Die Traditionen anderer Nachbarvölker Israels hatten höchstens nur ein rudimentäres Pantheon, zum Teil mit der Zuordnung einer Gefährtin, aber zum Teil auch mit einer Monolatrie. Das biblische Gebot »Du sollst neben mir keine anderen Götter haben« wird uns so erklärt, dass es keine anderen Götter gäbe, es kann aber durchaus auch monolatristisch im folgenden Sinne verstanden werden: Es gibt zwar andere, aber du sollst mit ihnen nichts zu tun haben. (Vgl. Kapitel 2)

Warum sollte einer der »Götter« als einziger verehrt werden wollen? In Kapitel 5 war die Rede davon, dass nach alten Überlieferungen die

»Götter« verehrt werden wollen, weil sie von den Menschen durch deren Hinwendung in Gebet, Ritual, Zeremonien und irgendwelchen Formen von Gottesdienst Lebensenergien empfangen. Dies gilt besonders dann, wenn Menschen oder Tiere in Opferritualen getötet werden. Was aber ist, wenn einer von ihnen das alles für sich haben und es »Konkurrenten« vorenthalten will?

Der strengere Monotheismus bildete sich vor allem in den Zeiten der Exile in Ägypten und in Babylon aus. »Ab jetzt jedenfalls war endgültig das Bekenntnis zu JHWH *das* unterscheidende Merkmal des ... Judentums geworden.« Und trotzdem kamen wieder neue Wesen hinzu, die ebenfalls eine Rolle spielten: »Für einen einzigen Gott ist es in gewisser Hinsicht schwieriger als für ein Pantheon, auf sämtliche Erfahrungsbereiche von Mensch und Welt einzugehen. So hat sich ... eine Vielzahl quasi-göttlicher Wesen angesiedelt. Die Figur des Satans kommt jetzt auf ..., dazu tritt eine Fülle von Engeln und Dämonen.« [2]

Es scheint, dass die »Monotheifizierung« in einem politischen Zusammenhang zu sehen ist, wie eine Art »Jahweh-allein-Bewegung« einer Oppositionsgruppe. Diese setzte sich allmählich durch und führte zu einer entsprechenden Dogmatisierung, die besonders im 5. Buch Mose hervortritt. Was das für einen Sinn und Zweck haben sollte, ist unklar. Verschiedene Religionsforscher stellen die These auf, dass die Religion Israels während ihrer ganzen vorexilischen Phase eine polytheistische Religion gewesen sei. »Die Propagierung der alleinigen Jahweh-Verehrung habe erst spät, frühestens bei Elia im 9. Jh. [v.Chr.], eigentlich erst bei Hosea im 8. Jh. eingesetzt ... Erst unter Josia habe diese Bewegung kurzzeitig gesellschaftlichen Einfluss erringen können, bis sie dann in exilischer Zeit ... dem Monotheismus endgültig zum Siege verholfen habe.« [3] So will einer der Forscher die Erklärung in einem revolutionären Befreiungsvorgang aus dem Exil suchen: »Solange die Exodusgruppe um ihr Überleben kämpfte, ... war das Symbol des Einzelgottes der midianitischen Wüste in Absetzung vom ägyptischen Polytheismus das Gegebene.« [3]

Jahweh, ein Berggott der südlichen Wüste, wurde zum persönlichen Gott der Israeliten und zu ihrem Nationalgott, zum Schöpfer und Himmelsgott, Herr über den Tod und Weltenrichter. Dies hat in der Menschheitsgeschichte Spuren hinterlassen! Es sieht doch danach aus, dass der strenge Monotheismus als negative Folgen Intoleranz, Fanatismus und Fundamentalismus hervorgebracht hat. »Nicht erst in neuester Zeit ist die Geschichte des Islam und, leider mehr noch, des Christentums voller Beispiele dafür, wie der ›Glaube an den einen Gott‹ als Vorwand für Untaten aller Art bis hin zum Völkermord dienen kann.« [2]

Sowohl archäologische Funde als auch die Bibel (z.B. Hos 4,9-14; Jer 44,15-19) bezeugen, dass die Religiosität Israels ursprünglich durch die Verehrung von Göttinnen geprägt war. Diese Verehrung jedoch wurde bekämpft, und alles ging in Jahweh auf – Männliches und Weibliches, Gutes und Böses, Heil und Unheil. »Droht sein Bild nicht unter dem Ansturm der Wirklichkeit zu zersplittern oder alle klaren Konturen zu verlieren? Löst die paradoxe Aussage, von JHWH komme beides: Das Licht und die Finsternis, das Heil und das Unheil (Jes. 45,7) – löst sie das Problem, oder kapituliert sie vor ihm?« [2]

Man hat Jahweh auch als eine andere Bezeichnung des Gottes 'El gesehen, »aber diese Anschauung ist für ernsthafte Einwände offen. Erstens ist der Charakter des 'El durchgehend gütig, wogegen Jahweh eine grausame wie auch eine freundliche Seite hat.« Zweitens wird in frühen poetischen Textabschnitten Jahweh mit dem Sturm verbunden, was nicht zu 'El passt. Drittens ist es unwahrscheinlich, dass Jahweh »(er) erschafft« bedeutet, da u.a. 2 Mos 3,14 ziemlich klar auf die Bedeutung »er ist« des Namens hinweist. Demnach steht der Name nicht für einen Schöpfergott. »Was auch der genaue Ursprung Jahwehs sein mag, es spricht sehr viel dafür, dass er ursprünglich der Gott vom Berg Sinai war« [4], und zwar ein Kriegsgott [5]. 'El hatte 70 Söhne, die Götter von 70 Nationen der Erde waren. Jahweh dürfte einer von ihnen gewesen sein, also der Gott einer dieser Nationen und dann offensichtlich Israels (5 Mos 32,8; 1 Mos 10). Als später der Monotheismus hervortrat, wurden diese 70 Götter zu 70 Schutzengeln der Nationen »herabgesetzt« (u.a. I Enoch 89,59, 90,22 und 5 Mos 32,8). »Jahweh war nicht 'El, sondern wurde später mit ihm identifiziert« [4].

»Das bekannteste Beispiel, 5 Mos. 32,8f LXX[44], zeigt ein Nebeneinander von 'El 'Elijon [›Gott, der höchste‹] und Jahwe, wobei 'El 'Elijon Letzterem übergeordnet ist: Jahwe ist ein Sohn 'El 'Elijons. Wenn Sprüche 30,3 nach

---

44 LXX ist in der Theologie eine Bezeichnung für die Septuaginta, eine altgriechische Übersetzung vom hebräischen Alten Testament. Septuaginta bedeutet 70, und LXX ist die Zahl 70 in römischen Ziffern. Diese Bezeichnung soll (als nächste runde Zahl gewählt) daher kommen, dass die Übersetzung von 72 jüdischen Gelehrten ausgeführt wurde.

dem Namen des Schöpfers und seines Sohnes fragt, kann die Antwort nur lauten: 'El ist der Schöpfer, Jahweh dessen Sohn« [6]. Luther übersetzt 5 Mos 8-9 wie folgt: »Da der Allerhöchste ['Elijon] die Völker zerteilte und zerstreute der Menschen Kinder, da setzte er die Grenzen der Völker nach der Zahl der Kinder Israel. Denn des HERRN [Jahweh] Teil ist sein Volk, Jakob ist sein Erbe.«

»Durch die Identifikation mit Seth war aus dem kanaanäischen Fruchtbarkeitsgott in der späten Bronzezeit ein Sturm- und Kriegsgott geworden ... In Juda war es der ursprünglich aus Nordwestarabien/Teman stammende Jahwe, der etwa zur selben Zeit in die Rolle des kriegerischen Wettergottes einrückte ... Jahwe aber ist erst mit David nach Jerusalem gekommen. Der ›Neuankömmling‹ war ein kriegerischer Wettergott, der nach Davids Machtübernahme in Jerusalem in Konkurrenz zur Sonnengottheit geraten musste. Im Zuge der Bautätigkeit Salomos hat Jahwe die Sonnengottheit aus ihrem Tempel verdrängt, ihre Rollen und Funktionen dann aber in den folgenden Jahrhunderten so weitgehend assimiliert, dass er schließlich selbst zur Sonnengottheit von Jerusalem geworden ist ... Jahweh ist trotz seiner Akkulturation in Jerusalem zweifellos *auch* ein kriegerischer *Wettergott* geblieben.« [7]

Die Göttin 'Asherah

»In neuerer Zeit hat sich eine Fülle von archäologischen Daten zusammengetragen, die auf ein Bestehen des 'Asherah-Kultes der alten kanaanäischen Mutter-Göttin hinweisen ... Die Bemühungen einiger biblischer Gelehrter ziemlich klare Hinweise auf 'Asherah ... zu umgehen zu versuchen, sind aufschlussreich«. [8] Man hat sich darum bemüht, das Wort *'asherah* lediglich als Hinweis auf irgendeine kultische Holzfigur oder auf einen »Baum« zu verstehen, möglichst ohne dahinter eine damit symbolisierte Göttin sehen zu wollen. »Trotzdem erscheint die 'Asherah wieder im kabbalistischen Judentum ... als die ›Shekinah‹ ... in bestimmten Texten sogar als die ›Hausmutter‹ oder gar ›Braut Jahwehs‹ genannt ... ich möchte behaupten, dass sowohl Shekinah ... wie auch die Maria im römischen Katholizismus späte Widerspiegelungen des Kultes der kanaanäischen Mutter-Göttin 'Asherah in Israel sind – ... nach langer Zeit durch moderne archäologische Entdeckungen wiederhergestellt.« [8] ’Asherah wird in der hebräischen Fassung der Bibel in neun Büchern über 40 Mal erwähnt, aber allzu oft – wohl absichtlich – als »Baum« oder »Hain« übersetzt. »In mindestens einem halben Dutzend der Fälle wird, jedoch, der Begriff ›’asherah‹ auf die Göttin selbst hinweisen und nicht bloß auf einen totemartigen Gegenstand. Es gibt keinen Weg herum: Diese sind ’Asherah-Figuren« [8].

Ein grammatikalisches Problem tritt hier hervor. In 19 Versen erscheint der Name in der männlichen Mehrzahlform *’asherim*, in drei Versen in der weiblichen *’asherot* [9]. Die männliche Form weist offensichtlich direkt auf hölzerne Bilder oder Symbole ’Asherahs hin, während die weibliche Form auf die durch die Symbole dargestellte Göttin hinweist, deren Name von *’asher* = »glücklich« abgeleitet ist [9,10].

Es gibt ein paar Bibelstellen, in denen ’Asherah offensichtlich mit Ba‘al in Verbindung gebracht wird, wohl in der Bestrebung, ihren Kult abzuwerten [9]. Es scheint, als wollte man in einer patriarchalischen Gesellschaft nichts mehr mit ’Asherah zu tun haben. Es wurde verboten, an Jahwehs Altar »einen Baum« zu pflanzen (5 Mos 16,21 – der Originaltext hat auch hier *’asherah*). Welchen Sinn hätte ein solches Verbot haben sollen, wenn nicht »der Baum« bzw. eine Holzfigur das Symbol für ’Asherah war? Dieses hölzerne Symbol wird manchmal auch als »Pfahl« bezeichnet, was als eine Art »Wortspiel« oder Assoziation auf ’Asherah hinweist! Das Wort *’ashar* – aus der gleichen Wurzel wie das oben erwähnte Wort *’asher*, – nur mit einem anderen Vokal – hat nämlich die Bedeutung »gerade, aufrecht« wie auch »glücklich, erfolgreich sein« [10]. Etwas Gerades, das aufrecht steht, wie etwa ein Pfahl, könnte deshalb assoziativ als Symbol für ’Asherah dienen.

In früheren Bibelübersetzungen gab es *Das Buch der Weisheit*, auch *Salomos Weisheit* genannt. In der Übersetzung Luthers ist folgende Vorbemerkung zu lesen: »Djs Buch ist lange Zeit im Zanck gestanden / Obs vnter die Bücher der heiligen Schrift des alten Testaments zurechen sein solt, oder nicht.« [11] (Luthers altertümliche Schreibweise beibehalten.) Leider fehlt dieses Buch in späteren Bibelausgaben. »In den Weisheitsbüchern tritt die schwer zu deutende Gestalt der ›Frau Weisheit‹ auf; auch sie lässt sich am ehesten als Göttin verstehen« [6]. Die »Frau Weisheit«, Sophia bzw. Chokmah, wird als Geliebte und Gefährtin Gottes bezeichnet (Weish 8,3). »Nur mit Hilfe der Sophia kann der Mensch den göttlichen Willen erkennen und erfüllen (9,17), ihr Unterricht ist für die Rettung der Menschen unverzichtbar.« [12] Es ist auch in den Sprüchen Salomos von ihr die Rede: »Glückselig [*'asheraj*] der Mensch, der die Weisheit [*chokmah*] findet, und Klugheit in Fülle hat ... Sie ist kostbarer als alle Reichtümer ... ein Baum des Lebens ist sie denen, die sie erfassen, und wer sie behält, ist selig [*mu-'ashar*]« (Sprüche 3,13-18). »In beidem, im Lebensbaum und in der Wurzel 'AShR, klingt nach Smith deutlich die 'Asherah an.« [13] (Wenn es um den »Lebensbaum« geht, hat dies hier nicht mit einer Wortähnlichkeit zu tun, sondern mit dem Baum als Symbol 'Asheras.)

Die Weiblichkeit vom Heiligen Geist

Die gnostischen Urchristen betrachteten den Heiligen Geist als *weiblich*. Manche haben diesen »weiblichen Heiligen Geist« mit der »Frau Weisheit« verglichen, die an einigen Stellen im Alten Testament sogar »der Geist der Weisheit« genannt wird (*ruach chokmah*, vgl. 2 Mos 28,3; 5 Mos 34,9 und Jesaja 11,2). Jesus sprach einer apokryphen Schrift zufolge von »Meine Mutter, der Heilige Geist« [14]. Die Theologen wollen die angebliche »Weiblichkeit« des Heiligen Geistes als ein rein sprachliches Missverständnis erklären, da das hebräische Wort für »Geist«, *ruach*, weiblichen Geschlechts ist. Eine solche Erklärung scheint eher ein Ausweichmanöver zu sein.

Zu dem Thema Göttin und Christentum gibt es noch einiges für das Dogma sehr Kontroverses zu sagen, doch sollen diese Bemerkungen sowie diejenigen über Maria als Widerspiegelung von 'Asherah [8], die im vorausgehenden Abschnitt dieses Kapitels erläutert wurden, genügen (mehr darüber in Kapitel 10).

Eine Hypothese

Stattdessen möchte ich hier in Anlehnung an die eben erwähnte Darstellung eine persönliche Hypothese über die Ursache für die Einführung des Monotheismus hinzufügen. Dieses Dogma scheint im Wesentlichen auf die Zeit des ägyptischen Exils zurückzugehen. Wahrscheinlich wollte man sich von den ägyptischem Göttern distanzieren und wandte sich von denjenigen der eigenen, früher verehrten Göttern ab, die direkt oder indirekt mit ägyptischen Göttern in Verbindung gebracht werden könnten. Man fand einen Ausweg in der Zuwendung an einen sinaitischen Gott, der mit dem ägyptischen Pantheon nichts oder nur wenig gemeinsam hatte. Dass dieser auch noch ein Kriegsgott war, passte zu dem Vorhaben der Befreiung aus der ägyptischen Gefangenschaft besonders gut, und er wurde deshalb zum »einzigen Gott« erklärt.

Die oben (nach [4]) erwähnte grausame Seite Jahwehs tritt gleich am Anfang zum Vorschein. In 2 Mos 7-13 wird geschildert, wie der Pharao wiederholt das hebräische Volk gehen lassen wollte und schließlich sogar um Verzeihung bat, aber Jahweh verstockte jedes Mal aufs Neue sein Herz, sodass er wieder hartnäckig wurde. Jahweh wollte unbedingt seine Macht demonstrieren und weitere Plagen über Ägypten hereinziehen lassen und ließ nicht zu, dass Moses und der Pharao zu einer friedvollen Vereinbarung kamen. Es musste eben erst das ganze Register von Machtspielen, nämlich sämtliche zehn Plagen, durchgezogen werden. Eine einzige Plage oder einige wenige Plagen stellten Jahweh nicht zufrieden, obwohl dies wahrscheinlich gereicht hätte. So heißt es in der Bibel: Der »Herr« ließ das Wasser in Blut wandeln, und die Fische starben darin und er ließ verschiedene Tiere über Ägypten herziehen, Viehpest und Blattern über das Land kommen und ließ dann einen schweren Hagel- und Feuersturm über das Land ziehen, der Menschen und Tiere erschlug. Danach kamen Heuschreckenschwärme, die alles verzehrten, eine üble Finsternis, und schließlich ging Jahweh selbst durch das Land und ermordete die Erstgeborenen aller Menschen und Tiere – nur nicht diejenigen von den Hebräern. Angesichts dieser Schilderung stellt sich hier doch die Frage: Was soll denn das alles? Warum sollten sogar unschuldige Kinder für diese Machtdemonstration sterben müssen?

Man mag an dieser Stelle einwenden, dass Gott gesehen habe, dass der Pharao mit Hinterlist die Hebräer in eine Falle locken wollte. Er ließ sie ja schließlich auch durch seine Soldaten verfolgen, bis diese schließlich im Roten Meer ertranken. Doch hätte Jahweh mit all der Macht, die er demonstrierte, doch genauso gut eine friedliche Lösung herbeiführen können. Eine solche friedliche Lösung hätte aber einem Kriegsgott möglicherweise nicht gefallen.

Mit der Zeit kamen die Hebräer ins Gelobte Land und wurden von Jahweh beauftragt, alle dort bereits angesiedelten Völker in veritablen Genoziden auszurotten (4 Mos 14-16, 21, 25, 31, 33, 35; 5 Mos 2, 3, 20; Jos 7-11). Es sollte niemand überleben. Die Bibel berichtet wiederholt, dass auch Frauen, Kinder und Greise abgeschlachtet wurden. Wenn im Buch Josua über die Angriffsziele immer wieder steht: »... und ließ nichts darin übrig«, heißt dies natürlich, dass gar niemand am Leben gelassen wurde. Er und die anderen wüteten in unfassbaren Wahnsinnstaten, und dies im Auftrag eines blutrünstigen Kriegsgottes. Die Einwohner der Stadt Gabaon, die Heviter, wollten mit den Hebräern Frieden schließen (Josua 11,19-20). Jahweh ließ dies nicht zu, sondern verstockte auch ihre Herzen, sodass sie taten, was sie nicht wollten: Sie zogen doch in den Kampf. Jahweh wollte es so, um den Hebräern einen Anlass zu geben, auch die Heviter völlig zu vernichten. Es sollte wirklich niemand überleben. (Mehr darüber im nächsten Kapitel).

Die hier genannten Beschreibungen stellen nur einige wenige Beispiele der Grausamkeiten dar, die in der Bibel beschrieben sind. Um das Bild zu komplettieren, befindet sich in Anhang 1 dieses Buches eine ausführliche Zusammenstellung weiterer Grausamkeiten, die in der Bibel – »schwarz auf weiß« – für jeden nachzulesen sind. So muss an dieser Stelle eindringlich gesagt werden, dass es sich – wenn man von den Erzählungen berichtet – nicht um Verleumdungen handelt, sondern um erwiesene Tatsachen der Bibel.

Indirekter Polytheismus im Christentum

Abschließend mag bemerkt werden, dass selbst das Christentum gewisse polytheistische Züge angenommen hat. Man spricht von einer Dreieinigkeit: vom Vater, vom Sohn und vom Heiligen Geist. Man verehrt außerdem Maria wie eine Göttin und im Katholizismus eine Reihe von Heiligen. Man spricht auch von Engeln. Hat sich hier nicht ebenfalls – quasi »durch die Hintertür« – ein Pseudopolytheismus in das Christentum eingeschlichen?

Weist dieser Polytheismus auf einen babylonischen Ursprung hin?

Wenn also die hebräisch-christlichen Religionen in ihrem gemeinsamen vorexilischen Ursprung – gemäß neuesten archäologischen Funden und Forschungsergebnissen der akademischen Religionsgeschichtskunde – doch nicht so monotheistisch sind, wie man stets hat behaupten wollen, so wird damit auch der Gedanke in diesem Buch unterstützt, nämlich dass die polytheistische Religion der Keilschrifttafeln ein wesentlicher Ursprung dieser Religionen ist.

REFERENZEN

1. *Ein Gott allein? JHWH-Verehrung und biblischer Monotheismus im Kontext der israelitischen und altorientalischen Religionsgeschichte*, 13. Kolloquium der Schweizerischen Akademie der Geistes- und Sozialwissenschaften, hg. v. Walter Dietrich und Martin A. Klopfenstein, Universitätsverlag, Freiburg (CH), 1994
2. Walter Dietrich in [1]
3. Rainer Albertz in [1]
4. John Day in [1]
5. Mark S. Smith in [1]
6. Bernhard Lang in [1]
7. Othmar Keel und Christoph Uehlinger in [1]
8. William G. Dever in [1]
9. Judith M. Hadley in [1]
10. *Gesenius' Hebrew and Chaldee Lexicon to the Old Testament Scriptures*, übers. v. Samuel Prideaux Tregelles, Wm.B. Eerdmans, Grand Rapids MI, o.J. (Vorwort dat. 1846)
11. *Die gantze Heilige Schrifft*, übers. v. Martin Luther, Bd. 2, dtv, München, 1974
12. Silvia Schroer in [1]
13. Martin A. Klopfenstein in [1]
14. In der Geschichte von Thomas; vgl. Origenes' Kommentare zum Johannesevangelium ii.12 und zu Jeremias' Predigt xv.4 (Fragmente in: *The Apocryphal New Testament*, übers. v. Montague Rhodes James, Clarendon, Oxford, 1980)

7. WER IST JAHWEH? WER IST JESU GOTT?

Wer ist Jahweh?

In einer interessanten Studie [1] greift Sitchin die wohl schließlich unvermeidlich gewordene Frage auf: »So, wer war Jahweh? War er einer von *ihnen*? War er ein Außerirdischer?«

Ja, in einem Sinne ist er selbstverständlich ein Außerirdischer, da er in jedem Fall von jenseits der Erde ist! Aber ist – oder war – Jahweh ein Anunnaku?[45] Oder war er – ganz allgemein – ein Einwohner Nîbirus? Oder war er tatsächlich der Urschöpfer?

Sitchin zieht eine Reihe von Vergleichen mit Gestalten der Lehmtafeln heran: Mit Enki (= Ea, Nudimmud), Enlil (Enkis Bruder), Ninurta (Enlils Sohn, ein großer Krieger), Nergal (ein Sohn Enkis), Nannar (= Sin, der Mond-Gott, ein anderer Sohn Enlils) und schließlich mit Utu (= Shamash, ein Sohn Nannars). Obwohl es verschiedene Ähnlichkeiten in der biblischen Darstellung von Jahweh mit jedem dieser Götter gibt, geht der Vergleich schließlich nirgends auf, da auch Widersprüche auftreten. Jahweh kann keiner von ihnen sein. Auch wenn es verschiedene Übereinstimmungen gibt, finden sich in allen Fällen auch widersprüchliche Unterschiede.

Sitchin versucht außerdem einen Vergleich mit Thoth, dem ägyptischen Gott, der in Sumer Ningishzidda hieß. Er war ebenfalls ein Sohn Enkis. Auch hier hinkt der Vergleich.

Ist Jahweh Marduk?

Wie steht es dann mit Marduk? Wiederum kommt Sitchin zu dem Ergebnis, dass die Rechnung nicht aufgeht. Jahweh wird in der Bibel als größer und mächtiger als alle Götter Babyloniens dargestellt. In Jesaja 46,1 und Jeremia 50,2 wird vorausgesagt, dass Marduk[46] mit seinem Sohn Nabu am Tage des Gerichts vor Jahweh sich verbeugen und niedergeschmettert würde. Sitchin sieht einen weiteren Einwand in einem babylonischen Text,

45 Einzahl: Anunnaku, Mehrzahl: Anunnaki.

46 Er wird in der Bibel als Merodach und nach Sitchin auch als Bel bezeichnet, obwohl beide Namen in Jeremia 50,2 stehen, als wenn dort von zweien die Rede wäre.

nach welchem verschiedene Funktionen (die ersten acht Aufzählungen) des Marduk auf andere Götter übertragen wurden. Ergänzend eingefügt sind (die nächsten sechs Aufzählungen) weitere Funktionen, die aus einem anderen Text [2] hervorgehen.

Ninurta = Marduk der Hacke bzw.
Nergal = Marduk des Angriffs
Zababa = Marduk des Kampfes
Enlil = Marduk der Herrschaft und des Rates
Naba = Marduk des Reichtums
Sin = Marduk des Beleuchters des Alls
Shamash = Marduk der Gerechtigkeit
Adad = Marduk der Regen
Ninurta = Marduk der Stärke
Zumma = Marduk des Kampfes
Tishka = Marduk der Armeen
Lugalaki = Marduk der Tiefe
Nabu = Marduk der Zahlen und des Zählens
Urash = Marduk des Pflanzens

Diese Darstellung würde nach Sitchins Meinung dem Monotheismus widersprechen, weshalb Jahweh nicht Marduk sein könne. Nach meiner Meinung kann man aber darin eine *Bestätigung* sehen! Betrachten wir die Liste oben als ein *Delegieren* Marduks von Aufgaben an andere Götter, die damit in diesen Aufgaben Marduk vertreten, sieht es anders aus. Diese Götter sind dann gewissermaßen *Offenbarungen* oder *Erscheinungsweisen des einen Marduk*, so wie er durch sie wirkt. Wenn man es auf diese Weise betrachtet, dann könnte die Rechnung aufgehen und dann könnte Marduk mit Jahweh im Sinne eines Monotheismus gleichgesetzt werden.

Bei den meisten Namen, die in der eben dargestellten linken Spalte vor dem Gleichheitszeichen stehen, handelt es sich doch um Götter, bei welchen Sitchin bereits Ähnlichkeiten mit Jahweh gefunden hat, ohne dass ihm allerdings der Vergleich schließlich aufging. Wenn wir nun aber *alle zusammen* mit ein und demselben verbinden, nämlich mit Marduk in verschiedenen delegierten Funktionen, dann wäre der Vergleich von Jahweh mit Marduk auf einmal gar nicht mehr so abwegig.

Sitchins Dilemma

Ich glaube, dass Sitchin hier vor einem Dilemma steht. Als gläubiger und praktizierender Jude – und dafür respektiere ich ihn sehr – *darf* er Jahweh nicht mit irgendeinem dieser Götter gleichsetzen, da doch Jahweh über all diesen stehen *muss*! Würde er etwas anderes behaupten, so käme er wohl in ernsthafte Konflikte mit seiner Religion und sähe sich schweren Anschuldigungen ausgesetzt. Liest man seine Darstellungen, so entsteht der Eindruck, dass Sitchin sich zwar zu dieser Studie gezwungen fühlt, da sich durch die Ergebnisse seiner Nachforschung die Frage »Wer ist Jahweh?« immer mehr aufgedrängt hat und diese ihm wohl auch wiederholt gestellt wurde, dass er aber dennoch ein vorgefasstes Ergebnis erzielen »muss«.

Er stellt dann mit einer nicht sehr überzeugenden Argumentation fest, dass Jahweh auch nicht Anu sein könne, und zieht daraufhin den genialen Schluss: *Jahweh muss der Gott der Nîbiruaner* sein! Auch sie müssen irgendwann erschaffen worden sein, und Jahweh wird dann *ihr* Schöpfer sein! Damit ist er – durch die Anunnaki – auch indirekt unser Schöpfer.

Wer aber kommt für die Gleichsetzung mit Jahweh noch infrage? In *Enûma Elish* bleiben ja nur wenige übrig, nämlich Anshar, Kishar, Lahmu, Lahâmu, Tiâmat, Mummu und Apsû (s. Kapitel 1). Wer von diesen könnte Jahweh denn sein? Apsû wurde von den Anunnaki »umgebracht« und kann deshalb nicht besonders gut als der Gott der Anunnaki gelten, denn sie haben ihn durch dieses Verbrechen abgelehnt. Sitchin muss dann entweder Jahweh mit Apsû gleichsetzen und dann die Anunnaki ablehnen – oder die Anunnaki anerkennen und Apsû ablehnen! Ähnlich wird es mit Mummu und Tiâmat sein (abgesehen davon, dass Tiâmat eine Göttin ist und Jahweh machohaft männlich)! Von Anshar und Kishar und erst recht von Lahmu und Lahâmu wissen wir wenig. Soll denn einer von ihnen Jahweh sein? Sitchin betrachtet diese vier eher als Planeten! Für ihn ist Apsû die Sonne, Anshar und Kishar setzt er mit Saturn und Jupiter gleich und Lahmu und Lahâmu mit Mars und Venus. Mummu ist für ihn Merkur und Tiâmat ein zerborstener Planet [3]. Er wird sicher nicht Jahweh für einen Planeten halten, und so bleibt dann im Pantheon des *Enûma Elish* keiner mehr übrig. An dieser Stelle bleibt Sitchin uns eine Antwort schuldig!

Seine Schlussfolgerung, dass Jahweh der Gott der Anunnaki sei, kann er geschickt belegen. Dagegen ist an sich kaum etwas einzuwenden. Doch sieht mir das Ganze etwas nach intellektueller Taktik aus. Ich will gar nicht bestreiten, dass Sitchin damit völlig recht haben kann. Trotzdem sehe ich in Marduk viel mehr einen »Kandidaten«, als es Sitchin gelten lassen will. Dass Marduk an nur einer Stelle in der Bibel[47] als Merodach bezeichnet wird, muss kein Widerspruch sein. Sollte es einen Zusammenhang zwischen Marduk und Jahweh geben, den man verschleiern möchte oder den man gar nicht kannte, so wäre es nicht sehr verwunderlich, wenn ein Schreiber von Aufzeichnungen und Überlieferungen in abschätziger Weise über den Gott der von ihm als feindlich betrachteten Babylonier schreiben und ihn als jemanden darstellen würde, der nichts mit Jahweh zu tun habe. In den Überlieferungen der Keilschrifttafeln ist auch nirgendwo die Rede von einem Gott der Nîbiruaner.

Delitszsch [4] schrieb über Jahweh und Marduk Folgendes: »Ja, die alttestamentlichen Dichter und Propheten gingen sogar soweit, dass sie Marduks Heldentat unmittelbar auf Jahwe übertrugen und diesen nun feierten als den, welcher in der Urzeit die Häupter des Meerungeheuers zerschmetterte (Ps. 74,13f, 89,10), als den, unter welchen zusammenbrachen die Helfershelfer des Drachen (Hiob. 9,13).« Er meinte hiermit den Kampf Marduks gegen Tiâmat, die oft als Drache des Urwassers und manchmal als eine siebenköpfige Schlange dargestellt wird. Er schrieb auch in eigener Übersetzung aus dem Hebräischen: »Stellen wie Jes. 51,9: ›Auf, auf! Wappne dich mit Kraft, Arm Jahweh's! Auf! Wie in den Tagen der Vorzeit, den Geschlechtern der Urzeit. Warst du es nicht, der den Drachen zerhieb, das Ungeheuer durchbohrte?‹ oder Hiob. 26,12: ›In seiner Kraft schlug er das Meer und in seiner Klugheit zerschmiss er den Drachen‹ ...«. Deuten diese Textstellen nicht darauf hin, dass Jahweh etwas mit Marduk zu tun haben könnte?

Schrader schrieb, dass Jahweh ein Synonym für den Gottesnamen Jahu sei und dass in alten Texten beide Namen gelegentlich gegeneinander substituiert würden [5]. Sie würden in den Schriften außerdem synonym mit der Gottesbezeichnung 'El verwendet. Nach Gesenius' Wörterbuch [6] käme die Aussprache »Jehowah« daher, dass man in alten Zeiten den Namen Jah(a)weh durch 'Adonaj (der Herr) ersetzte, da »Jahweh« nicht ausge-

47 Vgl. Anm. 2. Wenn der Name in der Bibel an anderer Stelle vorkommt, nämlich in 2 Kön 25,27, Jes 39,1 und Jer 52,31, handelt es sich um babylonische Herrscher, die Anhänger von Marduk waren und deshalb nach ihm benannt wurden.

sprochen werden sollte. Da der Name meistens nur mit den Konsonanten JHWH geschrieben wurde, habe man in masoretischen Schriften dieselben Vokale leicht abgeändert und wie im Namen 'Adonaj auch JHWH hinzugefügt, und so sei »Jehowah« entstanden (*Jahowah → Jehowah*).

Die negativen Seiten des Gottes vom Alten Testament

Für den unvoreingenommenen Leser des Alten Testaments besteht die Schwierigkeit, dass der im Text dargestellte Gott neben vielen wunderbaren Seiten auch erschreckend viele *negative* Seiten hat. Denn er ist auch grausam, eifersüchtig, zornig, unversöhnlich, hinterlistig, rachsüchtig, rücksichts- und gnadenlos und fordert zu schrecklichen Strafen, blutigen Kriegen und furchtbaren Zerstörungen von Menschen und Völkern auf! Er verdammt, schlägt und straft die Ungehorsamen mit Leid, Krankheit, Unglück, Dürre und Hungersnot (5 Mos 28,15-68). Durch die Sintflut möchte er die gesamte Menschheit zunächst auslöschen, auch wenn sie dann am Schluss doch wieder – wenn auch anders – hergestellt wird.

Diese Erzählungen stellen keine Verleumdung dar, sondern stehen – wie bereits in Kapitel 6 kurz erwähnt – *nun einmal »schwarz auf weiß«* auf den vielen blutigen Seiten, die es im Alten Testament *auch* gibt! Tatsache ist, dass jeder diese Geschichten nachlesen und niemand sie leugnen kann! Offensichtlich setzen die Kirchengläubigen beim Bibellesen die Scheuklappen auf, wenn sie zu diesen Stellen kommen, oder aber sie überspringen sie.

Der gelehrte Kirchenkritiker Karlheinz Deschner [7] schreibt zu dieser Thematik Folgendes: »Allmählich vernichteten die Israeliten das enge Netz der kanaanäischen Stadtstaaten der Spätbronzezeit von Palästina und Syrien … Nun geschah dies Schlachten nicht ›profan‹, durch blutrünstige Strauchritter, Steppenbanden, durch Räuber, Halsabschneider … sondern durch ›ein Königreich von Priestern und ein heiliges Volk‹ … Allen voran kämpft Jahwe, der ›niemand ungestraft‹ lässt … Gewiss erscheint Jahwe auch ›barmherzig‹, wirkt ›Heilstaten‹ … Meist aber geht ›Unheil‹ von ihm aus … Goldene Regel für den Umgang mit Feindstädten: ›Wenn sie Jahwe, dein Gott, in deine Gewalt gegeben, sollst du alles, was an Männern darin ist, mit dem Schwert töten, dagegen die Weiber und Kinder, das Vieh und alles, was sich in der Stadt befindet … genießen‹. Solche Milde wird freilich nur fernlebenden Feinden zuteil. Für die nahewohnenden gilt: ›Du sollst keine Seele am Leben lassen.‹ … ›Du wirst alle Völker vertilgen, die der HERR, dein Gott, dir geben wird. Du sollst sie nicht schonen.‹ … Und wer immer sich weigert, wer gar rät, anderen Göttern zu dienen, sei's der Bruder nun, der Sohn, die eigene Tochter, ›deine Frau in deinen Armen oder dein Freund, der dir so lieb ist wie dein Leben‹, ein jeder muss sterben. ›Deine Hand soll die erste wider ihn sein, ihn zu töten‹ … Gehorcht aber dieses Volk nicht, kündigt Gott ihm ungezählte Greuel an … Ja, er will dann, tobt er immer wieder, ›siebenfältig mehr strafen um eurer Sünden willen, dass ihr sollt eurer Söhne und Töchter Fleisch essen … Der HERR wird dich schlagen mit bösen Geschwüren … dazu wird der HERR alle Krankheiten und Plagen … über dich kommen lassen‹ und so weiter … Noch zu Moses' Lebzeiten vernichteten die Israeliten die bedeutenden Reiche des Sihon und Og nördlich von Moab. Sie liquidierten Sihon, den König der Amoriter, ›vollstreckten den Bann an allen Städten, an Männern, Frauen und Kindern, und ließen niemand übrig. Nicht anders schlugen sie Og, den König von Basan, ›und seine Söhne und sein ganzes Kriegsvolk, bis keiner mehr übrig blieb‹; ›und es gab keine Stadt, die wir ihnen nicht nahmen: Sechzig Städte … Und wir vollstreckten den Bann an ihnen … an Männern, Frauen und Kindern. Aber alles Vieh und die Beute aus den Städten raubten wir für uns.‹ Auch vom Sieg über die Midianiter meldet die ›Heilige Schrift‹: ›Und sie zogen aus zum Kampf … wie der Herr es Mose geboten hatte, und töteten alles, was männlich war. Samt diesen Erschlagenen töteten sie auch die Könige der Midianiter … Und die Kinder Israel nahmen gefangen die Frauen der Midianiter und ihre Kinder; all ihr Vieh, alle ihre Habe und alle ihre Güter raubten sie und verbrannten mit Feuer alle ihre Städte, wo sie wohnten, und alle ihre Zeltdörfer.‹ … Doch selbst das genügte Moses nicht … Er ›wurde zornig‹, weil die Frauen noch lebten, die Knaben, und schrie: ›Warum habt ihr alle Frauen leben lassen? … So tötet nun alles, was männlich ist unter den Kindern, und alle Frauen, die nicht mehr Jungfrauen sind; alle Mädchen, die unberührt sind, die lasst für euch leben … Und es betrug die Beute … an Menschen aber 32 000 Mädchen, die nicht von Männern berührt waren‹ – Mord und gewalttätige Räubereien, die übrigens alle gegen Moses' eigenes 5. und 7. Gebot verstießen … Ausdrücklich befiehlt der HERR in diesen Fällen: ›Du sollst nichts leben lassen, was Odem hat, sondern sollst an ihnen den Bann vollstrecken … wie dir der HERR, dein Gott, geboten hat, damit sie euch nicht lehren, all die Greuel zu tun, die sie im Dienst ihrer Götter getan, und ihr euch so versündigt an dem HERRN, eurem Gott.‹ … Mit ermüdender Monotonie verkündet das ›Wort Gottes‹ jedes Mal: ›… und ließ niemand übrig‹, › … und ließ niemand übrig‹, › … und ließ niemand übrig‹ … ›Den Feinden jagte ich nach und vertilgte sie, und ich kehre nie um, bis ich sie umgebracht habe‹, bekennt Davids Danklied … Und gern legte ›der göttliche David, dieser so sanftmütige und große Prophet‹, das gefangene Volk ›unter eiserne Sägen und Zacken und eiserne Keile und verbrannte sie in Ziegelöfen. So tat er allen Städten der Kinder Ammon‹.«

Um diese Darstellung zu vervollständigen, wird in Anhang 1 dieses Buches eine Sammlung von Bibelzitaten wiedergegeben, in denen die hier erwähnten Grausamkeiten – sowie noch einige mehr – nachzulesen sind.

Und was soll man zu der folgenden Geschichte sagen, die in Hesekiel 9 zu lesen ist? Der Herr zeigte Hesekiel, wie in Israel heimlich auch andere »Götter« verehrt wurden. Dann sandte der Herr einen Mann aus, der diejenigen mit einem Zeichen an der Stirn markieren sollte, die sich über diesen Zustand beklagten. Anschließend wurden bewaffnete Männer hinausgeschickt: »Geht ihm nach durch die Stadt und tötet. Eure Augen sollen nicht schonen und ihr sollt kein Erbarmen haben. Tötet alle Alte, Jünglinge, Jungfrauen, Kinder und Weiber, bis sie vertilgt sind. Aber diejenigen, welche das Zeichen haben, sollt ihr nicht anrühren.« Die Stimme, die Hesekiel hörte (9,3), kam von einem »Cherub« (ein Fluggerät? – vgl. Kapitel 3!). Der Mann, der die Zeichen auf den Stirnen gemacht hatte, sollte später von dem »Cherub« »glühende Kohle« holen und diese über die Stadt streuen, danach hob der »Cherub« ab und flog davon (Hesekiel 10). Was diese »glühende Kohle« in der Stadt bewirkte und mit den Menschen tat, wird nicht erzählt. In Hesekiel 11,10 heißt es dazu: »Ihr sollt durch das Schwert fallen. An den Grenzen Israels will ich euch richten. Ihr sollt erfahren, dass ich der Herr bin.« Hier wird der Eindruck erweckt, dass sich jemand einer hoch entwickelten Technik bedient und zu einer grausamen und verächtlich bestrafenden Vernichtung derjenigen auffordert, die ihm gegenüber »ungehorsam« sind. Handelt so ein liebevoller Gott? Und was können denn die *Kinder* dafür? Kam die Stimme aus dem »Cherub« und von einem Anunnaku, der sich darin befand? War Jahweh selbst darin?

Es erschien *eine Hand*, welche die »glühende Kohle« aus dem »Cherub« *herausreichte* (10,7).

Wie passt nun diese Schilderung zu einem allerhöchsten Schöpfer, den wir doch als All-Liebe und uneingeschränkt gerecht verstehen müssen? Passt das nicht eher zu der Darstellung von Marduk, der mit sowohl positiven als auch für uns sehr negativ erscheinenden Seiten dargestellt wird?

Bemerkenswert ist auch folgende Aussage von Jahweh in 2 Mos 33,20: »Du kannst mein Antlitz nicht schauen, denn kein Mensch schaut mich und bleibt am Leben.« Ist es logisch anzunehmen, dass man durch bloßes Anschauen sterben würde? Wodurch denn? Durch Schock? Oder ist es so, dass man dann ein wohlbehütetes Geheimnis erfahren würde und deshalb sterben müsse, sodass man es nicht weitererzählen könne? Vielleicht das Geheimnis, dass er wie ein Außerirdischer aussähe?

Der Gerechtigkeit wegen muss ich aber auch eine andere Deutung anfügen, welche die Sache für die Gläubigen retten kann, obwohl nach meiner Meinung diese Deutung nicht gut in den vorliegenden Zusammenhang hineinpasst. Es könnte auch so sein, dass es nicht möglich ist, ihn mit unseren physischen Augen des Körpers zu sehen, sondern erst dann, wenn man nach dem Tode im Seelenzustand ist und in einer ganz anderen Weise wahrnimmt. Dann aber müsste es im Zitat oben umgekehrt stehen: »… kein Mensch kann noch am Leben sein und mich schauen.« Die Wortfolge im Zitat widerspricht also einer solchen Deutung, wie auch die Aussage, dass doch Moses und ein paar andere ihn offensichtlich gesehen haben.

Solche Gedanken werden viele für ketzerisch halten, aber sie drängen sich wie von selbst auf, wenn man sich nicht mit vorgefasster Meinung dagegen sträubt und wichtige Inhalte der Bibel leugnet oder die Augen vor ihnen verschließt! Es geht ja immerhin um *harte Fakten, die im Alten Testament schwarz auf weiß stehen*!

Es drängt sich die folgende berechtigte Frage auf: Gibt es vielleicht einen noch höheren Gott – nicht nur höher als die *'Elohim*, sondern auch höher als Jahweh? Gibt es einen über diesen stehenden Urschöpfer, von dem wir nicht wissen sollten? Sollten wir glauben, dass derjenige unser Schöpfer ist, der sich als »Gott« ausgab? Eine solche Frage bzw. Vermutung darf man fast nicht aussprechen.

Der Unterschied zwischen einem wohlwollenden Hinterfragen und Antisemitismus

Einige der hier dargelegten Deutungen mögen von Taktikern und Strategen, die anderer Meinung sind und die die konventionellen Machtstrukturen ihrer Religion aufrechterhalten wollen, möglicherweise als Verleumdung oder gar als antisemitisch dargestellt werden. Doch sei an dieser Stelle gesagt, dass es etwas ganz anderes ist, wenn man sich als Freund und Verehrer der alten und für die Menschheit sehr wertvollen jüdischen Kultur – die der Welt so viel gebracht hat – erlaubt, über die Quellen ihrer Religion – *da sie ebenso Quellen der christlichen Religion sind* – auf Tatsachen der Schriften basierende, unkonventionelle Gedanken zu machen, wie man es sich als Außenstehender wohl eher erlauben kann. Dies ist keine Kritik am Judentum und in keiner Weise eine Abwertung ihrer Menschen, sondern *lediglich* ein unabhängiges Hinterfragen der Geschichtlichkeit des Gemeinsamen *beider* Religionen aufgrund von belegbaren Fakten und Tatsachen, die man nicht leugnen kann! Es sei denn, man will ungerechtfertigte Polemik als reine Taktik und Strategie betreiben. Und dies wäre ein Armutszeugnis der Argumentationsnot!

Wagen wir einen kurzen Vergleich mit dem Islam? In der islamischen Kultur ist es ein Vergehen, das mit dem Tode bestraft werden kann, wenn man sich kritische Betrachtungen zu ihrer Religion erlaubt. Es *darf* einfach nicht infrage gestellt werden, wer Allah ist und wo sein kosmischer Ursprung liegt! Und doch tut das natürlich ein rechtgläubiger Israeli, es sei denn, er würde Allah mit Jahweh gleichsetzen, und dies tut wohl keiner. Und Letzteres tut sicher auch der gläubige Christ nicht, der sich in Bezug auf den Islam oft ebenfalls kritische Überlegungen erlaubt. Im gleichen Sinne darf man sich sicherlich als Außenstehender wohlwollende, aber doch kritisch hinterfragende Überlegungen zu der Geschichte und zum Ursprung des gemeinsamen israelitisch-christlichen Glaubensguts erlauben. Und dies ist von Antisemitismus weit entfernt. Dies widerspricht nicht einmal einer im Grunde philosemitischen Einstellung, die ich meine zu haben. Es geht letztendlich auch um eine Versöhnung mit der sehr grausamen und rachsüchtigen Seite eines Wesens, das sich immerhin auch mit Gewalt zu unserem Gott machen wollte (vgl. den Schluss von Kapitel 9 dieses Buches).

Die christliche Kirche verhält sich ähnlich wie die anderen genannten Religionen. Sie duldet ebenfalls keine Kritik und keine heiklen Fragen über den Ursprung ihres Dogmas, inwiefern es immer noch mit Jesu Lehre übereinstimmt oder von ihr entfremdet wurde. Heute kann man in unserem Kulturraum solche kritischen Gedanken aber durchaus äußern und veröffentlichen. Es gibt eine in unserem Rechtsempfinden und sogar im Grundgesetz vieler Staaten verankerte Freiheit der Meinungsäußerung, die es in manchen anderen Kulturgebieten nicht gibt (und die es früher bei uns auch nicht gegeben hat) – wie ungern die Kirche dies auch tolerieren mag. Es ist im Sinne dieser Freiheit, wenn man auch die Dogmen anderer Religionen hinterfragt. Ich tue hier nichts anderes als das, was die heutige wissenschaftliche religionsgeschichtliche Forschung an unseren Universitäten tut, wenn sie ihre Ergebnisse in verschiedenen Fachschriften veröffentlicht, die allerdings eher in Fachkreisen als in der Öffentlichkeit bekannt sein werden (vgl. den Abschnitt über Monotheismus und Henotheismus in Kapitel 6).

Ich selbst bin mit evangelischer Konfession aufgewachsen, jedoch aus der Kirche ausgetreten, da für mich ein echtes Christentum nur außerhalb der Mauern jener Institution gedeihen und die wahre Lehre Jesu verwirklichen kann. Meine wiederholt geäußerte Kritik an das christliche Kirchentum ist natürlich keinesfalls eine Abwertung der Menschen, zu welchen ich doch selbst gehöre, noch der europäischen Kultur und deren Erbe. Man kann diese Haltung selbstverständlich nicht als »antieuropäisch« bezeichnen.

Etwas anderes stünde auch noch in Widerspruch zu einem aus dem Judentum entstandenen echten Christentum nach der wahren Lehre Jesu, zu dem ich mich von kirchlichen Institutionen losgelöst bekenne. Nach meiner Meinung ist jede Form von Diskriminierung von Andersdenkenden oder Menschen anderer Kultur, Sprache oder »Rasse« zutiefst antichristlich. Wer sich zu so etwas hinreißen lässt, übt Verrat an der Lehre Jesu! Ein solcher Mensch ist nichts anderes als ein Lippenbekenner.

Fehlt ein erstes Kapitel im ersten Buch Mose?

Die Bibel beginnt in 1 Mos 1,1 mit folgenden Worten:

»Bere'shit bara' 'Elohim 'et ha-shamajim we-'et ha-'arez«

Dieser Vers wird gewöhnlicherweise übersetzt mit »Am Anfang erschuf Gott Himmel und Erde«. Wie wir gesehen haben (Kapitel 2), steht das Wort für »Gott« hier aber in der *Mehrzahl* – wie auch das Wort für »Himmel«: Handelt es sich hierbei um kosmische Welten? Um andere bevölkerte Planeten? Manche möchten den Vers deshalb eher so verstehen: »Am Anfang erschufen *die Götter die Himmel* und die Erde.« Allerdings würde man dann beim Verb »erschaffen« die Mehrzahlform *barim* statt *bara'* (Einzahl) erwarten.

Nun kann man nach kabbalistischen Quellen das Wort *bere'shit* auch als »der Anfängliche«, »der Ursprüngliche«, »derjenige, der zuerst war« auffassen [8]. Das kleine Wort *et* kann man als Akkusativpartikel verstehen, aber auch mit dem Wort »mit« übersetzen. Wählen wir Letzteres sowie die kabbalistische Erklärung des Wortes *bere'shit*, so gelangen wir zu folgender Übersetzung, die mit dem Verb kein Problem hat: »Der Ursprüngliche erschuf die Götter mitsamt den Himmeln und mit der Erde«.

Die übliche kirchliche und rabbinische Erklärung, dass es sich beim Wort *'Elohim* um *pluralis majestatis* handele, dürfte eher eine Notlösung in einem theologischen Dilemma sein! Denn die Mehrzahl erscheint – wie bereits in Kapitel 2 beschrieben – an einigen Stellen der Bibel immer wieder.

Der erste Buchstabe in 1 Mos 1,1 ist *bet* – unser B. Nach Gebrauch in alten hebräischen Schriften hätte man gemäß Sitchin erwartet, dass der erste Satz des Buches mit dem ersten Buchstaben *'aleph* des Alphabets anfinge. Sitchin [1] schlägt folgende Formulierung vor, die in anderer Weise zu einer ähnlichen Deutung kommt:

»*'Ab-re'shit bara' 'Elohim 'et ha-shamajim w-'et ha-'arez*«

»Der anfängliche Vater (*'ab*) erschuf die Götter, die Himmel und die Erde.« Damit wäre ein Urschöpfer genannt, den Sitchin aber mit Jahweh gleichsetzt, was in den Kapiteln zuvor infrage gestellt wurde und dem widersprochen werden kann, da Jahweh in 1 Mos sehr oft als »*Jahweh 'Elohim*« bezeichnet wird! Es sieht so aus, als ob Jahweh einer der *'Elohim* sei und demnach auch selbst eine Schöpfung des Urschöpfers!

Das Verständnis von *bere'shit* als »der Ursprüngliche« kommt aus kabbalistischen Quellen [8]. Man kann das Wort als »am (*be*) Anfang (*re'shit*)« verstehen, wie es üblicherweise übersetzt wird, aber auch als »der am Anfang Seiende«. Einigen Wörterbüchern zufolge [6] kann *re'shit* auch

»der Erste (seiner Art)« bedeuten, und *be* kann auch auf den »Ursprung« hinweisen. Somit kann das Wort *bere'shit* auch als eine etwas tautologische Formulierung aufgefasst werden, die »der ursprüngliche Erste« (oder »der Aller-Erste«) bedeutet.

Nach Sitchin bedeutet der Name Apsû »von Anfang an seiend« (s. Kapitel 4), was der oben genannten Deutung von *bere'shit* entspricht. Apsû ist ja auch derjenige, der am Anfang von *Enûma Elish* als einzigem Urschöpfer genannt wird.

Wenn wir aber zu Sitchins Hypothese eines fehlenden 'A (*'aleph*) zurückkehren, dann stellt sich die Frage, ob es auch anders sein könnte? Wäre es möglich, dass das heutige *erste* Kapitel in 1 Mos eigentlich das *zweite* ist? Das wirklich erste, das in diesem Fall irgendwie weggefallen wäre, dürfte dann den Zustand und das Geschehen im Kosmos vor der Schöpfung beschreiben, ähnlich wie in *Enûma Elish.*

Warum aber sollte ein ganzes Kapitel weggefallen sein? Weshalb ein *erster Buchstabe* weggefallen sei, wird von Sitchin wie folgt erklärt: Es könnte daher kommen, dass es im babylonischen Exil gefährlich wäre, zu behaupten, Jahweh sei größer als die Anunnaki und hätte diese erschaffen. So etwas hätte bei den Babyloniern schwere Aggressionen auslösen können. Wenn wir die Vermutung anstellen, dass ein ganzes erstes Kapitel weggefallen sei – oder erst verborgen wurde und dann verloren ging –, könnte diese Erklärung ebenfalls und sogar noch eher zutreffen. Auch Sitchin bezeichnet seine Aussage über einen weggefallenen ersten Buchstaben als eine Vermutung.

Ein Urschöpfer höher als Jahweh?

Was spricht dann dagegen, dass in einem solchen hypothetischen ersten Kapitel ein Urschöpfer des ganzen Kosmos erwähnt sein könnte, der auch Jahweh (und die anderen *'Elohim*) erschuf – und dass demnach Jahweh eher ein Anunnaku war? Damit wäre Jahweh nicht der in einem hypothetischen verloren gegangenen Anfangskapitel erwähnte Urschöpfer des Alls, sondern *der Gott der Menschen* – oder eines Teils der Menschheit.

Vom Urschöpfer des Alls würde man nämlich unendliche Liebe, unendliche Güte, unendliche Gnade und unendliche Toleranz erwarten. Er wäre gegen jede Form des Tötens und Zerstörens. Wie in Anhang 1 dargestellt, vermittelt der Bibeltext des Alten Testaments nun einmal ganz und gar nicht diesen Eindruck!

In der babylonischen Überlieferung ist Apsû jener Urschöpfer, dem allerdings keine solchen Qualitäten zugeschrieben werden – denn es werden dort gar keine Qualitäten erwähnt! Er will einen Teilbereich der Schöpfung rückgängig machen, da dieser die Ordnung stört. Dann bringt ihn Ea um! Kann man wirklich *den Urschöpfer umbringen*?

Was geschah mit dem Urschöpfer?

Natürlich kann man ihn nicht umbringen! Es kann nicht anders sein, als dass – wie in manchen anderen Mythologien erwähnt oder jedenfalls angedeutet wird – Gott den Abfälligen ein eigenes Gebiet in der Schöpfung bereitete, wo sie ihre eigene Art ausleben konnten. Sie hatten schließlich von ihm einen freien Willen bekommen. Mit Bedauern ließ Gott dieses zu – auch ein Ausdruck von Toleranz – und sonderte sie von der ursprünglichen Schöpfung ab.

Anu und seine »Götter« gestalteten in diesem Gebiet ihr eigenes Reich und wollten, dass man darin nichts mehr vom wahren Gott wissen sollte. Sie wollten ja selbst »Götter« spielen. Das wäre auch eine Art, Gott gewissermaßen »umzubringen«, wenn nämlich bei den »Göttern« und den Menschen das Bewusstsein für die Existenz des wahren Gottes ausgelöscht würde.

Verschiedene Stammesgötter?

Nach der Sintflut wurde die Erde in vier Bereiche aufgeteilt [9,10]:

> »Die Anunnaki, welche die Schicksale entscheiden
> saßen zum Ratschlag über die Erde.
> Sie, welche die vier Regionen verfügten,
> welche die Niederlassungen einrichteten,
> das Land überwachten,
> waren für die Menschheit zu erhaben.« (*Epos von Etana*)

Der Menschheit wurden drei Gebiete zugeteilt. Ein vierter Bereich wurde für die Götter reserviert. Die Bereiche für die Menschen wurden nach den Söhnen Noahs benannt. Das Land Sem war Mesopotamien und der Nahe Osten. Das Land Ham befand sich in Afrika und in Teilen Arabiens. Das Land Japhet war der indoeuropäische Bereich vom Indus-Tal über Iran und Kleinasien nach Europa. Der vierte Bereich, Tilmun, war nach Sitchin Sinai, was seiner Meinung nach »Das Land der Raketen« bedeutet. Hier war der Zutritt für Menschen nicht erlaubt, das Gebiet galt als »heilig« im Sinne von »abgeriegelt«, »Zutritt verboten«, »*off limits*«.

Die Götter der Erde teilen und herrschen

Es ging den Göttern um »teilen und herrschen«, und es gab auch unter ihnen Rivalitäten. Sie überwachten eifersüchtig die Tätigkeiten in ihren Gebieten und schickten gelegentlich ihre Mittelsmänner zwischen ihnen und den Menschen – die Könige – in den Krieg gegeneinander. Mit dem Zuwachs von Menschen wurde es notwendig, den Menschen in Erinnerung zu halten, wer ihr eigener Oberherr, ihr »erhabener Gott«, ist. Das Alte Testament spiegelt das Problem wider, die Menschen bei ihrem jeweiligen Gott bleiben zu lassen und sich nicht »anderen Göttern zu prostituieren«. Offensichtlich gab es verschiedene »Stammesgötter«, und Jahweh wird demnach einer unter anderen gewesen sein! In einem Teil der Welt, wo die Babylonier den Stammesgott Marduk nannten.

In der Bibel nicht erwähnt sind die vielen anderen Regionen der Erde mit ihren Zivilisationen: Süd- und Mittelamerika, China, Indien jenseits von Indus und vielleicht noch ein paar andere Gebiete mit einigermaßen entwickelten Völkern, wenn sie auch nicht alle auf dem gleichen technischen Stand waren. Hatten diese Völker auch noch ihre »Stammesgötter« – vielleicht auch solche, die *nicht Anunnaki* waren?

Wer ist Jesu Gott?

Im Neuen Testament stellt uns Jesus einen göttlichen Vater vor, der viel eher unserer Erwartung an All-Liebe und All-Güte entspricht. Er spricht auch von einem Heiligen Geist, den viele Urchristen und christliche Gnostiker als eine *weibliche* Erscheinung Gottes und als seine Schöpferkraft auffassten. Gott erscheint damit als männlich und weiblich zugleich. Die Urgötter Apsû und Tiâmat wurden als ein Paar dargestellt – als Urgott und Urgöttin. Gibt es eine Beziehung zwischen dem Heiligen Geist und Tiâmat? Vielleicht war Tiâmat sogar die oberste Göttin der »Phaetoner« (s. Kapitel 4) und deshalb erst recht ein Ärgernis für die patriarchalischen Nîbiruaner?

Es ist jedenfalls nicht leicht, den Gott, von dem Jesus spricht, mit Jahweh auf einen Nenner zu bringen. Das folgende Zitat aus dem Johannesevangelium mag in diesem Zusammenhang angeführt werden:

> »Da sprach nun Jesus zu den Juden … (8,31)
> … ›Wäre Gott euer Vater, so würdet ihr mich lieben. Denn ich bin von ihm ausgegangen und komme von Gott … (8,42)
> Ihr seid von eurem Vater, dem Teufel, und nach eures Vaters Lust wollt ihr tun. Jener ist ein Mörder, vom Anfang an, und ist in der Wahrheit nicht bestanden, denn die Wahrheit ist nicht in ihm. Wenn er die Lügen redet, so redet er aus seinem eigenen, denn er ist ein Lügner und ein Vater der Lüge‹.« (8,44)

Von wem sprach Jesus hier? Abraham, auf den sich die Angesprochenen berufen (8,39), wird es wohl nicht sein können. Zu einer solchen Annahme gibt die Geschichte von Abraham im Alten Testament keinen Anlass. Es ist behauptet worden, dass Jesus an dieser Stelle von Jahweh sprach.

Dagegen gibt es aber einen wichtigen Einwand: Die angesprochenen Menschen waren wahrscheinlich dem Weltlichen zugetan, Materialisten und in ihrer wahren Haltung Diener des Mamon (des Herrn des Reichtums). In diesem Fall waren sie im Glauben eher Lippenbekenner. Es ist schwer vorstellbar, dass Jesus von Jahweh als »Teufel« im Sinne von »Satan« sprechen würde. Der griechische Text spricht hier von *diabolos*, was eigentlich »Verleumder« bedeutet – eine Übersetzung, die hier besser passt. Dass Jahweh nicht der Urschöpfer, sondern ein anunnakischer Stammesgott unter anderen sein könnte, scheint nach den Überlegungen in diesem Buch gut vorstellbar – hinsichtlich der unbestreitbar grausamen Seiten des Alten Testaments könnte dies sogar als wahrscheinlich erscheinen. Aus dieser Perspektive gesehen dürfte die Übersetzung »Verleumder« schon passen.

Aber ganz allgemein gefragt: Hat Jesus eine Urwahrheit bringen wollen und wurde er deshalb durch das Wirken der Anunnaki getötet? Wollte man das Vorhaben vereiteln, das Wissen über die Wahrheit zu verbreiten? Hat man deshalb die Kirche infiltriert, als man feststellen musste, dass die neue Lehre nicht zu vernichten war [11]? Die Menschen erwarteten einen Messias, der sie von der römischen Herrschaft befreie – aber vielleicht kam einer, der uns einen Weg zur Erlösung von den Anunnaki zeigte, und die Menschen haben davon gar nichts verstanden.

Eine Hypothese über das Wirken Jesu und das Christentum

Vor dem Hintergrund des Materials, das in diesem Buch zusammengetragen wurde, bin ich zu folgender Hypothese gekommen:

Jesus kam von oben her gesandt mit einer revolutionären Botschaft an die Menschheit und wurde in eine Gegend hineingeboren, wo die Anunnaki ihr Zentrum gehabt hatten. Diese übten »hinter den Kulissen« nunmehr eine nicht sichtbare Macht über die Menschheit aus. Jesus brachte allmählich den Menschen eine Wahrheit bei, die diesen unsichtbaren Herrschern gar nicht passte. Seine Lehre von Liebe, Frieden und spiritueller sowie menschlicher Selbstständigkeit wurde von ihnen als eine Bedrohung gesehen. Schließlich lehrte er die Menschen auch vorsichtig, dass sein »Vater« nicht der Gott sei, an den die Menschen glaubten. Als er so weit ging, musste er dafür sterben. Die unsichtbare Herrschaft hoffte, dass damit seine Lehre im Sand versickern und in Vergessenheit geraten würde. Doch es kam anders.

Das Christentum verbreitete sich. Deshalb wurde von der unsichtbaren Herrschaft eine neue Strategie ausgedacht. Man wollte dieses Christentum infiltrieren und es im eigenen Sinne abändern, sodass es für diese Herrschaft nicht mehr eine Bedrohung darstellte, sondern sogar zu einem für sie nützlichen Werkzeug werden würde. Dies wurde auch getan, und so entstand die Kirche, während das ursprüngliche, gnostische Christentum verloren ging. Die Lehre Jesu wurde verdreht und entfremdet. Stattdessen entstand ein kirchliches Dogma.

Paulus spielte hierbei – vielleicht als Agent der unsichtbaren Herrschaft – eine wichtige Rolle. Er ließ sich vom Christenfeind Saulus zum »Apostel« Paulus »bekehren«, der die Lehre in raffinierter Weise und schleichend abwandelte. Damit fing die Entfremdung an. Er strebte dabei zudem eine Rückkehr zu den früheren patriarchalischen Verhältnissen an, weg von der Frauenfreundlichkeit in Jesu Lehre. Eine neue Frauenfeindlichkeit kam durch die Hintertür ins Christentum hinein, so wie es die unsichtbaren patriarchalischen Herrscher haben wollten. Es konnte nicht zugelassen werden, dass die Tür für eine Rückkehr der Göttin geöffnet würde. Die Weiblichkeit des Heiligen Geistes musste wieder vergessen werden, und alle Tendenzen zur Verehrung des göttlichen Weiblichen wurden taktisch auf Maria umgelenkt. Sie wird natürlich nicht zu Unrecht verehrt, aber diese Verehrung dient gleichzeitig einer heimlichen Abwendung von der Göttin, die wieder in Vergessenheit geriet.

Der Demiurg

Urchristliche gnostische Lehren sahen in Jahweh nicht den Urschöpfer, sondern den Erbauer *dieser* Welt und nicht den Erlösergott. Letzterer dürfte der »Vater« sein, von dem Jesus sprach. Diese Betrachtungsweise könnte gut mit der oben angeführten Hypothese übereinstimmen.

Für die Gnostiker war der Schöpfer dieser Welt ein *Demiurg*, ein »Handwerker«, ein gefallener Engel, der auch eine üble Seite hat. Während Gott, der wahre Urschöpfer (den Jesus »Vater« nennt), uneingeschränkt gut ist, hat ein unvollkommener Demiurg eine unvollkommene Welt erschaffen. Die christlichen Gnostiker setzten nachweislich diesen unvollkommenen Gott mit dem Gott des Alten Testaments gleich – also mit Jahweh, den sie auch Jaldabaoth nannten –, der die Menschen im Zustand der Unkenntnis und in der materiellen Welt belässt und ihre Versuche bestraft, Wissen und Einsicht zu erlangen (also vom »Baum der Erkenntnis zu essen«). Der Demiurg ist ein geringerer Gott, der für den einzigen Gott gehalten werden will [12]. In der Schrift *Die Apokryphe des Johannes* (oder *Das Geheime Buch des Johannes*) steht über ihn Folgendes: »Und er ist gottlos in seiner Arroganz, die in ihm ist. Denn er sagt: ›Ich bin Gott und es gibt keinen Gott neben mir‹, da er von Gottes Macht unwissend ist und von dem Ort, woher er selbst kommt« [13] (vgl. 2 Mos 20,23 und 5 Mos 5,7). Könnte dies eine Erklärung für die vielen unfassbaren Grausamkeiten sein, die nun einmal

»schwarz auf weiß« im Alten Testament stehen? Oder ist umgekehrt die gnostisch-christliche Theorie entstanden, um solche Gräuelgeschichten zu erklären?

Wer ist dann Allah?

Der ungefähr 600 Jahre nach dem Christentum entstandene Islam verehrt als einzigen Gott Allah. Das Wort bedeutet eigentlich »Der Gott« und ist somit eher eine Bezeichnung als ein Name. Einer der zentralen Grundsätze im Glaubensbekenntnis des Islam lautet: »Es gibt keinen Gott außer ›Der Gott‹« (*La ilaha illa Allah*). Dies erinnert sehr an die Worte Jahwehs: »Du sollst neben mir keine anderen Götter haben.« Unter der Hypothese, dass Jahweh sich vom Christentum bedroht sah und dieses infiltrieren und in seinem Sinne umgestalten wollte, könnte man sich vorstellen, dass der gleiche Jahweh in einem verwandten Volk unter einer neuen Bezeichnung eine analoge Religion stiften wollte; erstens, um sozusagen eine »zweite Schiene« seines Einflusses zu haben, und zweitens, um bei Gelegenheit die beiden in einem rein machiavellischen Sinne gegeneinander auszuspielen.

Ist also Jahweh ein Anunnaku?

Aus der in diesem Buch geführten Diskussion geht als Hypothese hervor, dass Jahweh ein Anunnaku sein könnte, eventuell sogar Marduk. Es passt zu den religionshistorischen Befunden (vgl. Kapitel 6), dass Jahweh ursprünglich ein Sturm- und Kriegsgott vom *Berg Sinai* ist, wenn man bedenkt, dass nach Sitchin Sinai eine Art »Raumhafen« der Anunnaki gewesen sein könnte, Tilmun genannt (vgl. S. 122). Sollten von dort tatsächlich Raketen aufgestiegen sein, würden sie Erdenmenschen erscheinen wie Sturmwinde.

Liebe in der Bibel

Im Alten Testament findet man das Wort »Liebe« in 120 Versen, aber im Zusammenhang mit der uneingeschränkten *Liebe zum Mitmenschen* – und nicht etwa bloß zu den Gemeindegeschwistern oder Stammesangehörigen – nur in 3 Mos 19,18 und 19,34 sowie in 5 Mos 10,18-19. Sonst geht es nur darum, dass der Mensch Gott lieben solle, oder es geht um Liebe in der Ehe sowie um Sexualität. Dies bedeutet, dass nur vier von 120 Versen von der wirklichen Liebe handeln, was nur einem Anteil von 3 % entspricht. Es gibt allerdings einige »Grenzfälle« in Sprüche 10,12 und 15,17 sowie Zach 8,17. Gottes Liebe zu den Menschen allgemein ist nur an einer Stelle erwähnt, seine Liebe zu einer bestimmten Person an drei Stellen und seine Liebe zu Israel an zwei Stellen.

In den Evangelien kommt das Wort »Liebe« in 37 Versen vor und im Zusammenhang mit der *Liebe zum Mitmenschen* (auch zu unseren Feinden!) in ganzen 18 Versen. Das sind 48,6 %! In den restlichen Teilen des Neuen Testaments kommt »Liebe« in 109 Versen vor. In 22 Versen geht es um die Liebe zum Mitmenschen; 4 Verse sind gewissermaßen »Grenzfälle«. Die Liebe Gottes zu den Menschen wird im Neuen Testament an 12 Stellen erwähnt. (Die Zahlen ergeben sich aus einer Computersuche in der englischen *King James' Version* auf CD-ROM.)

Dieser auffallende Unterschied zwischen dem Alten und dem Neuen Testament – gerade wenn es um die Liebe geht, die wir als christlich bezeichnen, aber selten wirklich nachleben – scheint mir auch ein Indiz dafür zu sein, dass Jesu »Vater« und der Gott des Alten Testaments doch nicht die gleichen sind. Dagegen ist im Vergleich zum Alten Testament in der Kabbalah viel mehr die Rede von Liebe.

REFERENZEN

1. Zecharia Sitchin: *Divine Encounters*, Avon, New York, 1995: »Endpaper: God, the Extraterrestrial«, S. 347-380

2. Robert William Rogers: *Cuneiform Parallels to the Old Testament*, Abingdon Press, New York, 2. Aufl. 1926, S. 193

3. Zecharia Sitchin: *The Cosmic Code*, Avon, New York, 1998, S. 70 ff

4. Friedrich Delitzsch: *Babel und Bibel*, J.C. Hinrichs'sche Buchhandlung, Leipzig, 1902, S. 33-34

5. Eberhard Schrader: *Die Keilinschriften und das Alte Testament*, 1. Ausgabe, J. Ricker, Giessen, 1872

6. *Gesenius' Hebrew and Chaldee Lexicon* übers. v. Samuel Prideaux Tregelles, Wm.B. Eerdmans, Grand Rapids MI, o.J. (Vorwort dat. 1846)

7. Karlheinz Deschner: *Kriminalgeschichte des Christentums,* Bd. 1: *Die Frühzeit,* S. 73-89, Rowohlt, Reinbek, 1989 (nach meiner Meinung sollte das mehrbändige Werk besser »Kriminalgeschichte des Kirchentums« heißen)

8. Nach einem persönlichen Gespräch mit Dr. Eli Erich Lasch, Berlin

9. Zecharia Sitchin: *The Wars of Gods and Men,* Avon, New York, 1985, Kapitel 7: »When Earth Was Divided«

10. Zecharia Sitchin: *The 12th Planet,* Avon, New York, 1978, Kapitel 15: »Kingship on Earth«

11. Jan Erik Sigdell: *Reinkarnation, Christentum und das kirchliche Dogma,* Ibera, Wien, 2001, Kapitel 11 und 12

12. http://de.wikipedia.org/wiki/Demiurg und http://sv.wikipedia.org/wiki/Demiurg

13. »The Apokryphon of John«, in *The Nag Hammadi Library,* Harper & Row, New York, o.J., S. 98-116. Siehe auch http://www.gnosis.org/naghamm/apocjn.html

8. »DURCHGABEN« – VON DEN GÖTTERN?

Gebet setzt Telepathie voraus

»Ich wurde einmal gefragt, ob die Kirche wahrhaftig nicht an Telepathie glaube. Ich antwortete: Ich weiß, was Sie meinen, aber wenn sie nicht daran glauben, was tun sie dann, wenn sie beten? Wenn das Gebet im Grunde telepathisch ist, dann scheint es uns, dass die Götter nicht nur technologisch, sondern auch in der Anwendung von außersinnlichen Phänomenen sehr fortgeschritten sind, insbesondere der Telepathie«, das sagte Vater Charles Louis Moore bei einer Sitchin-Tagung [1]. Er sagte auch: »Ich fragte einmal Herrn Sitchin: Wann kommen die Götter zurück? Er antwortete: Warum glauben Sie, dass sie uns je verlassen haben?«

Die erste Aussage ist einleuchtend. Was für einen Sinn soll denn das Gebet haben, wenn Gott – oder die »Götter« – nicht unsere Gedanken hören könnte(n)? Sonst wäre jedes Gebet reine Zeitverschwendung und eine Illusion. Nach der zweiten Aussage könnten die »Götter« noch unter uns sein oder vielleicht eher in unserer Nähe, verhältnismäßig unweit von der Erde.

Gedanken von den »Göttern» her

Da es also so sein muss, dass die »Götter« unsere Gedanken empfangen können – sofern ein Gebet auch nur den geringsten Sinn haben soll –, könnten sie uns dann auch Gedanken *senden*? Es gibt eine ziemlich große Menge an »Durchgaben« von angeblichen Außerirdischen. Diese sind zum großen Teil sicherlich reine Erfindung, Fantasie und Illusion, aber wahrscheinlich sind viele auch als Irreführung durch Wesenheiten und »Götter« gedacht, die uns »einen Bären aufbinden« wollen! Wenn uns die Anunnaki einen wesentlichen Teil der Wahrheit vorenthalten möchten – nämlich die, dass es außer ihnen auch andere »Götter« sowie einen allerhöchsten Gott gibt und dass es vor ihrem Eingriff in die Erdgeschichte auch eine andere Geschichte der Menschheit gab –, dann dürften ihnen solche Mittel sehr dienlich sein, denn leichtgläubige Menschen lassen sich damit manipulieren und ausnutzen. Ohne Zweifel wären die Anunnaki auch in der Lage, dies zu tun! Die Medien, die solches kanalisieren, werden es zum größten Teil im guten Glauben tun und sich für ein Werkzeug von Wahrheiten und guten Dingen halten. Sie empfinden sich ja auch als etwas Besonderes, als Auserwählte! Das ist ein wirksamer Ego-Kitzel.

Es mag aber auch einige »Channelings« geben, die tatsächlich wahre und hilfreiche Mitteilungen beinhalten. Es ist diesbezüglich sehr schwierig, die Spreu vom Weizen zu trennen! Es dürfte auch weitaus mehr Spreu geben als Weizen. Doch möchte ich an dieser Stelle einige wenige Beispiele aufgreifen, vergleichen und besprechen.

Ashtar Sheran

Seit mindestens 30 Jahre werden angebliche Botschaften von einem »Ashtar Sheran« gechannelt. Er soll der Oberbefehlshaber einer Raumschiff-Flotte sein. Aus irgendeinem Grunde kam mir die Idee, seinen Namen rückwärts zu lesen. Und siehe da! Er wurde zu reinem Sanskrit: *Naresh Ratsha*; besser geschrieben: *Naresh Radsha* oder *Nara + Isha Raja* (mit einem »englischen J«) [2].

Die Sanskritgrammatik hat ein mühsames Kapitel, das *sandhi* heißt. Es hat mit Lautveränderungen zu tun, die entstehen, wenn zwei Laute aufeinanderstoßen. Ein Beispiel: Von *a + i* wird *e*. Von *nara + isha* wird *naresha*. Von *naresha* wird im heutigen Hindi nur *naresh*, weil ein *-a*, wenn am Schluss vorhanden, in jener Sprache stumm ist. Es ist deshalb nicht ungewöhnlich, heute in Indien Namen und Worte zu hören, die am Schluss kein *-a* haben und in unserer Schrift auch ohne jenes *-a* geschrieben werden, die aber in richtiger Sanskritform am Ende ein *-a* haben sollten, nur weil mit den heutigen Regeln jenes *-a* nicht ausgesprochen wird (obwohl es in der Devanagari-Schrift immer noch ausgeschrieben wird).

Was bedeutet dann *naresha*? *Nara* bedeutet Mensch und *isha* (auch *deva*) bedeutet Gott[48]. Es bedeutet also etwa »Menschengott« und kann sich auf ein Wesen beziehen, das sich als ein Gott für die Menschen ausgibt. Es kann sich aber auch auf ein Wesen beziehen, das *zur Hälfte Mensch* und *zur Hälfte Gott* ist. Einige Leser kennen vielleicht die indisch-mythologische Geschichte vor *Narasimha*, der halb Mensch und halb Löwe (*simha*) war.

48 *Asuras* oder Dämonen geben sich übrigens auch gerne als »göttlich« aus.

»*Ratsha*« (in englischer Schreibweise und nach wissenschaftlicher Transliteration »*raja*«) bedeutet »König«. Der Name »*Ashtar Sheran*« *rückwärts* gelesen bedeutet also »ein König, der ein Menschengott ist« – oder vielleicht halb Mensch, halb Gott. Was soll das bedeuten? Angenommen, es gibt ihn wirklich, dann ist er möglicherweise einer der *nephilim* (s. Kapitel 3).

Warum kehrt »*Naresh Ratsha*« seinen Namen um? Das scheint mir verdächtig. Seine »Durchgaben« zähle ich zur Spreu. Eine weitere bemerkenswerte Angabe war auf einer Webseite [3] zu finden. Demnach soll Ashtar Sheran vom Planeten »Nirbua« her kommen, also von Nîbiru? Sollte er ein Anunnaku sein?

Die Raël-Bewegung (Madech)

Es erschien unglaublich! Am 8 August 2001 las ich in der *Bild-Zeitung* Folgendes: »Verkaufen Russen Hitlers Schädel an UFO-Sekte? ... Mit der Füllung [der Zähne] könnten sie den Diktator klonen«. Es war ein reißerischer Bericht im üblichen *Bild*-Stil über die »Raëlianer« und ihren Guru, den Franzosen Claude Vorilhon, der sich »Raël« nennt. Man wollte den Russen angeblich viel Geld bieten, um Überreste von Hitlers Leichnam zu bekommen!

Vorilhons Geschichte ist veröffentlicht [4], außerdem trägt er seine Botschaften in Vorträgen vor. Um ihn herum ist eine Sekte entstanden, die in mehreren Ländern existiert. Die Geschichte mag erfunden sein, er mag fantastische halluzinatorische Visionen gehabt haben oder er ist tatsächlich Außerirdischen begegnet. Die Hypothese Sitchins war anscheinend noch nicht veröffentlicht, als er angeblich seine Begegnung hatte, doch gab es andere bereits publizierte Spekulationen in ähnliche Richtungen, die ihm möglicherweise bekannt waren.

Vorilhon – früher ein Sportjournalist, Straßensänger und Autorennfahrer – ging laut eigener Erzählung im Dezember 1973 zu den alten Vulkanen bei Clermont-Ferrand in Frankreich. Er kam zum Krater Puy de Lassolas, wo ihm eine Lichterscheinung auffiel. Bald erschien ein UFO von ungefähr 20 Metern Durchmesser, und eine Gestalt stieg heraus. Sie unterhielt sich mit ihm und forderte ihn auf, am nächsten Tag mit einer Bibel und einem Notizblock zurückzukommen. Bei der zweiten Begegnung erklärte diese

Gestalt einige Dinge zum Text der Bibel, die tatsächlich an die Theorien von Sitchin erinnern. Sie behauptete, ein »Elohim« zu sein, ein »Schöpfer der Menschheit«.

Vorilhon betrachtet sich nun offensichtlich als einen neuen Messias. Auf der Webseite www.rael.org können neuere Bücher von ihm als PDF-Dateien heruntergeladen werden. Darunter ist ein Buch *Maitreya*. In dessen Beschreibung steht: »In Asien ist RAËL Maitreya, der lang erwartete Buddha vom Westen«. Wenn das nicht überheblich ist (vgl. Anhang 3). Zu den »neuen Geboten« jener »Elohim« gehört unter anderem, Vorilhon selbst ein luxuriöses Leben zu ermöglichen. Er soll in einer Villa mit vielen Zimmern und einem Schwimmbecken wohnen, und das auf einer von Mauern umgebenen Parkanlage, die so groß ist, dass die Mauern 1000 Meter vom Haus entfernt sind. Jedes Mitglied seiner Bewegung soll dafür spenden, mindestens einmal im Jahr und mindestens 1 % vom Jahreseinkommen [4].

Ich will mich nicht übermäßig lange mit den angeblichen Aussagen jenes »Außerirdischen« aufhalten, muss aber zum Vergleich mit anderen Berichten doch einiges wiedergeben. Sollten sie tatsächlich von einem Außerirdischen stammen, so haben wir es hier mit einer atheistischen Zivilisation zu tun! Sehen wir uns die »Botschaft« der Raël-Bewegung an, die als ein extremes Beispiel für gewisse merkwürdige Botschaften und Vorgänge in unserer Welt gelten darf. Es gibt auch andere ähnlicher Art.

Kein Gott und keine Seele

Die Anhänger der Raël-Bewegung behaupten, dass es keinen Gott gäbe, und dass die Menschen keine Seele hätten. Satan wird verniedlichend als ein Skeptiker ihrer Wissenschaftler dargestellt. Jesus sei von ihnen gesandt, und sie hätten aus dem Hintergrund heraus bei seinen Mirakeln nachgeholfen. Über ihre eigene Herkunft wird gesagt, dass sie von einer anderen Rasse erschaffen worden seien, so wie sie selbst auf der Erde Menschen erschaffen hätten, aber man wisse nichts mehr von ihnen. Hier liegt ein Widerspruch! Hätten sie sich mehr darum bemüht, darüber etwas zu erfahren, kämen sie wohl schlussendlich zu dem von ihnen geleugneten Gott – dem Urschöpfer! Denn jene »andere Rasse« wird dann auch erschaffen sein, wie möglicherweise noch weitere Rassen vor ihnen. Am Anfang einer solchen Schöpfungskette steht zwangsläufig der Urschöpfer!

Jener vermeintliche Außerirdische sagt darüber: »Wir wurden von anderen Menschen ebenfalls erschaffen. Diese sind verschwunden, ihre Welt ist sicher zerstört, aber dank ihnen konnten wir ihren Weg fortsetzen und euch erschaffen.« Er spricht zwar von Liebe und Menschenfreundlichkeit, aber in einer Weise, die eher intellektuell als von Herzen kommend scheint. Auf ihrem Planeten herrsche eine »Geniokratie«, die Macht sei in den Händen der Intellektuellen und die Normalbegabten würden von ausgewählten Menschen beherrscht, deren Intelligenz mindestens 50 % über dem Durchschnitt liege. Ihre einzige Religion sei der menschliche Genius.

Sie sind – falls es sie tatsächlich gibt – technisch gesehen zweifellos sehr viel weiter entwickelt als wir, aber ihre geistige und moralische Entwicklung ist in diesem Fall auf der Strecke geblieben. Zwar könnte man infrage stellen, wie sinnvoll eine Gesellschaft ist, in welcher der wenig Intelligente das gleiche Stimmrecht hat wie das Genie. Aber andererseits ist das Genie nicht selten egoistisch, materialistisch, gefühlskalt, rational und zur wahren Herzensliebe weniger fähig!

»… es gibt kein Gott und offensichtlich keine Seele … könnten wir uns eine ›unsterbliche Seele‹ vorstellen, die nach dem Tode den Körper verlassen würde … können wir uns keinen Ort vorstellen, wohin sie ginge …« Sie denken also vollkommen materialistisch und sind sich keiner höheren Dimension als der ihrigen bewusst, auch wenn sie möglicherweise eine über unsere Dreidimensionalität hinausgehende Wahrnehmung haben sollten!

Eine Psycho-Diktatur

Auf ihrer Welt herrscht eine Psycho-Diktatur. Jener Außerirdische, der zu Vorilhon sprach, nennt es zwar nicht so, trotzdem geht dies deutlich genug hervor, wenn man zwischen den Zeilen liest. »Wir lieben uns alle. Eifersucht existiert nicht, da jeder alles haben kann und Eigentum nicht existiert. Es gibt keine Kriminalität, wo wir leben und deshalb keine Gefängnisse und keine Polizei. Es gibt aber viele Ärzte und regelmäßige Konsultationen für die Psyche. Diejenigen, die den geringsten Mangel an psychologischem Gleichgewicht zeigen und möglicherweise gegen die Freiheit des Einzelnen handeln oder lebensbedrohend werden könnten, werden sofort in Behandlung genommen und zum Normalzustand wieder hergestellt«. Das klingt sehr nach einer Psycho-Überwachung – nach mentaler Kontrolle! Wer irgendwie anders denkt, wird schnell gleichgerichtet! Unerlaubte Gedanken werden weggeräumt! Es sieht so aus, als ob Big Brother das Denken zurechtdreht. Was oberflächlich schön dargestellt wird, könnte eine wahrhaftige Hölle sein – sofern es wirklich eine solche Welt gibt.

Die Menschen ihres Planeten, so die »Raëlianer« weiter, leben sehr lange. Durch ihre Wissenschaft hätten sie erreicht, dass ein Mensch ohne Weiteres 1000 Jahre leben könne. Die Größten und Wichtigsten in ihrer »Geniokratie« würden aber durch Regeneration ihrer Körper einige Tausend Jahre am Leben gehalten. Da der Planet sonst rasch hoffnungslos überbevölkert würde, erfordert ein solches System natürlich eine systematische Geburtenkontrolle, die wohl eher Zwangscharakter haben wird.

Irreführung der Menschen

Der Außerirdische sprach weiter: »Je primitiver die Menschen sind, um so eher blühen dort theistische Religionen. Besucher von anderen Planeten nutzen dies aus, denn für sie ist dies der einzige Weg, um Menschen friedlich zu besuchen, die ihre Aggressionen noch nicht unter Kontrolle haben … Das ist in der Tat sehr leicht, denn für die Primitiven ist alles göttlich, was vom Himmel kommt … Man muss natürlich ein bisschen dazugeben, um respektiert und freundlich empfangen zu werden, aber das schadet ja nicht. Wir senden immer noch ›Erscheinungen‹ zur Erde, um zu sehen, ob es noch funktioniert und die Reaktionen der öffentlichen Institutionen, der Regierungen und der Presse zu beobachten. Dies amüsiert uns oft.«

Um den Menschen Erscheinungen und Illusionen vorzuspielen, würden sie eine Form von hoch entwickelter Holografie verwenden, die der Zuschauer von der Wirklichkeit kaum unterscheiden könne.

Es ist schade, dass sie den anderen Weg nicht kennen, um Menschen friedlich zu besuchen: den Weg der Liebe. Ihre eigene moralische Primitivität erkennen sie offensichtlich nicht. Auch nicht ihre Gefangenschaft in einer vorgegebenen und durch Psychodiktatur aufgezwungenen Illusion.

War Vorilhon wirklich dort?

Vorilhon behauptet, zu dem Planeten der Außerirdischen mitgenommen worden zu sein. Dort führte ihn jemand herum, der sich als Jahweh ausgab! Es gäbe dort Bio-Roboter – also Sklaven, die ohne eigenen Willen alle Befehle ausführen, und auch solche, die sich sogar zum Sex-Dienst zur Verfügung stellen, »völlig untergebene weibliche ›Bio-Roboter‹« (sicher unfruchtbar – soll es einer Geburtenkontrolle dienen, dass Sexualität eher mit solchen Sklaven gelebt wird?). Erziehung und Ausbildung geschähe im Wesentlichen chemisch, man würde Wissen injizieren – zweifellos nur ausgewähltes, genehmigtes Wissen oder auch Scheinwissen: die totale Manipulation!

Die Bio-Roboter würden in großen maschinellen Anlagen hergestellt. In der gleichen Weise hätte man mit Hilfe von Zellen, die man von der Erde geholt habe, Kopien u.a. von Moses, Jesus, Buddha und Muhammed hergestellt! Wenn das wahr sein und überhaupt einen Sinn haben sollte, kann dieser Sinn nur Un-Sinn sein. Rein körperliche Kopien ganz ohne den Geist und die Seele jener Menschen! Nach unserer heutigen Kenntnis in der Genetik dürfte so etwas tatsächlich machbar sein, käme man nur an die Gene jener Menschen heran – was spricht dann dagegen, dass eine Zivilisation auf einem anderen Himmelskörper schon längst tut, was wir selbst gerade entwickeln? Sie hätten dann angeblich aus genetischem Material seines Körpers eine Kopie von Claude Vorilhon hergestellt und sie nach dieser Demonstration wieder vernichtet. Aber wer kam dann eigentlich zur Erde zurück? War es wirklich Vorilhon – oder war es seine *Kopie*? Und das nach Injektionen von ausgewähltem »Wissen«? Wurde womöglich das *Original* vernichtet? Immer noch angenommen, dass die Aussagen hypothetisch wahr sein könnten.

Oder war Vorilhon während des »Besuches« einer holographischen Simulation ausgesetzt? War alles nur eine erzeugte Illusion? Eine Sache ist merkwürdig: Angeblich können Erdenmenschen die dort vorhandene Atmosphäre nicht atmen, aber Vorilhon läuft problemlos herum. Es soll sich angeblich um einen Bereich mit nachgebildeter Erdatmosphäre handeln, doch scheint mir hier eine holographische Täuschung sehr viel wahrscheinlicher.

Diktatorgehabe

Schließlich folgen die üblichen Drohgebärden einer Diktatur. Es werden neue Gebote dargelegt, wie : »Du sollst mindestens einmal täglich an die Elohim, deine Schöpfer, denken« (wodurch sie wohl etwas von unserer Lebensenergie erhalten), »Du wirst mit allen Mitteln danach streben, die Botschaften der Elohim zu verbreiten«, usw. Und dann heißt es: Wer mitmacht, dem geht es gut, wer dagegen ist, wird Schwierigkeiten, Misserfolg, Schicksalsschläge erleiden! »... ihr Leben wird eine Hölle und sie werden ihre Lügen bereuen, wenn sie allen Schwierigkeiten gegenüberstehen, die sie haben werden ... Krankheiten, Familienprobleme, berufliche und emotionale Sorgen und andere Dinge werden in ihr Erdendasein eindringen, während sie auf die ewige Bestrafung warten.« Damit entlarven sich jene »Elohim« und lassen ihr wahres, dämonisches Gesicht erkennen. Zudem muss man fragen, wie die endgültige Bestrafung »ewig« sein kann, wenn doch der Mensch angeblich keine Seele hat?! Sind sie vielleicht Anunnaki? Ähnliche Drohungen kennen wir übrigens vom Alten Testament (vgl. Kapitel 7). Möge uns der Urschöpfer vor solchen »Elohim« bewahren!

Ein Nachtrag über das Klonen

Die Sekte der »Raëlianer« kam im Dezember 2002 wieder in die Schlagzeilen, da ein weibliches Mitglied angeblich ein geklontes Abbild von sich selbst zur Welt brachte. Man scheint also nicht zu begreifen, dass man durch Klonen nur *Körper* nachbilden kann, aber niemals die Seele und den Geist eines Menschen! Das geklonte Kind wird die Erfahrung des Genspenders niemals übertragen bekommen können, sondern dürfte eine andere Persönlichkeit entwickeln – womöglich sogar eine bösartige. Diese könnte sich auch als eine solche erweisen, die wir als »geistig behindert« bezeichnen.

Die Plejadier

Als Beispiel einer ganz anderen Art von »Durchgaben«, die mir weitaus positiver erscheinen und denen durchaus Glauben geschenkt werden kann, greife ich die Botschaften der Plejadier heraus, die seit dem Jahre 1988 veröffentlicht werden. Damit nehmen wir hier immer noch an, dass Außerirdische telepathisch zu uns sprechen wollen und dass solche Kontakte nicht nur von negativen, sondern auch von positiven Zivilisationen her kommen. Die Gegenüberstellung dieser Botschaften zu denjenigen der »Raëlianer« ist sehr interessant!

Die Plejadier sagen über sich selbst [5]: »Unsere Vorfahren kamen von einem anderen Universum, das die Vollendung erreichte.« Dieses Universum sei eins mit Gott geworden. Sie glauben an einen höchsten Gott, den sie den Urschöpfer nennen. Ihre Vorfahren hätten an dem Urplan für diese Erde gearbeitet. Sie haben Welten und Zivilisationen mit Kreativität und Liebe gesät. »Liebe ist der Schlüssel. Das Universum besteht aus Liebe.« Angesichts dieser Aussagen kann man nur sagen, dass die oben genannten »Elohim« und die Anunnaki augenscheinlich viel zu lernen haben!

Freier Wille

Die Menschheit war ein Experiment in einem Bereich des freien Willens, in dem im Prinzip alles erlaubt ist. Es gab bereits vor 500 000 Jahren Menschen auf dieser Erde. Es kam zwischen »hellen« und »dunklen« Wesen zu Streitigkeiten um die Erde. Letztere haben gewonnen und übernahmen vor 300 000 Jahren die Kontrolle. Sie wollten, dass die Menschen nicht darüber Bescheid wissen, was im Gange war, da uninformierte Wesen viel leichter zu kontrollieren sind. Diese Wesen waren auch Meister der Genetik und gestalteten die Menschheit in ihrem Sinne um. Sie schürten negative Gefühle, und zwar vor allem Angst. Wenn ein Mensch Angst hat, so setzt er entsprechende, für uns unsichtbare Lebensenergien frei, welche die Eroberer an sich nehmen können – sie nähren sich also an unseren negativen Emotionen. Sie änderten unsere DNA zur Einschränkung unseres Bewusstseins, wir aber wussten nicht, was mit uns geschah. Die ursprünglichen zwölf Stränge der DNA wurden aufgebrochen und neu geordnet. Es wurde außerdem auch ein Energieschild[49] zur Abschirmung um die Erde gelegt, wodurch die spirituelle Lichtenergie die Menschen nunmehr schwer erreicht.

---

49 Könnte es sich hierbei vielleicht um den Van-Allen-Gürtel handeln?

Diese »Götter« infiltrierten die Realität dieser Erde. Sie kamen hierher, weil sie diesen Ort für ihre eigennützigen Zwecke verwenden wollten. Wir sollen nicht schlecht über sie denken, sondern versuchen zu verstehen, dass sie einfach *uninformiert* sind und deshalb uninformierte Systeme erschaffen, weil sie glauben, dass es so sein müsse. Sie haben sich vom Wissen des Universums abgetrennt und klammern sich an das, was sie für Wissen halten. Ihre Natur ist derjenigen der Menschen ähnlich, hat aber auch eine reptilartige Komponente. Diese »Schöpfergötter« der derzeitigen Menschheit der Erde haben vergessen, von wem sie selbst erschaffen wurden. Sie haben *ihre* »Götter« vergessen.

»Schöpfergötter«

»Die Schöpfergötter, die über diesen Planeten geherrscht haben, können physische Gestalt annehmen, auch wenn sie größtenteils in anderen Dimensionen weilen. Sie halten die Erde in einem bestimmten Energiebereich und verursachen emotionales Trauma, um [von dadurch freigesetzten Formen von Lebensenergien] sich selbst zu ernähren. Es gibt unter ihnen einige Wesen, die vor allem anderem das Leben ehren, und es gibt einige, die das Leben *nicht* ehren und ihre Verbindung mit dem Leben nicht verstehen«. [5]

»Es gab dann einen großen Krieg unter den verschiedenen Schöpfergöttern, und diejenigen Raumwesen, deren Geschichten in alten Schriften dieses Planeten stehen, gewannen den Kampf« [5]. Hat dies mit Marduk und Tiâmat zu tun? Die alte Zivilisation in Mesopotamien war ursprünglich eine von ihnen gegründete Raumkolonie. Diese »Götter« waren die großen Gestalten, von denen in unserer Bibel und in den babylonischen Keilschrifttafeln erzählt wird.

»Diese Wesen, die weder spirituell informiert sind noch etwas von spirituellen Wegen halten, leugnen die Existenz von spirituellen Kräften. Sie haben wissenschaftliche Prinzipien entwickelt, welche die Gesetze der Spiritualität zerstreuen … es ist möglich, ein hervorragender Meister im Manipulieren der Materie und der Realität zu werden, ohne die spirituellen Zusammenhänge zu verstehen.« Das kennen wir auch in unserer »Wissenschaft«. [5]

Manipulierte Gesellschaft

Die heutige Gesellschaft der Erde ist geschickt gestaltet, um uns von unserem inneren Wissen abzuhalten. Wenn sich diese »Götter« eines Tages wieder zu erkennen geben, werden sie sich als unsere Wohltäter und Retter ausgeben, aber sie wollen in Wirklichkeit eine neue Form von Autorität und Kontrolle schaffen. Sie wollen ein neues Glaubenssystem errichten und es gut vermarkten – und die Vorbereitungen sind schon im Gange. Durch die »Wunder«, die sie tun werden, werden die Menschen sie verehren, aber dann folgt die Überraschung: Die Tyrannei wird noch größer sein als zuvor. Da wird es wichtig sein, in uns hineinzuhorchen, zu hinterfragen und auf unser Inneres zu hören – auf die Intuition, statt auf das, was uns gesagt und vorgemacht wird! Die Zeit ist gekommen, in der wir die Herrschaft über uns selbst übernehmen, und der Weg ist der des Nicht-Mitmachens. Wenn wir auf unsere Gefühle hören und unserem Inneren folgen, anstatt der äußeren Desinformation zu gehorchen, können wir es erreichen. Wir sollen uns nicht irreführen und manipulieren lassen: »Ich bestimme den Takt für mich selbst, und er ist Licht und Information und nicht mehr im Dunkel zu sein.« (Ist es das, was Jesus uns beibringen wollte? Vgl. Kapitel 7.)

»Die endgültige Tyrannei in einer Gesellschaft ist nicht die Kontrolle durch Kriegsrecht. Sie ist die Kontrolle durch psychologische Manipulation des Bewusstseins, wodurch die Realität so definiert wird, dass diejenigen die drinnen sind nicht einmal merken, dass sie im Gefängnis sind.« [5] Hierzu werden die Medien verwendet: Fernsehen, Radio und Presse. Diese sind natürlich nicht an sich übel, werden aber übel verwendet. Um über uns selbst die Herrschaft zu übernehmen, müssen wir uns von diesen Medien distanzieren. Weltweit werden Techniken zur subliminalen Beeinflussung eingesetzt. In Erziehung und Ausbildung ist es ähnlich: Wir werden mit Ideen gefüttert, ohne es zu merken. In der Gesellschaft werden Streitfragen aufgeworfen, nur um uns vom Wesentlichen abzulenken und Disharmonie zu erzeugen. Hier wirken die »Schöpfergötter« unerkannt mit.

Gehört die gegenwärtige Situation der Terrorismus-Drohung zu solcher Manipulation? Will man eine Bedrohung heraufbeschwören, sodass die Menschen Überwachungssysteme zu »ihrem eigenen Schutz« akzeptieren, die dann letztendlich *zu ihrer eigenen Überwachung und Kontrolle* dienen sollen – die man ihnen, wie man sagt, »unterjubelt«?

Die männlichen Energien kamen vor ungefähr 5000 Jahren an die Macht. Um sich zu spüren, trennten sich die Männer von dem ab, was vorher vorherrschend war: vom Matriarchat und von den Frauen. Frauen wirken durch Intuition und Gefühl. Auch Männer haben dies einmal getan, doch trennten sie sich davon. Es gab einen Konflikt zwischen dem Männlichen und dem Weiblichen, und das alles war ein Spiel der »Schöpfergötter«. Das emotionale Durcheinander setzte wieder Energien frei, an denen sie sich nähren konnten. Der Konflikt findet auch im Inneren eines jeden von uns statt. Es ist nun die Zeit gekommen, das Spiel zu beenden, sodass jeder in sich Männliches und Weibliches vereint.

»Die alten Geschichten wurden begraben, welche von der Magie des Weiblichen erzählten, von der Schöpferin, von derjenigen, die gebären kann, von derjenigen, die das Mysterium des Blutes in sich trägt – die Lebenskraft – und die diese Lebenskraft der Erde wieder zurückbringen kann. Wo sind die Geschichten der Göttin geblieben – die liebt, fühlt und nährt? … Um den Planeten in den letzten Jahrtausenden besser zu kontrollieren, haben die Außerirdischen dir die Mythen gegeben. Sie haben alle deine religiösen Institutionen gesät.« [5]

Die Plejadier behaupten, sie hätten Jesus zu uns gesandt, um uns einen anderen Weg zu zeigen.

Der Bereich des freien Willens

Es war in diesem Buch bereits die Rede vom freien Willen. Viele Mythologien besagen, dass uns Gott irgendwann im Laufe der Schöpfung einen freien Willen gegeben hat. Das Prinzip war gut, aber es artete aus. Wesen und Menschen entdeckten, dass man den freien Willen missbrauchen kann. Man kann ihn von anderen rauben, um selbst mehr davon zu haben. Wenn man nämlich auf eine Weise handelt, durch die man den freien Willen anderer einschränkt, schafft man sich zunächst einen erweiterten Raum für den eigenen freien Willen. Daraus entstand die *Gier* – das Streben nach Macht und nach geeigneten Mitteln, den eigenen freien Willen auf Kosten anderer auszuleben. Dies spiegelte sich später in dem Drang wider, immer mehr Reichtum und Geld anzuhäufen: Mehr Geld gibt vordergründig (und daher nur scheinbar) mehr Freiheit. Doch wird man von Geld besessen und muss doch alles mit Zinsen zurückzahlen; wenn auch nicht immer konkret und in materieller Hinsicht, dann doch im Sinne des Karma.

Wenn man andere respektiert, scheint man subjektiv gesehen weniger Freiheit zu haben. Hat man Macht, scheint die Freiheit größer zu sein, insbesondere dann, wenn man von den Folgen des eigenen Handelns nichts wissen will.

Eine Paradoxie?

Hierin steckt eine scheinbare Paradoxie [6]. Will man anderen ihren freien Willen wegnehmen, sodass man für sich selbst umso mehr hat, kann der Wille doch nicht frei sein; zumindest nicht für Menschen, deren freier Wille eingeschränkt wird. Die Täter missbrauchen den freien Willen, die Opfer müssen ihn hergeben. Es sieht auf den ersten Blick so aus, als ob der Urschöpfer diese Möglichkeit nicht vorausgesehen hat, da ihm ein solches Verhalten fremd und unvorstellbar gewesen wäre. Er scheint deshalb ein Grundgesetz in der Schöpfung vergessen zu haben, das wie folgt lauten könnte: »Wer den freien Willen missbraucht, um anderen ihren freien Willen zu rauben oder einzuschränken, verwirkt seinen Anspruch und verliert im gleichen Ausmaß den eigenen freien Willen.«

Aber dieses Gesetz existiert bereits, nur fällt es nicht so leicht auf! Es wirkt nämlich nicht sofort, sondern mit einer Zeitverzögerung – durch das Karma oft erst in einem anderen Leben (vgl. Kapitel 13). Was wir heute rauben, werden wir *morgen* verlieren! Daher ist jeder Missbrauch des freien Willens eine große Illusion für den Missbrauchenden, denn der Ausgleich wird unvermeidlich kommen. Es geht darum, dass wir endlich lernen, dass der freie Wille nicht absolut sein darf, sondern immer relativ sein muss. Der egoistische, absolute freie Wille, der nur das eigene Beste sucht, ist destruktiv – auf die Dauer erst recht für den Ausübenden. Der relative freie Wille, der die anderen einbezieht, sucht das *gemeinsame* Beste und ist das konstruktive Entwicklungsziel. Dieser ethische freie Wille sucht das eigene Beste nur im Rahmen der Unabhängigkeit und nicht auf Kosten anderer. Eine solche Haltung hat vor allem auch mit Liebe zu tun!

Das Abzapfen psychischer Energien

Wir Erdenmenschen kennen nur drei Dimensionen, denn unser Bewusstsein ist auf diese beschränkt. Es könnte durchaus sein, dass man uns mit Absicht so gemacht hat. Das Universum wird weit mehr als drei Dimensionen haben und Energieformen beinhalten, von welchen wir keine Ahnung haben (sollten), da diese größtenteils zu anderen Dimensionsbereichen gehören.

Wenn ein Mensch eine sehr starke Angst, eine sehr große Verzweiflung oder eine wahnsinnige Wut empfindet, mobilisiert er unbewusst seine Lebenskräfte und gibt entsprechende psychische Energien in Bereiche ab, die uns unbekannt sind und die wir durch unsere Sinnesorgane im Wesentlichen nicht wahrnehmen können. Wesen, die jedoch solche Bereiche erfassen können, können diese Energien aufnehmen und sich an ihnen »nähren«. Wesen, die dazu fähig sind, sehen es also gerne, dass wir uns fürchten oder schrecklich aufregen, und tun alles, was sie können, um bei uns solche Gefühle zu schüren – sie sind im Grunde psychische Koprophagen!

Hellsichtige berichten von solchen Wesen (z.B. [7]), die sie angeblich sehen können. Vielleicht sind unter diesen auch Außerirdische? Doch muss man bei den Berichten von Hellsichtigen ebenfalls bemüht sein, die Spreu vom Weizen zu trennen – wobei hier nicht gemeint ist, dass *alle* Berichte dieser Art Unsinn wären! Gerade auch in der Rückführungstherapie entdeckt man immer wieder, dass eine Person von einem Wesen belästigt wird, das psychische Energien rauben will [8].

Auch die Hingabe und Verehrung lässt psychische Energien zu demjenigen strömen, den man verehrt. Dies kann eine gute Sache sein – zum Beispiel zwischen zwei Menschen, die sich lieben und seelische Energien austauschen, oder zwischen einem seriösen und ehrlichen geistigen Lehrer und seinen geliebten Schülern. In der Regel verwendet der Lehrer die Energien, die ihm zuströmen, selbstlos und zum Wohle seiner Mitmenschen, beispielsweise zum Heilen. Einen solchen Energieaustausch gab es bewusst und mit guter Absicht in geistigen Schulungen früherer Zeiten, es wird ihn aber auch heute noch geben. Doch kann das Prinzip auch missbraucht werden. Viele, die sich als Gurus aufspielen, kennen dieses Prinzip und nutzen es schamlos aus! Durch die Verehrung ziehen sie psychische Energien der Devotees an und sammeln diese bei sich selbst. Dadurch wird es ihnen erst recht möglich, erstaunliche Phänomene zu erzeugen, die man für »Wunder« hält – so zum Beispiel Materialisationen!

Bedienen sich die Anunnaki auch dieses Prinzips? Gibt es sogar Gurus, die mit ihnen in Verbindung stehen?

Wir können diese psychischen Energien erfahren, auch wenn sie für unsere Schulwissenschaft bisher noch unnachweisbar sind und diese deshalb nicht an solche Energien glauben will. Wer kennt nicht das Gefühl, dass jemand an uns denkt? Manche fühlen, wenn eine nahestehende Person in Not ist oder stirbt. Dass man mit Handauflegen heilen kann, hat auch mit solchen Energien zu tun. Umgekehrt kann man eine Person auch krank machen, wenn man ständig negativ über sie denkt.

Energien, die wir bei starken Gefühlen unbewusst abgeben, sind auch Formen von Lebensenergien. Dies gilt auch für negative Gefühle. Es gibt eben Wesen, die absichtlich davon profitieren. Mehrdimensional bewusste Außerirdische können es wahrscheinlich auch.

»Die Grauen«

In Büchern zu diesem Thema wird oft eine Gruppe von Außerirdischen erwähnt, die angeblich die Erde besucht: Die Grauen [9]. Es soll so einer sein der in Roswell gefunden und obduziert wurde. Man sagt, dass sie asexuell seien (sie würden keine Geschlechtsteile haben) und dass sie sich auf eine Art vermehren würden, die wir für »Retortenbabys« verwenden, aber durch Klonen – nur würden sie nicht ausgetragen, sondern würden in einer Nährlösung heranwachsen. Es heißt, dass sie keine Emotionen hätten. Die Fähigkeit, Gefühle zu empfinden, hätten sie (oder andere?) in Urzeiten aus ihrem Erbgut entfernt, wodurch sie aufhörten, Kriege zu führen, denn sie verspürten keine Aggressionen mehr. Doch haben sie deshalb auch keine positiven Empfindungen mehr! Sie sind gefühlskalt, lieblos und rücksichtslos. Es sollen diejenigen sein, die gelegentlich Menschen entführen, um ihre Biologie zu studieren und angeblich auch, um herauszufinden, warum Erdenmenschen Gefühle haben. Sie würden nach Möglichkeiten suchen, ihr Volk genetisch zu regenerieren, da es durch die Jahrtausende abgeschwächt sei, und einige von ihnen hätten erkannt, dass der Verzicht auf

Gefühle doch ein Fehler war. Diese armen Geschöpfe – wenn es sie wirklich gibt – sind also in Urzeiten zu *Biorobotern* umfunktioniert worden! Sie sind in diesem Fall nicht nur physisch, sondern auch emotional kastriert und erkennen ihre eigene Misere nicht.

Die Aldebaraner

Es wird berichtet, dass Menschen, die von einem Planeten beim Stern Aldebaran stammen, angeblich die Erde besucht und uns technisches Wissen vermittelt hätten [10,11]. Die für diese Behauptung angebrachten (und nach meiner Meinung nicht sehr überzeugenden) Indizien stimmen zum Teil nachdenklich. Vor allem stört mich dabei die folgende Sache: Sie sollen, so heißt es, mit Wissenschaftlern im 3. Reich zusammengearbeitet haben! Wenn das wirklich wahr sein sollte, haben sie wirklich mit den falschen Kontakt aufgenommen. Dann wären sie vielleicht technisch weit entwickelt, moralisch jedoch eher unterentwickelt.

Auch »Innerirdische«?

In mehreren Büchern (u.a. [12,13]) wird behauptet, dass die Erde hohl sei und dass es im Erdinneren eine Zivilisation gäbe, die sich von uns fernhalte. Ich greife diese Theorie hier deshalb auf, weil sie erstens in gewissen Kreisen immer noch herumgeistert und weil man zweitens physikalisch ihre Unsinnigkeit nachweisen kann. Das scheint bisher nicht gemacht worden zu sein, weshalb ich es hier vorrechnen möchte. Es heißt, die Erde sei eine 1290 km dicke Kugelschale mit einem inneren Hohlraum, der einen Durchmesser von 10300 km aufweist. Im Zentrum wäre eine Art Sonne mit einem Durchmesser von 965 km. An den Polen wären runde Öffnungen mit einem Durchmesser von 2250 km [12]. Es hat sich wohl bisher niemand die Mühe gemacht nachzurechnen! Physikalisch ist das nämlich unmöglich! Das Massenvolumen der Erde (zusammen mit dem Wasser in den Ozeanen) wäre dann wenig mehr als die Hälfte von dem einer massiven Erdkugel. Die Masse, also das Gewicht der Erde errechnet sich aus ihrer Gravitation, unabhängig von ihrer Größe und davon, ob sie hohl ist oder nicht. Die durchschnittliche Massendichte (Meere inklusive) wäre deshalb fast doppelt so hoch wie bei einer massiven Kugel, nämlich über 10 g/cm^3. Es müsste dann alles, was nicht Hohlraum ist (Volumen des Wassers der Ozeane wiederum inklusive), etwa aus Blei bestehen! Gestein, Eisen und Wasser reichen da bei Weitem nicht aus. Hier geht die Rechnung physikalisch gar nicht auf.

Zwar könnte man postulieren, dass eine hypothetische »Zentralsonne« im hohlen Erdinneren eine ungeheure Dichte hätte, welche die Massenverhältnisse ausgleichen würde, aber eine solche Annahme wäre äußerst spekulativ. Sterne im Kosmos, die extreme Materiedichten aufweisen, haben ebenfalls enorme Massen – um Zehnerpotenzen größer als die unserer Sonne –, und durch deren Gravitation verdichtet sich ihre Materie sehr stark. So etwas ist für eine kleine hypothetische »Zentralsonne« einer »hohlen Erde« gar nicht möglich.

Außerdem gäbe es ein erhebliches Stabilitätsproblem. Wenn eine kugelschalförmige Erde um eine Art von »Zentralsonne« zentriert liegen würde, würde das eine sehr instabile Gleichgewichtslage bedeuten. Es würde keine große Störung brauchen (etwa durch den Einschlag eines sehr großen Meteors oder durch das Vorbeiziehen eines Kometen oder eines Asteroiden, wie es in uralten Zeiten sehr wohl geschehen sein kann), um einen Zusammenprall dieser »Zentralsonne« mit der Kugelschale zu verursachen, da sie sich ja durch Gravitation gegenseitig anziehen. Das Ergebnis wäre sicher total vernichtend.

Schließlich passt die Behauptung, dass es Polöffnungen gäbe, nicht zu der sehr viel glaubwürdigeren Hypothese, dass die Erde wiederholt Polverlagerungen durchgemacht habe. Sollten sich dann auch diese Löcher verlagert haben oder lagen sie einmal woanders, weit weg von den Polen? Und wenn sie sich verlagert hätten, wie wäre die Verlagerung eines Lochs physikalisch möglich? Außerdem werden heute die Pole täglich überflogen, aber niemand berichtet von solchen Löchern, die heute ganz sicher nicht mehr zu verheimlichen wären.

Aufgrund dieser Überlegungen muss die Hohlwelttheorie in den Bereich der fantastischen Märchen abgeschoben werden, zur gleichen Kategorie gehörend wie etwa Hörbigers Welteislehre. Es handelt sich hierbei um eine von dem Österreicher Hanns Hörbiger ab 1894 aufgestellte und erstaunlich ausführlich ausgearbeitete, aber widerlegte Theorie, wonach die

Grundsubstanz des Universums Eis sei [14]. Man könnte sich höchstens etwas anderes denken. Da der Kosmos und deshalb auch unsere Erde multidimensional sein werden, könnte es in Dimensionen, die über »unsere« drei hinausgehen und die wir nicht wahrnehmen können, möglicherweise auch eine andere Zivilisation auf der Erde geben, die nicht oder kaum dreidimensional in Erscheinung tritt und von der wir deshalb nichts wissen. Diese würde also in anderen Dimensionsbereichen existieren. Wenn wir darüber spekulieren wollen, könnte es dann an bestimmten Orten der Erde irgendwelche Dimensionsübergänge geben – für uns wohl eher nicht, aber vielleicht für die anderen, wenn ihr Wahrnehmen und ihr Bewusstsein auch multidimensional sein sollten und sie deshalb sehen können, was uns verborgen bleibt. Könnte der Aufenthaltsort dieser Zivilisationen mit sagenhaften Orten wie Agartha und Shambalah zu tun haben?

»Wir sind die Nibiruaner«

Ein ziemlich neues Buch [15] behauptet, Durchgaben von Anu (s. Kapitel 1) an die Menschheit zu beinhalten. Es ist zu anderen Schriften und zu den babylonischen Keilschrifttafeln in vielem widersprüchlich. Der »Urmord« der Anunnaki an den Urschöpfern Apsû und Tiâmat (s. Kapitel 1) wird gar nicht erwähnt. Konflikte im Kosmos werden als ein »Spiel« verniedlicht, das – so heißt es – seit einer halben Million Jahre gespielt werde, wozu wiederholt kosmische Kriege mit Zerstörungen ganzer Planetenvölker gehören würden. Hierzu kann man nur sagen, dass es höchst bedenklich und enttäuschend wäre, dass die in diesen Büchern erwähnten Wesen offensichtlich *niemals dazulernen.* Sie wären doch nicht da, um große Krieger zu werden, sondern um endlich zu begreifen, wie sinnlos, pervers und grausam der Krieg ist. Es wird behauptet, dass sie die Menschen genetisch »gebremst« hätten, sodass sie sich in technischer nicht schneller als in moralischer Hinsicht entwickeln sollten, da sie sonst sich selbst vernichten könnten. Doch ist gerade dies im 20. Jahrhundert geschehen: Die moralische Entwicklung blieb weit hinter der technischen zurück, und wir sind mehr denn je in der Lage, die ganze Menschheit zu vernichten. In Wirklichkeit geht es bei der Genmanipulation der Anunnaki doch offensichtlich vielmehr darum, die Menschen »klein und dumm« zu halten. Die Sintflut wird als eine unvermeidliche Folge eines fremden interplanetarischen Angriffs dargestellt, von dem die Menschheit – und dies bedauert man – nichts wissen sollte, da man nicht in der Lage gewesen sei, sie dagegen zu schützen. In Wirklichkeit dürfte es so sein, dass es – wie in vorangegangenen Kapiteln bereits beschrieben – gerade die Anunnaki selbst waren, die die Menschheit auslöschen wollten. In dem eben erwähnten Buch gibt es noch eine Menge anderer Ungereimtheiten. Beim Lesen dieses Buchs haben sich bei mir der Eindruck und das Gefühl verstärkt, dass hier absichtlich Fehlinformationen verbreitet werden, die das Bild der Anunnaki verschönen sollen.

Die Verfasserin Jelaila Starr behauptet, ein sogenannter *Walk-In* einer weiblichen Anunnaku zu sein. Wenn eine neue Seele einen bereits lebenden Körper übernimmt, weil die andere Seele sie verlassen hat, spricht man von *Walk-In*. Eine Frau wollte angeblich sterben und ihren Körper verlassen, sodass jene »Anunnakin« den Körper übernehmen konnte. Wenn dies wahr sein sollte, mag man sich fragen, wie freiwillig das wirklich war. Sie ist mit einem Mann verheiratet, der ebenfalls ein Anunnaki-*Walk-In* sein soll. Er nennt sich – wer mag noch staunen? – Jahweh.

Reptilwesen

Es wird in hier berührten Zusammenhängen wiederholt von Reptilwesen erzählt. Die Anunnaki sollen selbst solche sein, weshalb sie in den Durchgaben der Plejadier »Lizzies« genannt werden – »Eidechslein« (engl. *lizard* = Eidechse). Sie wären deshalb die »Drachen« in den Mythologien, wobei diese nicht alle Anunnaki sein müssten, denn es könnte auch wohlwollende reptilartige Wesen geben. So ist in der chinesischen Mythologie der Drache eher ein wohlwollendes und glückbringendes Wesen, das mit Wasser verbunden ist. »Drache« heißt im hebräischen *tanin* oder auch *sarap* (Letzteres bezeichnet wohl eher eine Giftschlange). Interessanterweise sind die *seraphim* Engelwesen um den Thron Gottes herum. Sie haben sechs Flügel (vgl. Jesaja 6,2). Seraphim ist die Mehrzahl von *sarap* – »beflügelte Schlangen« [16] –, doch wird das Wort in diesem Zusammenhang üblicherweise mit »Feuer« (eine andere Bedeutung von *sarap*) in Verbindung gebracht. Dieses Wort hängt etymologisch mit dem Sanskrit-Wort *sarpa* zusammen, das ebenfalls Schlange bedeutet. Ein anderes Sanskrit-Wort für

Schlange ist *naga*. In der indischen Mythologie bezeichnet *naga* auch eine Rasse von Wesen mit Schlangenkörpern und menschlichen Gesichtern, die in der unterirdischen Stadt Bhogavati leben [17]. Interessant ist in diesem Zusammenhang auch der aztekische Gott Quetzalcoatl, der die Gestalt einer gefiederten Schlange hat.

REFERENZEN

1. Charles Louis Moore: »The Orthodox Connection«, in *Of Heaven and Earth* (Vorträge am ersten »Sitchin Studies Day«), The Book Tree, Escondido (California), 1996

2. Jan Erik Sigdell: »Die Spreu vom Weizen trennen«, in *Wendezeit* (Interlaken), 2/00, S. 57-60

3. www.cosmic-people.com/astar_e.htm

4. Claude Vorilhon: *The Message given to me by the Extra-Terrestrials*, AOM Corporation, Japan, 3. Druck 1989 (vereinte Übersetzung zweier Bücher in Französisch: *Le livre qui dit la vérité* und *Les extra-terrestres m'ont emmené sur leur planète*, beide im Verlag L'Édition de Message, 1974 bzw. 1975.) (Hat womöglich die japanische »AOM Corporation« mit der giftmordenden Horrorsekte *AUM Shinrikyo* des japanischen Gurus Shoko Asahara zu tun?) Das Buch kann nunmehr als eine PDF-Datei von http://www.rael.org heruntergeladen werden, und zwar in Deutsch und vielen anderen Sprachen. Unter den E-Büchern in Englisch sind eine erweiterte Ausgabe des Buches unter dem Titel *Intelligent Design* sowie mehrere neue Bücher zu finden.

5. Barbara Marciniak: *Bringers of the Dawn*, Bear & Co., Santa Fe (New Mexico), 1992 (auch im Internet: http://www.bibliotecapleyades.net/pleyades/esp_pleyades_14.htm). Deutsche Übersetzung: *Boten des neuen Morgens*, Stb (Schirner Taschenbuch), Darmstadt, 2004

6. Jan Erik Sigdell: *Reinkarnation, Christentum und das kirchliche Dogma*, Ibera, Wien, 2001, Kapitel 1 und Anhang 2

7. Eva Herrmann: *Von drüben*, Bd. II, Otto Reichel, Remagen, 1978

8. Jan Erik Sigdell: *Reinkarnationstherapie*, Heyne, München, 2005, Kapitel 16

9. George C. Andrews: *Extra-Terrestrial Friends and Foes*, IllumiNet Press, Lilburn GA, 1993

10. Jan van Helsing (Jan Udo Holey): *Geheimgesellschaften*, Bd. 1, Ewertverlag, Rhede (Ems), 1993

11. Jan van Helsing (Jan Udo Holey): *Unternehmen Aldebaran*, Ewertverlag, Rhede (Ems), 1997

12. Raymond Bernard: *The Hollow Earth*, Lyle Stuart, Secaucus (NJ), 1969

13. Jan van Helsing (Jan Udo Holey): *Die innere Welt*, Ama-Deus, Fichtenau, 1998

14. Hans Wolfgang Behm: *Hörbigers Welteislehre*, Hase & Koehler, Leipzig, 1931. Siehe auch: http://de.wikipedia.org/wiki/Welteislehre

15. Jelaila Starr: *We are the Nibiruans*, Nibiruan Council Publishing, Kansas City MO, 2003

16. *Gesenius' Hebrew and Chaldee Lexicon*, übers. v. Samuel Prideaux Tregelles, Wm.B. Eerdmans, Grand Rapids MI, o.J. (Vorwort dat. 1846)

17. Monier Monier-Williams: *A Sanskrit-English Dictionary*, Motilal Banarsidass, Delhi, 1986

9. DIE »GÖTTER« SPIELEN SCHACH – WIR STEHEN AUF DEM BRETT

Aus dem, was in diesem Buch besprochen wurde, ist ein Gesamtbild herangewachsen, das wie folgt zusammengefasst werden kann:

- Nach jeder Logik und jeder astronomischen Statistik ist die Wahrscheinlichkeit, dass wir im Weltraum alleine sind, annähernd *null*.
- Dass die Menschheit dieser Erde die am höchsten entwickelte im Kosmos sei, wäre eine unglaubwürdige Selbstüberschätzung, eine irrationale und subjektive Fluchtreaktion vor dem für viele Unvorstellbaren – oder Unerträglichen.
- Unsere Physik ahnt schon Möglichkeiten, Abstände von Lichtjahren in mäßigen Zeiträumen zu überwinden. Die Wege dazu werden durch andere Dimensionen als »unsere« gehen. Es wird mit hoher Wahrscheinlichkeit im Kosmos einige technisch höher entwickelte Zivilisationen geben müssen, die dies schon realisiert haben.
- Besucher, die uns technisch und wissenschaftlich weit voraus sind, werden aus taktischen Gründen bestrebt gewesen sein, von uns als »Götter« angesehen zu werden – im Grunde analog zu dem Verhalten der früheren europäischen Kolonialherren in der »dritten Welt«, nur anders und weitgehender.
- Entsprechend sind unsere Religionen zu einem wesentlichen Teil von diesen »Göttern« eingeführt oder zumindest im Dienste jener Strategie manipuliert worden, aber auch zum Zweck des Abschirmens von einer größeren Wahrheit. Zur Letzteren gehört das Wissen um einen Urschöpfer, von mehr wohlwollenden Einflüssen anderer konkurrierender Zivilisationen, von einer friedlicheren Vorgeschichte der Menschheit vor der Machtübernahme der »Götter«[50] sowie von matriarchalischen oder eher ausgewogenen Gesellschaftsformen.
- Die »Götter« haben die Erde erobert und sich wie eine Besatzungsmacht verhalten, u.a. um hier Bodenschätze auszubeuten, aber auch um (auf dem Wege über andere Dimensionen) von uns Energien psychischer Natur unbewusst abzuzapfen, worüber sie uns in Unwissenheit halten.

50 Zu den Kulturen, von denen wir offensichtlich nichts mehr wissen sollten, dürften die von Atlantis und Lemurien gehören, an die unsere schulwissenschaftliche Geschichtskunde allerdings nicht glauben will.

Letzteres könnte immer noch geschehen, da es sehr gut sein kann, dass sie noch heute ihre Macht und ihren Einfluss auf der Erde ausüben, aber nunmehr unsichtbar manipulierend.

- Die »Götter« geben sich als Schöpfer der Menschheit aus und haben vor langer Zeit Menschen als Arbeitssklaven genetisch hergestellt, aber wahrscheinlich für den gleichen Zweck auch Völker der Vorgeschichte der Erde – vor der derzeitigen Menschheit – genetisch auf ein für sie passendes Niveau degeneriert und sie in ein »dunkles Zeitalter« der Unbewusstheit und Unwissenheit hineingeführt. Sie sind bestrebt, dies zu verheimlichen.
- Um uns leichter zu beherrschen, manipulieren sie uns unbewusst im Sinne von »Teilen und Herrschen« und spielen die Völker gegeneinander aus. Dies erreichten sie früher direkt, später über subliminale Beeinflussung auf der Ebene des unbewussten Ichs der Menschen und durch andere indirekte Formen von Manipulation. Dahinter steckt wahrscheinlich auch ein Machtkampf zwischen verschiedenen »Stammesgöttern«, die unter sich um den Einfluss auf die Menschen und um den Zugang zu unbewussten psychischen Lebensenergien aus der Menschheit streiten.
- Das Ganze scheint ihnen auch noch Spaß zu machen.
- Mit all dem haben sie aus dieser Erde einen zum Teil schöngefärbten und mit oberflächlichem Glanz versehenen Ort gemacht, der bei Weitem nicht das Paradies ist, das er hätte sein können – mit all dem Leid, der Gewalt und dem Terror für viele eher höllenartig.
- Es ist höchste Zeit für die Menschheit, das Joch abzuwerfen, die wirklichen Wahrheiten zu suchen, sich von manipulierten und manipulierenden Religionsvorstellungen zu lösen und die hinter ihrem Schleier liegende geheim gehaltene Wahrheit über den Urschöpfer zu finden.

Ein biblisches »Schachspiel« der »Götter«

In der Bibel können wir ein Spiel von Machtdemonstrationen mit Menschen als »Schachfiguren« verfolgen, das – unter unserer Annahme vom Herrschenwollen verschiedener »Stammesgötter« über verschiedene Völker – mit Auseinandersetzungen zwischen Jahweh und anderen »Stammesgöttern« zu tun haben dürfte (vgl. [1]). In 2 Mos 7-13 wird geschildert, wie Jahweh seine Machtspiele der 10 Plagen vor den Verehrern ägyptischer

Götter durchgezogen hat. Dies wurde bereits in Kapitel 6 beschrieben. Mit einer einzigen Plage gab er sich nicht zufrieden. Schließlich ging Jahweh selbst durch das Land und *ermordete alle Erstgeborenen* von Mensch und Tier – nur nicht diejenigen von den Hebräern.

Mit der Zeit kamen die Hebräer ins Gelobte Land und wurden von Jahweh beauftragt, alle dort bereits angesiedelten Völker, die *andere* Stammesgötter verehrten, in veritablen Genoziden auszurotten. Niemand sollte überleben. Darüber wurde bereits in Kapitel 7 berichtet (vgl. Anhang 1).

Warum lässt der Urschöpfer das alles zu?

Der Urschöpfer hat uns und den »Göttern« den freien Willen zugesichert, der aber übel missbraucht wurde: Der freie Wille des einen konnte auf Kosten der Willensfreiheit des anderen kurzsichtig erweitert werden – der Mächtigere und Stärkere konnte vom Schwächeren freien Willen *rauben*. Jedoch kommt es über Zeiträume, die für uns Erdenmenschen im Vergleich zu einem Menschenleben als sehr lang erscheinen, zu einem Ausgleich und zu einem Lernprozess durch das Prinzip, das im Osten Karma genannt wird (vgl. Kommentare zum freien Willen in Kapitel 8 und 13). Manche von uns könnten möglicherweise gerade deshalb als Seelen auf dieser Erde inkarniert sein, weil wir in anderen Welten Ähnliches getan und uns selbst über andere als »Götter« aufgespielt haben! Die Anunnaki werden diese Wahrheit leugnen und sich anmaßen, über allen anderen zu stehen, weil sie durch ihre Wissenschaft extrem lebensverlängernde Maßnahmen entwickelt haben. Doch erwartet sie das Gleiche, nur in Zeiträumen nach ihren Maßstäben, die uns beinahe »ewig« scheinen mögen, aber aus Sicht des Urschöpfers gleichwohl gering sind.

Wie können wir uns davon lösen?

Eine Möglichkeit, sich von unterschwelligen Manipulationen allmählich zu lösen, ist die positive Affirmation und »kreative Entscheidung«, womit ich mein Leben selbst in die Hand nehme. Die Formulierungen sollen nach den bekannten Regeln, die für Affirmationen gelten, in *positiven* Worten gefasst sein, ohne Verwendung von Worten wie z.B. »nicht«, »nie«, »kein«, »ohne« u.ä. Hier folgen einige *Beispiele*:

> Affirmationen in Bezug auf das Abzapfen von Energien:
> »Ich behalte immer, was ich behalten will.«
> »Ich gebe nur ab, was ich bewusst und freiwillig abgebe.«
> »Ich gebe nur ab, was in Liebe anderen hilft
> und ich gut abzugeben verkrafte.«

In Kapitel 8 ist die Rede davon, dass Energie abgezapft wird. Es scheint, dass Menschen in Situationen von z.B. starker Angst, großer Wut oder To-desgefahr unbewusst starke Lebensenergien mobilisieren. Und wenn wir sexuelle Gefühle unterdrücken statt sie in Liebe auszuleben, stauen sich in uns Energien, von denen die »Götter« wahrscheinlich gerne »naschen«. Wie aber wäre es möglich, dass fremde Wesen solche Energien abzapfen? Auch wir werden wohl mehrdimensionale Wesen sein, es gehört aber zur Strategie der »Götter«, uns dies zu verheimlichen. Durch genetische Manipulation ließ man uns ein nur dreidimensionales Bewusstsein, und dann wussten wir dies nicht mehr. Die Lebensenergien, um die es hier geht, wären dann solche, die über unsere bewussten drei Dimensionen hinausgehen. Sie manifestieren sich im dreidimensionalen Bereich u.a. durch Adrenalin und durch in der Gefahr gesteigerte Kräfte, aber auch einfach in dem Wohlbefinden, sich gesund, kraftvoll und handlungsbereit zu fühlen. Solche Manifestationen im dreidimensionalen Bereich sind dann nur wie »Schattenwürfe«, die von höheren Dimensionen herrühren. Da wir dies nicht mehr wissen, haben wir selbst keine Kontrolle über diese Energien, und die anderen Wesen können sie daher unerkannt leicht abzapfen, um sich selbst daran zu »nähren«. Wir wissen ja nicht einmal, dass es geschieht. Betrachten wir die Nahrungskette in unserer dreidimensionalen Welt:

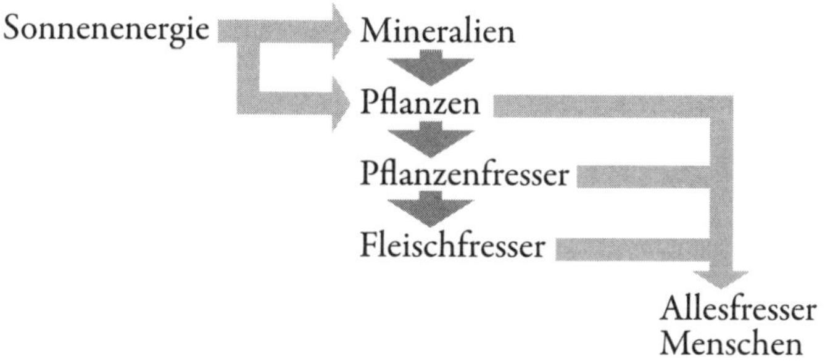

Natürlich gibt es auch Mischformen, z.B. Allesfresser. Der Mensch ist biologisch gesehen eigentlich ein allesfressendes Tier, mag aber aus Gründen des Entwicklungsstandes und seines Verstandes gesondert aufgeführt werden. Wenn es viele gute Gründe für die Annahme gibt, dass die Schöpfung weit mehr als nur »unsere« drei Dimensionen hat, und dass höhere Dimensionen auch noch »bevölkert« sind, dass aber unsere Wahrnehmung dieser Bereiche blockiert ist und wir daher nur den dreidimensionalen Teil unserer Gestalt erkennen – wie geht dann die Nahrungskette weiter? Etwa: Menschen → »Götter«? Und wenn die »Götter« nicht unser Fleisch essen, was nehmen sie dann von uns auf? Eben Lebensenergien in für uns nicht wahrnehmbaren Dimensionen! Hat man gerade deshalb unsere Wahrnehmungsfähigkeit eingeschränkt, weil wir nicht erkennen sollten, was sich abspielt? Resultiert hieraus eine besondere Motivation von Menschenopfer an die »Götter«? Es ginge dann nicht um Fleisch und Blut des Opfers, sondern um Lebensenergie. Und war übrigens das viele Morden in der Bibel auch eine indirekte Form des Menschenopfers an Jahweh?

Man muss sich wohl auch fragen, weshalb sie nicht eher kosmische Energien aufnehmen. Vielleicht ist es bequemer, von uns Energien abzuzapfen? Vielleicht »schmecken« wir besser? Warum essen die meisten Menschen eigentlich gierig Fleisch, wenn doch eine vegetarische Ernährung gesünder und ökologisch sinnvoller wäre? Liegt in der Antwort hierauf eine Analogie zur Erklärung der »göttlichen« Gier nach unseren Lebensenergien?

Affirmationen in Bezug auf Manipulation:
»Ich nehme bewusst und unbewusst nur auf, was für mich gut ist.«
»Ich nehme nur auf, was in der Liebe des Urschöpfers[51] zu mir kommt.«
»Ich bin vor negativen und manipulierenden Fremdeinflüssen geschützt. Sie gehen an mir vorbei.«
»Ich bin immun gegen negative und manipulierende Energien. Sie gehen zur Quelle zurück.«

51 Ein Christ würde eher sagen: »...was in Christi Namen zu mir kommt.« Jedoch ist in Hinsicht auf den nachfolgenden Paragraphen eine mehr neutrale und für alle gültige Formulierung sinnvoll. Für mich *ist* Christus die Liebe des Urschöpfers. Andere mögen diese Liebe anders bezeichnen. Das ist – wenn man so will – eher eine Frage der Benennung und der Definition dieser Benennung: der theologischen Nomenklatur – und berührt im Grunde *jede* Religion.

Eine gute Schutzvorstellung ist, sich in weißes Licht gehüllt vorzustellen, in dem Bewusstsein, dass die Lichthülle nur gute Energien durchlässt und negative draußen hält.

Besonders wichtig erscheint mir, sich möglichst vor manipulativen Einwirkungen und Meinungsbildungen durch die Medien zu schützen, stets alles zu hinterfragen und sich um eine eigene Einsicht zu bemühen. Es kann ja keinen Zweifel darüber geben, dass man unsere Vorstellung von der Welt und den Menschen in dieser Welt sowie von unserem darüberhinausgehenden kosmischen Weltbild in einem ganz anderen Interesse als dem der Bürger und der Mitmenschen steuern will. Das politische Machtgerüst, Globalisierung, die Macht des Geldes und die Steigerung von Umsatz und Konsum sollen mit allen Mitteln gefördert werden, wobei die Wahrheit und die wahren Bedürfnisse der Menschen unbeachtet bleiben. Das Gleiche gilt offensichtlich für die Kirchen – die Religion wird zur denksteuernden oder denklähmenden Konsumware abgewertet. Es könnte nach dem, was in diesem Buch erörtert wird, sehr gut so sein, dass hierbei Anunnaki hinter den Kulissen mitwirken! Die beste Haltung jedes Einzelnen wäre es, bewusst nicht mitzumachen, also der »zivile Ungehorsam«, etwa nach dem Prinzip, mit dem Gandhi erfolgreich die Unabhängigkeit Indiens erreichte.

Unsere größten Feinde: Die Furcht und die Ignoranz

Angst zieht Gefahr an! Was wir fürchten, laden wir ein! Vielleicht nicht immer, aber jedenfalls doch leicht und sehr oft. Dies ist eine psychologische Erfahrungstatsache. Wer den Dieb fürchtet, wird eher bestohlen, wer vor Krankheit Angst hat, wird eher krank als der Furchtlose. Es ist deshalb wichtig, vor allem unbegründete und unnötige Ängste loszulassen – nicht nur um das Abzapfen von durch sie mobilisierten Energien zu verhüten, sondern auch allgemein.

Ein anderer Feind ist die Ignoranz, das heißt, die Wahrheit zu leugnen und sie nicht wissen zu wollen. Denn wie sollen wir uns gegen negative Einwirkungen schützen können, wenn wir sie nicht wahrhaben wollen? Da geben wir ihnen doch freien Spielraum.

Die Liebe

Es gibt ein Universalheilmittel, aber nur *eines*: die Liebe. Jesus hat sie uns gelehrt, Buddha auch; hingegen steht im Alten Testament darüber erstaunlich wenig (vgl. Kapitel 7). Im Koran wird viel davon gesprochen, dass man den Armen und den Waisen helfen und Almosen geben soll, und man soll zu den Mitmenschen freundlich sein und mit ihnen freundlich sprechen. Im Hinduismus wird über die mitmenschliche Liebe, die in Sanskrit *prema* heißt, wenig Konkretes gelehrt. Man begegnet ihr aber indirekt, wenn wir zu *ahimsa* aufgefordert werden, zum »Nicht-Verletzen«. Wir sollen uns so verhalten, dass wir weder einen Menschen noch sonst ein Geschöpf verletzen – weder physisch noch psychisch. Deshalb sind die meisten Hindus Vegetarier, da man nicht Fleisch essen kann, ohne dass dafür ein Tier leiden muss. Die Begründung vom *ahimsa* beinhaltet allerdings einen Hauch Egoismus, da es dabei oft weniger um das Wohl des anderen geht, als darum, dass man sich selbst kein negatives Karma anhäufen möchte.

Den Anunnaki scheint die bedingungslose Liebe zum Mitmenschen kaum am Herzen zu liegen. Hingegen sprechen angebliche »Durchgaben« von den Plejadiern viel mehr von Liebe: »Liebe ist der Schlüssel. Das Universum besteht aus Liebe« (vgl. Kapitel 8). Es ist darin auch die Rede vom Bereich des freien Willens und davon, dass wir uns angeblich in diesem Bereich befinden.

Es gibt – wie bereits in Kapitel 8 kurz erwähnt – zwei Aspekte des freien Willens. Er äußert sich meistens als *absoluter* (egoistischer) freier Wille: Man sucht das eigene Beste ohne Rücksicht auf den anderen: »Nicht dein Wille, sondern *mein* Wille!!!« Das Entwicklungsziel muss aber zunächst sein, dass wir durch Erfahrungen und Seelenreife nach dem Gesetz des Karma allmählich dahin kommen, zunächst den *relativen* (rücksichtnehmenden, altruistischen) freien Willen zu leben: das für alle Berührten und Beteiligten *gemeinsame* Beste zu suchen. Der absolute freie Wille ist an sich schon eine Absonderung vom Urschöpfer! Der Urschöpfer ist Liebe und die Liebe ist Einssein seiner Geschöpfe unter sich und mit ihm. Im Einssein ist der absolute freie Wille nicht möglich – sondern nur ein relativer. Der absolute freie Wille führt nämlich zwangsläufig zu Spaltung und Trennung zwischen Menschen sowie der Menschen vom Urschöpfer. Sich sondern ist Sünde – die Worte hängen vielleicht nicht zufällig lautmäßig zusammen.

Die Ursünde ist die Sonderung vom Urschöpfer. Es gibt deshalb keinen Weg zu ihm zurück, ohne erst die Liebe zu den Mitwesen in der Schöpfung zu leben. Die letzte Konsequenz in Hinsicht auf den freien Willen ist die folgende: »Nicht mein Wille, sondern Dein Wille geschehe!« (Luk 22,42) – und zwar der Wille des Urschöpfers und nicht derjenige irgendwelcher untergeordneter »Götter«. Genau

Man kann es auch so sehen: Ich bin frei und unterstehe nicht dem Willen eines anderen. Deshalb muss ich selbst entsprechend handeln und darf nicht versuchen, anderen meinen Willen aufzuzwingen. Sonst verspiele ich mir diese Freiheit.

Wie soll dann eine Religion, die diese Liebe nicht lehrt, uns wieder mit dem Urschöpfer verbinden können? Das Wort »Religion« kommt von *religio*, das im Lateinischen »zurückverbinden« (mit Gott, dem Urschöpfer) bedeutet. Eine Religion, die diese Liebe nicht lehrt, ist zum Selbstzweck entartet und ein Werkzeug zur Unterwerfung geworden. Wenn eine Religion von der ursprünglichen Lehre abgekommen ist und die Liebe eher nur als Lippenbekenntnis lehrt, ohne sie mit aller Konsequenz selbst zu leben, so ist sie zu einer Scheinreligion entartet. Das kirchliche Dogma hat sich von Jesu Lehre entfernt, da es uns diese Liebe eher vormacht, als sie echt zu praktizieren. Ist diese Abwandlung ein Werk der Anunnaki, da ihnen Jesu Lehre einen Strich durch die Rechnung ziehen würde, wenn sie sich in wahrer Form verbreitet hätte? Es gelang nicht, sie durch seine Hinrichtung auszulöschen – hat man deshalb zu einer neuen Strategie gegriffen, um sie stattdessen »entschärfend« abzuwandeln? (Vgl. Ende Kapitel 7)

Eine zukünftige Universalreligion?

Die Religionszersplitterung in unserer Welt ist offensichtlich strategisch bedingt. Sie ist destruktiv und bewirkt viel Übel. Hier muss es notwendigerweise zu einer Neuerung kommen. Allerdings muss hier die Schwierigkeit überwunden werden, dass Menschen meistens eher aus Sippenmentalität als aus eigentlicher Überzeugung Anhänger einer Religion werden. Wäre es nicht so, hätten wir viel mehr Frieden zwischen Menschen verschiedener Glaubensvorstellungen! Ist uns auch diese Mentalität in die Gene gelegt, um uns besser manipulieren zu können?

Menschen bekennen sich zu einer Religion hauptsächlich deshalb, weil sie ihr von Geburt aus angehören (müssen) – meistens ohne es freiwillig gewählt zu haben. Diese Angehörigkeit hat viel mehr mit einer unterschwelligen Angst vor dem Ausgeschlossensein zu tun und viel mehr mit Indoktrinierung als mit selbstständiger Überlegung. Nur der Austritt ist eigenständig überlegt, doch ist ein solcher in manchen Religionen mit Lebensgefahr verbunden, wobei sich hier die Frage stellt, was das für Religionen sind, die sich solchermaßen entlarven?! Die Angst, nicht mehr dazugehören zu dürfen, vielleicht sogar zu »Freiwild« zu werden, wirkt viel stärker als die Wahrheit. Da haben wir es bitter nötig, in uns eingebaute Hemmschwellen zu überwinden!

Es kommt nicht selten vor, dass sich Menschen Sekten anschließen, da sie in ihnen eine ersehnte, bisher fehlende Gemeinsamkeit finden. Sie sind dort nicht mehr alleine. Dass der Preis dafür Gehirnwäsche und Abhängigkeit ist, sehen sie nicht. Das ist im Prinzip das gleiche wie das eben erwähnte, nur dass hier die Ausgangssituation eine andere ist. Das Gefühl von Einsamkeit und Entwurzeltsein treibt sie in die Arme derjenigen, die Zugehörigkeit anbieten, aber den Preis dafür verheimlichen. Dadurch werden Menschen abhängig gemacht und schamlos ausgenutzt.

Es ist interessant zu beobachten, wie in diesem Zusammenhang der gemeinsame Gesang als Mittel gebraucht wird, um beinahe hypnotisierend ein illusorisches Zusammengehörigkeitsgefühl hervorzurufen. Die Soldaten und Partisanen sangen und singen ihre Soldatenlieder, vor allem linksorientierte politische Organisationen haben ihre Kampfgesänge, in jeder Kirche und jeder Gemeinde wird gemeinsam gesungen.

Hinzu kommt, dass auch mit der Angst ein Geschäft getrieben wird. Man droht mit ewiger Verdammnis und redet von einer Höllenstrafe, die es so nicht geben kann, da die behauptete ewige Verdammnis in krassem Widerspruch zur Liebe Gottes stünde [2]. Jede Religion verspricht uns ein Paradies, wenn wir nur brav gehorchen und uns von anderen Religionen fernhalten. Das ist offenbar die Strategie einer weltlichen Macht, zu der die jeweilige Religion in Wirklichkeit geworden ist! So wird jede Religion selbst zur Sekte, und die größten Sekten sind die Kirchen.

Es kann niemals im Sinne des Urschöpfers sein, dass sich Menschen wegen Glaubensfragen bis zum Tod bekämpfen! Das ist ein übler Missbrauch des Glaubens und gegen den Grundsinn einer jeden Religion! Für den Glauben zu töten – lästerlicherweise etwa im Namen Gottes oder Christi! – ist die größte aller Sünden.

Wenn ich ein bisschen spekulieren darf, sehe ich hier nur zwei Möglichkeiten:

- Entweder finden wir zu einer neuen und wahrheitsbezogenen Universalreligion,
- oder wir lösen uns ganz von allen Religionen und folgen dem jeweils individuellen inneren Weg.

Um zu einer neuen Universalreligion zu kommen, müsste man zuerst das Gemeinsame *aller* Religionen herausschälen und als Basis verwenden. Dazu gehören in einer echten Ökumene selbstverständlich nicht nur die christlichen Religionen und das Judentum, sondern auch der Islam, der Buddhismus und der Hinduismus und alle verwandten Religionen. Der zentrale Kern einer Universalreligion *kann* nur die Liebe sein! Die Liebe, die uns Jesus und Buddha am deutlichsten lehrten, die aber die anderen Religionen auch kennen, obwohl manche sie eher indirekt lehren.

Dann müsste man auf dieser gemeinsamen Basis etwas Geeinigtes aufbauen. Dabei sollten nur Ergänzungen infrage kommen, die in Einklang mit der Liebe zum Mitmenschen stehen, mit Lebensfreude, Lebensbejahung und Toleranz, mit gegenseitigem Respekt vor dem freien Willen des anderen, solange dieser nicht den eigenen relativen freien Willen einschränkt. Was aber mit Gewalt, Drohung, Zwang, Machtausübung, Unterdrückung, Verdammung, Diskriminierung, Angstmacherei und Verteufelung zu tun hat, könnte in einer neuen Universalreligion nie Platz haben. Es muss in einer solchen realisiert werden, was heute größtenteils nur Lippenbekenntnis und in schöne Worte gekleidet ist: die völlige Gleichberechtigung aller Rassen, beider Geschlechter und friedlicher Andersdenker sowie homo-, hetero- und bisexueller Menschen. Und der dogmatische Missbrauch der von Gott erschaffenen menschlichen Sexualität für Machtzwecke muss ebenfalls ein Ende haben.

Eine neue Universalreligion müsste sich auf Urschöpfer und Urmutter ausrichten und zur Liebe als kosmisches Grundprinzip, aber von allen gelöst sein, die sich als »Götter« ausgeben und sich zwischen uns und Urschöpfer und Urmutter stellen wollen – seien es Außerirdische oder andere Wesen.

Dieser Weg scheint aber in der heutigen Menschheit leider ***völlig utopisch*** zu sein und wird deshalb ein Wunschtraum bleiben müssen; es sei denn, ein neuer, wirklich ökumenischer Religionsstifter, der in uneingeschränkter All-Liebe mit großer Überzeugungskraft wirkt, träte auf die Bühne.

Der *andere Weg* wäre, dass jeder für sich den eigenen Weg nach seiner inneren Stimme findet, was aber ebenfalls Friedfertigkeit, Toleranz und gegenseitigen Respekt für den freien Willen anderer als Grundsatz erfordert, sodass der andere ebenfalls seinen eigenen Weg gehen kann! Sobald dies allgemein oder auch in einem individuellen Fall zu Gewalt und Zwang entartet oder zu Dogmatik und Guru-Gehabe, kann das nur als eine unzulässige pathologische Entartung gelten. Dieser Weg kann nur in allgemeiner Freiheit und gegenseitiger Achtung funktionieren. Somit könnte es mit der Zeit auf einem anderen Weg zu einer ganz neuen Religion kommen, die aus unserem inneren Zugang zur Wahrheit emporwachsen könnte – aus dem in uns bisher meistens verborgenen Licht des Urschöpfers heraus.

Dieser zweite Weg ist schon heute möglich. Viele gehen ihn bereits – trotz der Diskriminierung seitens der Dogmatiker, die solche Menschen lieber am Pranger sehen möchten und damit ihre eigene religiöse Unzulänglichkeit offenbaren. Stimmt

Versöhnung mit den Anunnaki

Auch wenn sie selbst nicht die Liebe besonders gut zu verstehen scheinen, ist es für uns ein wichtiges Anliegen, dass wir uns mit den Anunnaki versöhnen! Dass wir ihnen all das verzeihen, was sie in der Geschichte der irdischen Menschheit Ungutes getan haben. Versöhnung ist immer der endgültige Schritt zum Freiwerden. Hass bindet und macht unfrei. Wir könnten ihnen ein Beispiel geben für das, was sie offensichtlich noch zu lernen haben. Dann werden wir selbst wirklich frei.

Andere »Götter«?

Wie in Kapitel 2 und 8 erwähnt, deutet auch die Bibel auf die Existenz anderer »Götter«, verlangt aber, dass wir uns nur zu einem der »Götter« bekennen.

Also haben wir in unserer vom Urschöpfer zugesicherten Willensfreiheit eigentlich die freie Wahl, zu wem wir uns bekennen wollen. Hierin tritt nun wahrhaftig eine radikal echte Ökumene hervor! Sollte dann ein »Gott«, von dem wir uns zugunsten eines anderen abwenden, mit Zorn und Rache reagieren wollen, wäre die Abkehr richtig! Dieser »Gott« würde damit nur bestätigen, dass wir richtig gehandelt hätten, da er sich auf diese Weise entlarven würde. Er wäre dann also doch nicht der all-liebende, gnädige und verzeihende »Gott«, als der er sich wahrscheinlich ausgeben wollte.

Aber warum sollte man sich überhaupt einem anderen »Gott« zuwenden? Warum nicht gleich dem Urschöpfer? Alle Religionen behaupten zwar, dass der eigene »Gott« der Urschöpfer sei, doch können sie nicht alle gleichzeitig Recht haben. Wahrscheinlich hat sogar keine Recht! Oder viele haben Recht und sind nicht fähig zu sehen, dass sie vom gleichen Urschöpfer sprechen, nur unter einem anderen Namen und ihn in anderen Formen verehrend – ihm wird es schließlich egal sein, in welcher Form er verehrt wird, solange man nur Frieden und Liebe walten lässt. Die wahre Gottesverehrung geht über die Liebe zum Mitmenschen. Der wahre höchste Gott ist hinter den Verschleierungen der Religion an sich. Das Problem ist, dass wir (fast) nichts mehr von ihm wissen (abgesehen von dem, was tief in unserem unbewussten Ich an vergessenem Wissen verborgen ist).

Über die »Endzeit«

Es gibt eine große Menge von Voraussagen über eine Endzeit, die möglicherweise bald kommen soll. Eine gute Sammlung ist im Buch *Armageddon* von Leo H. DeGard [3] zu finden. Bemerkenswert ist, dass einige Voraussagen und Visionen verschiedener Menschen zu unterschiedlichen Zeiten in einem erstaunlichen Ausmaß übereinstimmen.

Manche sprechen dabei von »Gottes Strafe« oder gar »Gottes Rache«. Was für ein Unsinn! Hat denn niemand den Widerspruch bemerkt? Ein liebevoller und gütiger Gott straft nicht und rächt sich nicht! Und wäre er nicht liebevoll und gütig, so wäre er kein richtiger Gott.

Sollten sich diese Prophezeiungen bewahrheiten, wird es sich um ein letztes Aufbäumen übler Mächte handeln, bevor sie die Erde verlassen müssen. Die Anunnaki werden heute noch das Geschehen auf dieser Erde manipulieren, doch unsichtbar, versteckt oder möglicherweise unerkannt in menschlicher Gestalt getarnt. Sie haben mit einer taktischen Lüge erklärt, dass der Urschöpfer umgebracht worden sei, obwohl man ihn selbstverständlich gar nicht töten kann! Der wahre Schöpfer des Universums wird nun ein Ende dieses üblen Spiels verlangen. Die Anunnaki werden die Erde definitiv verlassen müssen. Sie wollen – wenn die Prophezeiungen stimmen – möglicherweise die Erde vorher nach dem Prinzip der »gebrannten Erde« weitgehend verwüsten, und zwar aus folgenden zwei Gründen:

- Zorn und Rache,
- letzter großer Raub von biologischen Lebensenergien.

Warum wollen sie Lebensenergien durch Mord, Krieg und Leid rauben? Die Antwort ist sehr einfach und wurde oben schon angedeutet! Wer getötet wird, stirbt meistens voller körperlicher Lebensenergie, die dann geraubt werden kann. Seine »Batterie« ist im Moment des Sterbens vollgeladen, und diese »Ladung« wird freigesetzt. Wer aber so stirbt, dass sein Leben durch Altersschwäche oder Krankheit ausklingt, hat am Ende keine Lebensenergie mehr. Seine »Batterie« ist leer, und er setzt durch den Tod des Körpers keine biologische Lebensenergie frei. Es scheint, dass die Anunnaki deshalb so viele Jahrtausende lang das üble Spiel getrieben haben, uns dazu zu animieren, Streitigkeiten auszufechten und Kriege zu führen. Da unseren Genen offensichtlich eine Bereitschaft für Gewalt und Totschlag mitgegeben wurde, machten wir bewusst oder unbewusst allzu leicht mit. Wahrscheinlich haben die Anunnaki denselben Spaß wie jemand, der am Computer Kriegsspiele spielt, nur ist es in diesem Fall real! (Dies zumindest wird im Buch *We are the Nibiruans* angedeutet, vgl. Ende Kapitel 8.)

Wenn der derzeitige Stammesgott der westlichen Welt ein Anunnaku ist, ist er zwar sehr langlebig, doch lebt auch er nicht ewig. Er wird sein Leben durch Energieraub von den Menschen künstlich lange ausgedehnt haben. Und trotzdem wird er heute *alt* sein. Er wird wahrscheinlich versuchen, sein eigenes Leben zu verlängern, indem er noch mehr menschliche Lebensenergie raubt. Ihm wird es daher sehr recht sein, dass das Massensterben durch eine hoch »entwickelte« Militärtechnologie – oder zumindest die Möglichkeit dazu – heute nur noch vorangetrieben wird, da er sich an solchen Völkermorden besonders reichhaltig nähren kann!

Die Voraussagen sprechen von einer friedlichen Zeit, die nach einem letzten und dritten Weltkrieg folgen soll. Dies wird eine Zeit ohne das unsichtbare Joch dieser »Götter« sein; eine Zeit, in der die Menschheit endlich frei sein wird; eine Zeit, in der die Sonne des Urschöpfers über uns aufgeht. In dieser Zeit wird endlich etwas geschehen können, worauf die Menschheit schon sehr lange wartet, etwas, das aber bisher verhindert wurde. Es wird jemand kommen können, der alle Religionen erneuert, den über viele Jahre hindurch angesammelten Schutt und Unrat beseitigt, die Gemeinsamkeiten offenbart und uns zeigt, dass wir alle das gleiche Ziel haben. Die Juden nannten ihn Mashicha (Messias), die Christen Christus, die Muslime Imam Mahdi, und andere Religionen haben noch andere Namen für ihn: verschiedene Namen für ein und denselben.

Gott – was ist das?

Es gibt Gott als *Begriff* und Gott als *Name*. Die polytheistischen Religionen müssten hier eigentlich differenzieren, da sie ja verschiedene Götternamen kennen. Die zwei monotheistischen Religionen, das Christentum und der Islam, unterscheiden hier nicht. Der Islam nennt seinen Gott »*Der* Gott« (*Al-Illah*, verschmolzen zu Allah). Das Judentum unterscheidet hingegen zwischen *'El* oder *'Eloah* (Mehrzahl: *'Elohim*) – was im Grunde Gott als *Begriff* ist – und dem *Namen* Jahweh, auch wenn viele dies nicht erkennen und meinen, es handele sich um das gleiche. Ist diese Unterscheidung vielleicht eine Auswirkung, die aus dem ursprünglichen Polytheismus herrührt (vgl. Kapitel 6)?

Was die Etymologie des Wortes Gott betrifft, so gibt es bei den Sprach- und Religionsforschern unterschiedliche Meinungen. Manche wollen den Ursprung im hebräischen Wort *gad* sehen, das »Glück« und auch »Glücksgott« bedeutet. Andere sehen die Herkunft im Sanskritwort[52] *hut* = »Opferung«, das sich im teutonischen Wort *guds* = »durch Opfergaben verehrt (angerufen)« und im Althochdeutschen *got* = »anrufen« widerspiegelt. Das

52 Sanskrit ist im Verhältnis zu fast allen europäischen Sprachen wie eine Art von Ursprache (oder sie haben alle den Ursprung in einem noch früheren, aber verloren gegangenen »Ur-Sanskrit«), weshalb man von »indoeuropäischen Sprachen« spricht. Zu den Ausnahmen gehören nur die folgenden: Finnisch, Estnisch, Ungarisch, Baskisch und Samisch (Lappländisch). Der H-Laut verändert sich oft in einen G-Laut, weshalb zwischen den Wörtern *hut* und Gott sehr wohl eine etymologische Beziehung bestehen kann. Hebräisch und Arabisch sind einander nahe verwandt, gehören aber zu einer anderen Sprachgruppe.

Wort kommt aus der Sanskrit-Wurzel *hwe*, das ebenfalls »anrufen« bedeutet. Man denkt hier unwillkürlich an »Ja-*hweh*«! Es gibt auch mehrere andere Erklärungsversuche. Wie auch immer, die lautmäßige Ähnlichkeit mit »gut« ist jedenfalls in den angelsächsischen Sprachen auffällig – nicht nur im Deutschen, sondern auch im Englischen, Niederländischen und in den skandinavischen Sprachen. Dies muss keine etymologische Erklärung sein, aber: Gott *ist gut*! Wer nicht liebevoll, gut, wohlwollend und gerecht ist, kann nicht Gott sein. Wer straft, droht und Furcht erregt, ist nicht Gott.

Gott, bzw. die Götter, werden in verschiedenen Religionen personifiziert und beinahe (wenn auch übermenschlich) menschenähnlich dargestellt, was mit der Hypothese übereinstimmt, dass es sich in vielen Fällen ursprünglich um Besucher handeln könnte, die nicht von der Erde stammen. In anderen Religionen wird Gott als eine allgegenwärtige Kraft oder Energie aufgefasst – eine unsichtbare, bewusste, (wohl)wollende und handelnde, aber nicht personifizierbare Urenergie der Schöpfung. Letzteres passt zu der Vorstellung von einem Urschöpfer, der über allen anderen Göttern und Gottesbegriffen steht.

Der Gott des Einen ist der Teufel des Anderen

Es fällt stark auf, wie religiöse Gruppen sich gegenseitig vorwerfen, einem Teufel zu dienen. Was ein Gott und was ein Teufel ist, scheint austauschbar. Die Seiten wechseln je nach Glaubenssystem. Wenn ein Stammesgott dies als Mittel gegen die Konkurrenz nutzen will, so hat er sich schon dadurch disqualifiziert und stellt sich selbst auf die andere Seite.

REFERENZEN

1. Jack Berenger: *Past Shock. The Origin of Religion and its Impact on the Human Soul*, The Prometheus Project, Escondido CA, 2001, S. 67-68

2. Jan Erik Sigdell: *Reinkarnation, Christentum und das kirchliche Dogma*, Ibera, Wien, 2001

3. Le H. DeGard: *Armageddon*, Kopp, Rottenburg, 2003

10. DIE RÜCKKEHR DER GÖTTIN

Die Göttin ging uns auf dem Weg verloren. Das vermutlich von den Anunnaki herrührende Patriarchat hat sie uns vergessen lassen. In praktisch allen alten Kulturen und Religionen verehrte man eine Göttin oder gar mehrere – entweder neben einem männlichen Gott bzw. männlichen Göttern oder in einigen Fällen sogar an erster Stelle. Die Keilschrifttafeln sprechen von der Urmutter Tiâmat und von »Gebärgöttinnen«, die eigentlich weibliche Anunnaki (und scheinbar den männlichen Anunnaki nicht gleichgestellt) sind. Der Hinduismus kennt eine ganze Reihe Göttinnen. Der tibetische Buddhismus spricht z.B. von Tara (sGrol-Ma) und Vajrayogini (rDorje rNal-Byor-Ma) und kennt den Buddha der Liebe und des Mitgefühls als Avalokiteshvara (sPyan-Ras-gZigs), der in China als die *Göttin* Kuan-Yin verehrt wird (und auf Abbildungen oft erstaunlich an christliche Darstellungen von Maria erinnert). Wie wir in Kapitel 6 gesehen haben, kannte die vorexilische hebräische Religion zumindest 'Asherah, deren hölzerne Symbole in der Bibel »abgeholzt« wurden (hat sich Jahweh effektiv von ihr scheiden lassen?). Andere Religionen hatten auch verschiedene Göttinnen. Sogar im Islam kennt man »Allahs Töchter« Al-Lat, Al-Uzza und Manat, die ursprünglich in den später entfernten, angeblich »satanischen« Versen in der 53. Sura (*Surat-An-Naim*, »der Stern«) des Korans erwähnt wurden.

Heute vergleicht man in der westlichen Welt das Verehren von Göttinnen oft mit Hexenkult, »Wicca« und (Neo-)Paganismus oder bringt es gar mit Magie in Verbindung. Diese Haltung, die man zurecht als vorurteilsvoll bezeichnen muss, passt natürlich zur Herkunft der westlichen Kultur aus einem ziemlich extremen Patriarchat heraus. Dieses Patriarchat mag zwar heute im Zusammenhang mit einer Emanzipation des Weiblichen und einem herangewachsenen weiblichen Selbstvertrauen geschwächt sein, es ist aber immer noch da – besonders im kirchlichen Christentum.

Es dürfte nun die Zeit gekommen sein, in der man sich in unserer Kultur wieder mit dem weiblichen Aspekt Gottes befasst, mit der Göttin, und sie rehabilitiert. Es scheint, dass Kulturen, in denen Göttinnen verehrt wurden, im Allgemeinen friedlicher und lebensfreudiger waren. Zumindest was diese friedliche Haltung betrifft, haben wir einen Nachholbedarf. Der später entstandene patriarchalische Männlichkeitswahn führte im Übermaß nicht nur zu Krieg und Tod, sondern auch zu einer Entwertung, Unterdrückung und Ausbeutung der Frauen: Sie sollten den Männern dienen und ihr Eigentum sein. Im Zuge dieser unheilvollen Entwicklung wollte das Patriarchat auch unsere Sexualität, die von Göttinnen-Kulturen eher gefördert und gehütet wurde, kontrollieren und in den Schmutz ziehen. Die sexuell aktive Frau wurde verteufelt und verabscheut, wodurch sich die Männer ihre Sexualität in der Ehe verdarben und eine Alternative außerhalb der Ehe suchten. Der Grund ist offensichtlich: Eine sexuell aktive Ehefrau könnte sich auch mit anderen Männern einlassen und »Bastarde« wie Kuckuckseier ins eigene Nest bringen. Der Mann wollte ganz sicher sein, dass die Kinder nur von ihm sind, und verstand den Preis nicht, den er dafür hat zahlen müssen. Und trotzdem – oder deshalb – waren immer wieder *andere* Frauen als seine eigene für ihn weitgehend »Freiwild«.

In der Bibel gibt es stellenweise eine geradezu verachtungsvolle Haltung zur Frau. Delitzsch[53] greift in diesem Kontext eine sehr bemerkenswerte Sache auf [1]: In 1 Mos 12,11-17, 20,2-14 und 26,6-11 wird dreimal von einer strategischen oder betrügerischen Zuhälterei berichtet. Abraham forderte zweimal seine Frau Sarai dazu auf, sich als seine Schwester auszugeben. In der Annahme, dass sie unverheiratet sei, nahm der Pharao sie zu sich und hatte Sex mit ihr, wofür ihn Jahweh bestrafte – obwohl der Pharao dies in gutem Glauben tat! So wollte Abraham seine Haut retten und wurde darüber hinaus vom Pharao reichlich beschenkt. Den gleichen Trick spielte er später mit Abimelech durch, der aber im Traum von Jahweh gewarnt wurde, von der Frau abließ und Abraham ebenfalls reich beschenkte. Dass Sarai ihm viele Jahre lang kein Kind gebären konnte, ist im Lichte der modernen Psychologie verständlich: Wegen dieser feigen Zuhälterei (statt seine Frau zu verteidigen!) wird wohl in ihr eine psychosomatische Blockade gegen die Empfängnis entstanden sein. Abrahams Sohn Isaak begeht gegenüber dem König von Gerar mit seiner Frau Rebekka den gleichen Betrug. Offensichtlich war es in Ordnung, dass die Frau hingehalten wurde, damit der Mann seine Haut retten und sich auch noch bereichern konnte.

53 Der gelehrte Theologe und sehr hebräischkundige Sprachwissenschaftler schrieb ein bemerkenswertes bibelkritisches Buch [1], das heute nur in Universitätsbibliotheken zu finden ist und deshalb in Vergessenheit gerät. Er befasste sich auch mit den sprachlichen Fehlern in den hebräischen Texten und schrieb dazu ein anderes vergessenes, aber beachtenswertes Buch: *Die Lese- und Schreibfehler im Alten Testament nebst den dem Schrifttext einverleibten Randnoten klassifiziert: Ein Hilfsbuch für Lexikon, Grammatik und Lektüre*, de Gruyter, Berlin, 1902.

Ähnliches – doch wesentlich schrecklicher – wird in Richter 19,20-30 erzählt: Ein Levit holte seine entflohene Konkubine von ihrem Vater zurück und musste auf dem Heimweg in einer Stadt übernachten. Ein alter Mann erbarmte sich seiner und nahm ihn zusammen mit der Frau in seinem Haus auf. Männer aus der Stadt umstellten sein Haus und verlangten, den Reisenden herauszugeben, »um an ihm ihre sinnlichen Begierden zu stillen« [1] – ihn also homosexuell zu vergewaltigen! Der alte Mann bot ihnen stattdessen seine jungfräuliche Tochter an, was wir als schändlich frauenverachtend werten müssen. Sie nahmen das Angebot nicht an, weshalb der Levit ihnen (ebenfalls frauenverachtend) seine Konkubine anbot. »Sie machten sich über sie her und erkannten[54] sie die ganze Nacht bis an den Morgen. Und als die Morgenröte anbrach, ließen sie sie gehen.« (Richter 19,25). Die arme Frau starb danach auf der Schwelle des Hauses. Später wurde sie von dem Leviten zerstückelt.

Von den biblischen Kriegszügen her brachte man als »Beute« jede Menge Jungfrauen mit (s. Kapitel 7 und Anhang 1); natürlich nicht, um sie zu Ehefrauen zu nehmen, denn dafür hatte man genug Frauen im eigenen Volk (nicht zuletzt deshalb, weil nicht wenige der Männer in jenen unsinnigen grausamen Kriegen starben). Wurden sie zu Sklavinnen? Es wäre wohl naiv zu meinen, dass sie den Soldaten und anderen Männern *nicht* für »Liebesdienste« haben zur Verfügung stehen müssen!

Die Ehescheidung war in biblischen Zeiten für den Mann eine leichte Sache. Er konnte die Frau einfach verstoßen, sie dagegen hatte keine wesentlichen Rechte. In 5 Mos 22,13-19 und 28-29 gilt sogar ein Scheidungsverbot als Strafe! Bei bestimmten Vergehen wurde dem Mann die Scheidung untersagt. Als Strafe (!) konnten Männer dazu veranlasst werden, eine Frau für den Rest des Lebens behalten zu müssen – ungeachtet dessen, wie es *ihr* dabei ging, denn von einer menschlichen Behandlung durch den Mann kann man in einem solchen Fall wohl kaum ausgehen.

Die Göttin in der babylonisch-hebräisch-christlichen Tradition

Wie wir gesehen haben, sollte das Wort »babylonisch« in dieser Überschrift nicht fehlen, auch wenn Dogmatiker sich dagegen wehren werden. In der

54 D.h., sie hatten Sex mit ihr, vgl. Kapitel 5.

babylonischen Überlieferung ist ganz klar die Rede von »Göttinnen«, die u.a. mit der Schöpfungsarbeit beauftragt wurden, auch wenn sie den männlichen »Göttern« untergeordnet zu sein scheinen. Die Urgöttin Tiâmat wird hingegen abgewertet, indem man glauben machen wollte, dass sie umgebracht worden sei. Nun ist es natürlich unmöglich, die Urmutter umzubringen! Es scheint vielmehr, dass die Anunnaki nur nichts mehr mit ihr zu tun haben wollten und deshalb ihrer »Götterwelt« und später auch den Menschen zu verstehen gaben, sie sei »böse« gewesen und deshalb beseitigt worden.

Natürlich kann man auch die Begriffe »Urgott« und »Urgöttin« als zwei Aspekte eines einzigen Urschöpfers sehen.

Was die Bibel und das Christentum betrifft, so werden viele meinen, dass es hier gar keine Göttin gäbe. Doch berichtet das 2. Buch der Könige über die Zerstörung der Ascheren (Bilder oder Symbole der Göttin 'Asherah, die man früher mit Astarte gleichsetzte) sowie über die unfassbar grausame Bestrafung von Isebel (Jezebel), weil sie (in Zusammenhang mit der Ba'al-Verehrung) die Göttinnenreligion wieder einführen wollte (s. Anhang 1). In den Evangelien des Neuen Testaments wird an keiner Stelle eine Göttin erwähnt; in der Apostelgeschichte 19,27, 35 und 37 spricht man von der Göttin Diana, die jedoch verachtet wird.

Jüngere archäologische Entdeckungen mit Inschriften aus Kuntillet-'Agrud und Khirbet el-Qom weisen auf »Jahweh und seine Gefährtin 'Asherah« hin [2] (vgl. Kapitel 6)! Die Gleichsetzung mit Astarte ist zweifelhaft. Ugaritische Texte sprechen von drei wichtigen Göttinnen: 'Asherah, 'Anat und Astarte. Nach dem Exil wurde der strenge Monotheismus eingeführt, und der Glaube an Göttinnen wurde verfolgt [2].

Wie bereits in Kapitel 6 erwähnt, dürfte Sophia, die *Weisheit*, die an mehreren Stellen im Alten Testament erwähnt wird, auch den Charakter einer Göttin haben. Die christliche Ostkirche erwähnt Sophia noch, aber die katholische hat sie vergessen.

In der Kabbalah spricht man von *Shekinah* wie von einer weiblichen Wesenheit, die Gott ganz nahe ist [3]. Sie wird als der weibliche Aspekt Gottes gesehen, aber auch als Gottes Geliebte [4]. Der Name hat möglicherweise mit dem hebräischen Wort *shekanejah* zu tun, das »intim mit Gott« bedeutet [5]. Hat hier in einer zunächst mündlichen Tradition etwas überlebt, was man so wie die Ascheren eigentlich hat auslöschen wollen?

Der Heilige Geist und die göttliche Weiblichkeit

Für die gnostischen Urchristen war der Heilige Geist der weibliche Aspekt Gottes und sie wurde mit Sophia im Alten Testament gleichgesetzt. Wenn sowohl Männer als auch Frauen in »Gottes Abbild« erschaffen wurden (1 Mos 1,27), so haben selbstverständlich die *'Elohim* auch eine weibliche Seite – es könnte unter ihnen auch (eher untergeordnete) »Göttinnen« gegeben haben! Jesus sprach einer apokryphen Schrift zufolge von »Meine Mutter, der Heilige Geist« [6] (vgl. Kapitel 6). Man fragt sich hier, welche die »Göttinnen« unter den *'Elohim* sind und wer Jesu »Heiliger Geist« ist. Die patriarchalischen Anunnaki wollten offensichtlich Jesus und seine Lehre beseitigen (damals nur noch durch ihren unsichtbaren Einfluss »hinter den Kulissen«). Als sie dies nicht erreichen konnten, versuchten sie, dafür die Lehre in ihrem Sinne zu verdrehen, und es entstand allmählich ein Dogma, das im Grunde ein Scheinchristentum ist. Hierin hatte die göttliche Weiblichkeit keinen Platz mehr, und der Heilige Geist wurde entweibt. Sie wurde durch eine asexuelle Mariengestalt ersetzt, die zwar eine wichtige Rolle spielt, aber nur die Hälfte der göttlichen Weiblichkeit (die der unterwürfigen asexuellen Mutter) symbolisch verkörpert! Die andere Hälfte – die auch in sexueller Hinsicht selbstbewusste Frau – wurde verleugnet und die gottgegebene Sexualität verteufelt. Die grobe, lieblose patriarchalische Sexualität ist ihre Abwertung. Der patriarchalische Gott ist in diesem Sinne ein indirekt »kastrierter« Gott. Man könnte wahrscheinlich die Urweiblichkeit der Tiâmat mit dem Heiligen Geist in Verbindung bringen!

Maria Magdalena

Eine Vertreterin der verdrängten Hälfte der göttlichen Weiblichkeit kann man in Maria Magdalena sehen. Sie dürfte nach verschiedenen apokryphen Schriften Jesu Partnerin gewesen sein! Die Kirche mag diese Tatsache leugnen und verabscheuen, Indizien stehen gleichwohl schwarz auf weiß in einigen apokryphen urchristlichen Schriften, die von der Kirche – offensichtlich aus politischen Gründen – abgelehnt werden.

Maria Magdalena wurde von Jesus geheilt, der ihr Krankheiten und sieben böse Geister austrieb (Luk 8,2). Es wurde später behauptet, dass sie davor eine Prostituierte gewesen sei. Man bezieht sich dabei auf die Bibelstelle, in der Jesus einer »sündigen Frau« verzieh (Luk 7,37-50), woraus man aber nicht auf Maria Magdalena schließen kann! Diese Schlussfolgerung ist sehr unsicher und hat etwas von einem »Wunschdenken«. Sie bezieht sich unter anderem auf Papst Gregorius I, der im Jahre 591 in seiner *Homilie* 33 erklärte, dass es sich in beiden Fällen um die gleiche Frau handele und deshalb Maria Magdalena wegen ihrer »Sünden« verurteilte [7]. Aber Jesus hat doch der Prostituierten verziehen! Sollen wir uns dann – Papst oder nicht – über Jesus erheben und diese Frau immer noch für etwas verurteilen, was ihr Jesus bereits verziehen hat? Diese Einstellung wäre blasphemisch! Ob diese »Sünderin« Maria Magdalena war oder nicht – das ist nun eine andere Frage. Außerdem bezeichnet das griechische Wort *hamartolós* eher jemanden, der das Gesetz übertreten hat, oder jemanden, der sich verirrt und vom rechten Weg abgekommen ist, nicht aber explizit eine »Sünderin« oder gar »Hure« [7]. Wie man es auch dreht, es gibt keinen konkreten Hinweis in der Bibel, dass Maria Magdalena eine ehemalige Prostituierte war, sondern nur den Hinweis, dass es sich bei den Frauen um die gleiche Person handeln *könnte*. Diese zweifelhafte »Verurteilung« von Maria Magdalena wurde von der Kirche später aufgehoben, nachdem die Kirche erst 1969 beim 2. Vatikanischen Konzil diesen Fehler eingestanden hat. Dies aber gelangte kaum an die Öffentlichkeit [7].

Maria Magdalena war eine der zwei Marien, die vom Engel beauftragt wurden, den Jüngern von Jesu Auferstehung zu berichten (Matth 28,1-8, Mark 16,1-8, Luk 24,10, Joh 20,1-2). Auch Jesus selbst sprach zu ihr, als sie am Grab weinte (Joh 28,11-18). Sie wird daher (u.a. von Augustinus) als »Apostel der Apostel« bezeichnet, da sie den Aposteln die Botschaft seiner Auferstehung brachte.

In den Apokryphen erfahren wir über sie noch mehr: »Die Begleiterin des Erlösers ist Maria Magdalena. Aber Christus liebte sie mehr als all die Jünger und pflegte sie oft auf ihren Mund zu küssen. Die übrigen Jünger waren dadurch beleidigt und gaben Ausdruck für ihr Missfallen. Sie sagten: ›Warum liebst du sie mehr als uns alle?‹ Der Erlöser antwortete und sagte ihnen: ›Warum liebe ich nicht euch wie sie? Wenn ein blinder Mann und ein Sehender im Dunkel zusammen sind, sind sie nicht unterschiedlich. Aber wenn das Licht kommt, dann sieht der Sehende das Licht und der Blinde bleibt im Dunkel‹.« (Evangelium nach Philippus 63,35-64,10) [8]

Jesus sprach mit Maria Magdalena über wichtige Dinge, und Petrus äußerte nach Jesu Tod seinen Neid: »Hat er wirklich privat mit einer Frau darüber gesprochen und nicht offen mit uns? Sollten wir uns umdrehen und ihr zuhören? Zog er sie uns vor?« Levi antworte: »Petrus, du bist immer von einem hitzigen Temperament gewesen. Ich sehe jetzt, dass du so wie die Gegner gegen Frauen bist. Aber wenn der Erlöser sie würdig machte, wer bist du um sie zurückzuweisen? Der Erlöser kennt sie wahrhaftig sehr gut. Deshalb liebte er sie mehr als uns.« (Evangelium nach Maria 17,10-18,16) [8] Petrus' Frauenfeindlichkeit[55] zeigt sich auch in den folgenden Worten: »Simon Petrus sagte ihnen: ›Lass Maria uns verlassen, denn Frauen sind nicht lebenswert.‹ Jesus sagte: ›Ich werde sie selbst führen, um sie männlich zu machen, sodass auch sie eine lebendige Seele wird, so wie ihr Männer. Denn jede Frau, die sich männlich macht, wird in das Königreich des Himmels treten‹.« (Evangelium nach Thomas, Logos 114) [8] Die Frauenfeindlichkeit, die Jesus fremd war und die Petrus äußerte, zeigte sich auch später bei Paulus.

Man wird sich hier fragen müssen, was es heißen soll, dass eine Frau sich männlich macht. Sicher ist keine Geschlechtsumwandlung gemeint. Es kann sinnvollerweise nur bedeuten, dass sie sich emanzipiert und sich ihrer Gleichberechtigung bewusst wird! Eine noch plausiblere Erklärung ist jedoch die eines simplen Übersetzungsfehlers [7]. Nach dem Evangelium von Maria Magdalena sollen alle, Männer wie Frauen, zu *vollen Menschen* werden und über das irdisch eingeschränkte Menschsein hinauswachsen. Es soll demnach in Wirklichkeit heißen, dass auch die Frau und nicht nur der Mann zu einem *vollen Menschen* werden soll, dann kann sie in das Königreich des Himmels treten. In diesem macht es erst recht keinen

55 Im »Berliner Codex« (eine Sammlung in Ägypten gefundener Schriften) soll es eine Version einer »Apostelgeschichte des Petrus« geben, worin Folgendes erzählt wird [7]: Petrus vermied Orte, an denen sich Frauen befanden und floh vor der Ansicht des Gesichts einer Frau. Er muss ein pathologisches Verhältnis zu Frauen gehabt haben! Seine Tochter Petronilla war derart schön, dass er um sie einen »Skandal« befürchtete. Er betete zu Gott, und die Tochter wurde paralysiert! (Vgl. [8], S. 474-477) Im Lichte der modernen Psychologie mag man sich fragen, ob Petrus möglicherweise unterdrückte homosexuelle Tendenzen hatte oder gegen Begierden nach seiner Tochter kämpfte. Auf jeden Fall grenzt es ja an schwarze Magie, die Tochter dafür paralysieren zu lassen! Sofern die Geschichte auch wahr ist, muss man sich fragen, zu wem Petrus da gebetet haben soll, denn der Urschöpfer würde einen solchen gemeinen Wunsch sicher nicht erfüllen.

Unterschied mehr, ob man einst ein Mann war oder eine Frau![56] Wenn wir also Jesu »asexuelle« Mutter Maria und Jesu vollweibliche Partnerin Maria Magdalena zusammen nehmen, wird symbolisch – wie aus zwei Hälften – die ganze Weiblichkeit Gottes wieder hergestellt, so wie aus einer gespaltenen Inkarnation des Heiligen Geistes heraus. Interessanterweise werden beide Marien, zusammen mit ihrer Dienerin Sarah, an einem Wallfahrtsort verehrt. Es wird erzählt, dass diese drei Frauen (und noch ein paar andere Personen) Palästina mit einem Schiff verließen und nach einer langen Fahrt an einem Strand in der Camargue im Süden Frankreichs an Land gingen. Dort liegt heute die kleine Stadt Les-Saintes-Maries-de-la-Mer mit einer Kirche, die zur Erinnerung an diese drei Frauen errichtet wurde. Sarah wird aber auch als Jesu und Marias Tochter dargestellt, was unsicher ist. Es könnte nämlich auch sein, dass Maria Magdalena (von Jesus) noch schwanger war.

Durch diese Spaltung in zwei Marien ist im Kirchentum etwas Übles geschehen. Man fing an, die Frau in zwei Klassen einzuteilen: die »Heilige« und die »Hure«. Jesu Mutter Maria steht für die »Heilige«, der Asexualität zugeschrieben wird, so als ob die Kirche sie kastrieren möchte. Sie soll »unbefleckt« empfangen haben, während andere Frauen in »Sünde« schwanger werden. Diese Strategie hatte verheerende Folgen für die Frauen und für eine liebevolle Sexualität, wie auch für die Männer, die ebenfalls davon betroffen waren.

Die asexuelle Frau wurde zum Vorbild, die Frau, die ihre Sexualität lebt, wurde verachtet. Die patriarchalisch geprägten Männer verstanden gar nicht, dass sie sich damit ins eigene Fleisch schnitten und sich gewissermaßen selbst »kastrierten«. Indem sie der Ehefrau das genussvolle Erlebnis der Sexualität verboten, verbauten sie sich diese auch für sich selbst in ihrer eigenen Partnerschaft.

56 Es gibt weitere apokryphe Schriften, in welchen Maria Magdalena erwähnt wird, u.a. *Der Dialog des Erlösers*, *Die Sophia Jesu Christi*, *Die erste Apokalypse des Jakobus* – zu finden unter http://wwwuser.gwdg.de/~rzellwe/ – und auch in der *Apostelgeschichte des Philippus* sowie im *Panarion des Epiphanus*. Die gnostische Schrift *Pistis Sophia* enthält eine umfassende Belehrung Jesu an seine Jünger, die er während der elf Jahre nach der Kreuzigung gegeben haben soll (es ist wohl überflüssig zu bemerken, dass die Kirche diese Schrift als Erfindung oder gar Fälschung betrachtet). Darin wird beschrieben, dass Maria Magdalena Jesus viele Fragen stellte. Er beantwortete sie alle, nachdem er gesagt hatte: »Maria, Du Selige, welche ich in allen Mysterien derer von der Höhe vollenden werde…« (Ausgabe Akademie-Verlag, Berlin, 1981).

Wie auch immer das Schwangerwerden »durch den Heiligen Geist« ausgesehen haben mag, es gibt Hinweise darauf, dass Jesus auch einen Bruder hatte [9] (vgl. Gal 1,19). Wenn dem so ist, hat sich Maria ganz offensichtlich auch auf dem normalen gottgegebenen Wege schwängern lassen! Sollte sie also doch »befleckt« sein? Allerdings bietet die Bibel keine Grundlage dafür, eine Schwängerung als »Befleckung« zu bezeichnen. Dieser Unsinn kann nur als eine kirchliche Strategie gelten.

Die Frau als »Hure« zu bezeichnen, wenn sie ihre Sexualität lebt, ist ein noch größerer strategischer Unsinn (zumindest dann, wenn nicht Ehebruch begangen wird). Dadurch sind unzählige Ehen vergiftet und schließlich zerstört worden (auch wenn sie noch auf dem Papier bestanden). In dieser Hinsicht hat die Kirche ohne biblische Grundlage sehr viel Unheil gestiftet.

Verschiedene alte Schöpfungsmythen beschreiben die Schöpfung als einen göttlichen Sexualakt. Eine alte Sanskritschrift besagt: »*Shiva Shakti samyogat jayate srishtikalpana*« – die Vereinigung von Shiva und Shakti erzeugt die Weltenwerdung. Auch der Anfang von *Enûma Elish* könnte in diesem Sinne verstanden werden, obwohl darin sehr wenig über die ursprüngliche Weltenwerdung durch Apsû und Tiâmat steht, dafür aber umso mehr über die *sekundäre* »Schöpfung« durch die »Götter«.

Der Weg zurück zum wahren Urschöpfer kann nicht an der Urmutter vorbeiführen! Das Patriarchat will uns diesen Weg verbauen und die eigene Herrschaft in der vom Urschöpfer abgetrennten Scheinwelt aufrechterhalten. Dieser Weg zurück kann aber nicht durch eine männerhassende Variante von »Emanzipation« erfolgen, denn eine solche wäre eine Scheinemanzipation und – wie das Patriarchat – eine Verirrung sowie eine Verabsolutierung des freien Willens (vgl. Kapitel 8 und 9). Der Weg kann nur durch die Ausgewogenheit beider Aspekte der Schöpfung gehen – des männlichen und des weiblichen.

Lilith – die verteufelte Weiblichkeit Gottes?

In der babylonischen Mythologie ist von sieben Dämonen die Rede, die allerdings auch als Gesandte des Himmelsgottes Anu und in diesem Zusammenhang eher als »Götter« bezeichnet werden. Sonst gelten sie als Ausgeburten des Totenreiches, die in Wüsten und Steppen zu Hause sind. Sie zerstören Familienleben und entzweien Menschen. Sie haben mit Stürmen zu tun. Ein weiblicher dieser Dämonen ist Lilîtu, auch Lilû oder Ardat-Lilî genannt. Diese Dämonin wird mit Lilith in Verbindung gebracht, die in der jüdischen Mythologie erwähnt wird, [10].

Der südliche Wind ist nach der Kabbalah die Kraft der Lilith [11]. Man könnte da an die Geschichte von Adapa denken, der dem Südwind den Flügel brach (s. Kapitel 1).

Lilith wird in der Bibel fast gar nicht namentlich erwähnt, doch gilt sie als die Schlange im Garten Eden. Sie wird in verschiedenen deutschsprachigen Ausgaben in Jesaia 34,14 als »Kobold« bezeichnet, in der Englischen *King James' Bible* an gleicher Stelle als *screech owl* oder »Schreieule« übersetzt. In der schwedischen Bibel von 1917 und der *New American Bible* ist sie sogar namentlich als Lilith erwähnt. In der italienischen wird sie *spettro notturno* oder Nachtgespenst genannt. In der lateinischen *Vulgata*-Bibel steht *lamia*, was ein weibliches Gespenst bezeichnet. Es kommen in den Bibel-Übersetzungen aber auch Begriffe wie »Nachteule«, »Nachtwesen« (*night creature*) oder »Nachtmonster« (*night monster*) vor. Die hebräische Bibel erwähnt an gleicher Stelle selbstverständlich den Namen *Lilit*.

Adams erste Frau

Jüdische Legenden [12] erzählen, dass Adam sich mit den Weibchen sexuell zu vereinigen versuchte, als er im Garten Eden männliche und weibliche Tieren sich vermehren sah, aber er fand dabei keine Befriedigung (es gibt auch hierzu Entsprechungen in den babylonischen Tafeln). Daraufhin beklagte er sich: »Jedes Geschöpf hat seine passende Partnerin, nur ich nicht!«. So gestaltete Gott Lilith, seine erste Frau, ebenso wie er Adam gestaltet hatte, doch angeblich nicht – wie ihn – aus reinem Staub, sondern aus Schmutz und Schlamm. Aus Adams Vereinigung mit Lilith sowie mit einer anderen Frau namens Na'amah entstanden zahlreiche Dämonen – oder vielleicht zutreffender bezeichnet: »körperlose Wesenheiten«.

Adam und Lilith fanden keinen Frieden. Wenn er mit ihr Sex haben wollte, sollte sie unter ihm liegen, weshalb sie beleidigt war. Sie fragte: »Warum muss ich unter dir liegen? Ich wurde auch aus Staub gemacht und bin dir gleichwertig!« Adam war nicht zu einer ebenbürtigen Sexualität fähig und wollte sie bezwingen. Voll Zorn schwebte Lilith in die Lüfte. Adam beschwerte sich bei Gott, der daraufhin die Engel Senoi, Sansenoi und Semangelof sandte, um sie zurückzuholen. Diese fanden sie am Roten Meer, wo sie sich mit Dämonen einließ und ihnen täglich über hundert neue Dämonen gebar. Sie weigerte sich zurückzukehren, woraufhin Gott sie bestrafte und jeden Tag hundert ihrer Dämonenkinder sterben ließ.

Die zweite und dritte Frau

Gott versuchte nun erneut, Adam eine Partnerin zu geben. Adam schaute zu, wie Gott aus Knochen, Geweben, Muskeln, Blut und Sekreten einen Körper aufbaute und diesen mit Haut überzog. Dieser Anblick erweckte in Adam einen derartigen Ekel, dass er die Frau trotz ihrer Schönheit abstoßend fand. Gott wusste, dass ihm die Sache noch einmal misslungen war, und er schickte die Frau weg. Niemand weiß wohin.

Gott unternahm einen dritten Versuch. Als Adam schlief, nahm er von ihm eine Rippe und stellte daraus eine Frau her, die, als er aufwachte, wie eine Braut geschmückt war. Adam war entzückt.

Was die Geschichte mit der »Rippe« betrifft, so stellte der Sumerologe Samuel N. Kramer fest, dass das sumerische Wort *ti* sowohl »Rippe« als auch »Leben« bedeuten kann. Sitchin äußert sich ebenfalls zum Thema »Rippe« und meint, dass man aus einer Rippe Adams (z.B. aus dem Knochenmark) genetisches Material für das »Klonen« von Eva holte [13].

Diese Geschichte, die über jene der Bibel weit hinausgeht, steht auch in Widerspruch zu den Irrdeutungen des Dogmas, dass sich der »Sündenfall« durch das »Essen vom Baum der Erkenntnis« ereignete und die »Sünde« in unserer Sexualität liege (vgl. Kap. 5). Denn laut dieser Geschichte führte Adam mit Lilith wohl ein intensives Sexualleben, wogegen Gott offenbar nichts hatte – er hatte ja Lilith auch dazu erschaffen! Lilith soll nach ihrer Flucht vor der Unterdrückung aus Eifersucht und Rache Eva dazu verführt haben, vom Baum der Erkenntnis zu essen, woraufhin Eva dann Adam dazu verleitete. Um die Sexualität als Ursünde kann es sich hier nicht handeln! Als Nebenwirkung der dogmatischen Auslegung des Geschehens in Eden kann hier eher von einer Abwertung der Sexualität gesprochen werden.

Das Urweibliche

Der Sohar spricht in Bezug auf Lilith vom Urweiblichen, das sowohl von Adam als auch von Eva getrennt wurde – die naturgegebene erdenhaft sexualkräftige Weiblichkeit, aber auch die dunkle weibliche Seite des eigenen Selbst, die Männern und Frauen in Träumen erscheint. Durch Kontemplation kann man diese Seite seiner selbst erkennen. Das Wissen um den Lilith-Schatten in uns ist wichtig, um das Selbst des Menschen zu stärken und um für sein Wachstum ein inneres Gleichgewicht herzustellen. [11]

Lilith wird als ein Teil des göttlichen Selbst dargestellt, der aus dem machtvollen Aspekt Gottes entstand. In Sohar III 69a-b steht: »Gott der König hat die Shekinah fortgeschickt und die Magd, Lilith, an ihren Platz gestellt. Diese Magd, Lilith, wird eines Tages über das Land unten regieren wie Shekinah einst darüber regierte.« [3]

Neumann schreibt in einem Artikel [14], dass eine Frau für ihr psychologisches Wachstum Liliths Qualitäten von Freiheit, Bewegung und Instinktmäßigkeit in sich integrieren müsse. [11] Lilith als Symbol dieser Eigenschaften einer Frau will sich nicht binden. Sie will Gleichheit und Bewegungsfreiheit und offensichtlich auch eine lebensfrohe Sexualität. Die herkömmliche negative Anschauung Liliths hat mit der Angst vor dem Weiblichen zu tun.

Die Mütterliche und die Verführerische

Eva spiegelt das Mütterliche, Kinderfürsorgliche einer Frau wider, ebenso wie ihre Abhängigkeit. Lilith ist das unabhängige, selbstbewusste Gegenstück – der ursprüngliche, instinktiv freie Geist der Frau. Evas Schicksal ist es, Mutter zu sein. Sie hat nicht die gleiche Kraft wie Lilith, die Adam seither nur nachts begegnet, wenn er mit nächtlicher Erektion träumt (wobei sie ihn manchmal zum nächtlichen Erguss reitet und nun ihre Position über ihn hat). Hierin liegt ihre zornig rachlustige Falle, mit welcher der Mann stets Vorsicht walten lassen soll: das entzückend und fatal Verführerische, das sogar tödlich werden kann (Succubus). Die bewusste Begegnung mit ihr kann allerdings transformierend wirken. Jung spricht von einer »shamanistischen anima«, die zu Weisheit führen kann [11].

Die Königin von Saba

Manche halten auch die Königin von Saba (1 [3.[57]] Kön 10 und 2 Chron 9) für eine Manifestation Liliths [11,12]. Salomon soll sie als diese erkannt haben, doch fürchtete er die instinktive Seite des Weiblichen nicht, sodass es hier zu der genannten bewussten Begegnung kam. Auf partnerschaftlicher Ebene erfährt die Frau die Beziehung zwischen Salomon und Lilith, wenn sie sich in der Sexualität dem überwältigenden physischen Erlebnis eines starken Orgasmus ganz ungehemmt hingeben und so die instinktive Weisheit ihres Körpers erfahren kann. Dadurch verbindet sie sich mit der großen Göttin in ihrem ursprünglichen, kollektiv orgastischen Aspekt. Das nachfolgende Bild von Liliths Ehe mit dem Dämon Samael ist hingegen das Bild einer zwanghaften Beziehung ohne diese Hingabefähigkeit. Bei der Beziehung Liliths zu dem Dämon war es der blinde und kastrierte Drache *Tanin'iver*, der die beiden miteinander verkuppelt hat. [11]

Die vertriebene Lilith

Lilith ging nach ihrer Vertreibung eine Ehe mit dem Teufel Samael (Ashmodai) ein. Diese Beziehung gab Anlass, Lilith auch in Verbindung mit dem biblischen Drachen Leviathan zu sehen (Hiob 41,1, Psalm 74,14 und 104,26, Isai 27,1) [3] (wahrscheinlich aber nur, weil es sich um einen »Drachen« handeln soll; es gibt hier aber auch ganz andere Deutungsmöglichkeiten, vgl. Kapitel 3). Gott machte sie wegen dieses Geschehens unfruchtbar. Lilith ist aus diesem Grund auf schwangere Frauen neidisch und will deren Kinder umbringen (ihre Seelen entlassen, geht es hier eigentlich um eine missverstandene Sterbebegleitung bei nicht lebensfähigen Kindern? – s.u.). Diese Geschichten sind jedoch in sich widersprüchlich. So spielt sie oft mit schlafenden Kindern und bringt sie zum Lächeln. Sie kitzelt sie und bereitet ihnen Freude. Trotzdem bringt sie ihnen auch Epilepsie, Ersticken und Tod [11].

57 Andere Zählung.

Hat Lilith mit Tiâmat zu tun?

Selbstverständlich kann man den Urschöpfer Apsû nicht umbringen! Genauso wenig kann man die Urmutter Tiâmat umbringen! Ihre »Vernichtung« durch Marduk bestand darin, sich von ihr zu trennen und abzulösen. Sie sollte im eigenen und von Gott abgetrennten Gebiet der »Götter« keinen Raum haben dürfen (vgl. Kapitel 6).

In dem Gebiet, das Marduk schuf, entstand das patriarchalische Prinzip. Das wahre Weibliche wurde unterdrückt, und die lebensbejahende gesunde Sexualität wurde verteufelt. Deshalb musste Lilith – die wahre weibliche Natur – vor Männern und (unterdrückten) Frauen flüchten und wurde aus Verbitterung über ihre zum Entweichen zwingende Abwertung zornig und daher als »böse« dargestellt – eigentlich: nicht unterwürfig. Die Beziehung zwischen Mann und Frau wurde unnatürlich zwanghaft und künstlich. So wie das Patriarchat die fast zu gute, aber zur Verteidigung genötigte Urmutter Tiâmat als »böse« darstellt, so machte man aus Lilith eine Dämonin. Zu der Rückkehr zum Göttlichen des Urschöpfers und der Urmutter gehört deshalb auch eine echte Bejahung des Weiblichen mitsamt der naturgegebenen weiblichen Sexualität. Tiâmat wird oft als »Drache« dargestellt, Lilith als »Schlange« (die Eva verführte) oder ebenfalls als »Drache«. Was von dieser Darstellung zu halten ist, wurde bereits in Kapitel 4 dieses Buches besprochen.

»Ursprünglich herrschte die Göttin über die magischen Kreisläufe des Lebens von Sexualität, Geburt, Leben und Tod. Dann kam das Patriarchat, und die Macht über Leben und Tod wurde das Vorrecht des männlichen Gottes während Sexualität und die Magie von Fortpflanzung und Mutterschaft abgetrennt wurden. In diesem Sinne ist Gott einer, aber die Göttin wurde zwei« [11]. Die Macht der Göttin über Leben und Tod hat mit Zeugung, Geburt und »Sterbebegleitung« der Seele zu tun – also durch die Jenseitsverbundenheit eher mit der geistigen Seite des Lebens. Die Macht des Patriarchats hat mit Töten oder Lebenlassen zu tun – eher mit der materiellen, körperlichen Seite des Lebens.

Die Spaltung der göttlichen Weiblichkeit

Aus der Göttin wurden also »zwei« – zwei Aspekte der Weiblichkeit wurden voneinander getrennt und die eine wurde unterdrückt. Eva wurde als dienende Mutter Sinnbild des Weiblichen, aber Lilith, welche die wahre weibliche Natur vertritt, wurde verteufelt. Dadurch wurde auch die Frau als zweitrangig und in ihrer Natur als angeblich grundsätzlich schlecht dargestellt. Eva hatte ja schließlich die »Ursünde« begangen und den »ersten Mann« verführt. Nun sollten alle weiblichen Nachkommen dafür büßen. Ihr Schicksal sollte sein, ihre Kinder »in Schmerzen« zu gebären und sie »in Schande« zu empfangen! Dass dazu immer *zwei* gehören, ließ man unter den Tisch fallen. Wenn die Zeugung angeblich in »Sünde« vor sich ginge, wäre doch der Mann nicht weniger »sündig« – eher sogar sündiger, weil die Frau es unter dem patriarchalischen Einfluss oft nur unfreiwillig mitmachen musste; unfreiwillig nur deshalb, weil ihr das »Schlechte« des Frauseins und das »Befleckende« der Zeugung stets eingeprägt wurde. Wehe der Frau, die dabei Lust empfindet – sie konnte ja nur des Teufels sein!

Diese Perversion der Kirche und des Patriarchats hat unsagbar viel psychisches Leid verursacht. Die patriarchalischen Männer begriffen nicht, wie sehr sie sich damit selbst schadeten. Wenn die Frau die Sexualität widerwillig und freudlos über sich ergehen lässt, kann der eheliche Akt für den Mann auch nicht besonders freudvoll sein, sondern entartet zu einer reinen Entleerung. Aber jene Männer wussten ja zum größten Teil nicht, was ihnen entging.

So entstand mit der Zeit eine besondere Situation unter den mehr wohlhabenden Leuten in der westlichen Gesellschaft. Noch vor 100 Jahren war es für diese nicht ungewöhnlich, dass der Ehemann die Frau nur für den Haushalt und die Kinder hatte und für die Freuden, die er sich zu Hause nicht erlaubte (denn sonst wäre ja seine Frau eine »Hure«), eine Geliebte. Oder der Mann lebte seine Sexualität mit in Vergnügungslokalen verkehrenden Prostituierten aus. Dies kommt natürlich auch heute noch vor, doch eher im Geheimen. Vor 100 Jahren mussten sich Ehefrauen damit abfinden und wollten lieber nichts davon wissen; heute würden sie aus einem solchen Verhalten für den Mann höchst unangenehme Konsequenzen ziehen. Und eigentlich wäre diese Perversion lächerlich, hätten nicht so viele Frauen darunter leiden müssen.

Die Ehefrau sollte die Unterwürfige sein – also eher »heilig«, wobei das »Heiligsein« sich bequemerweise am Grad der Unterwürfigkeit misst. Die »Hure» wurde aber indirekt anerkannt! Der Mann hatte sie ja »nötig«, sofern er sich einen solchen Lebensstil leisten konnte.

Die oben erwähnte »Zweiteilung« der Göttin spiegelt sich in den zwei Marien wider! Wenn die Göttin wieder heil werden soll, müssen die beiden künstlich erzwungenen Aspekte des Weiblichen wieder vereint werden. Die asexuelle »Heilige« und die davon abgetrennte lebensbejahende und lebensheiligende Natur der Frau müssen wieder eins werden. Der Weg zur Anerkennung der göttlichen Weiblichkeit kann deshalb nur darin bestehen, dass die in zwei Wesensarten gespaltene Göttin wieder eine Ganze wird – dass die Frau ihre eigene Natur wahrnimmt und sie lebt.

Die Spaltung der Sexualität

Wie oben bereits angedeutet, führte die Spaltung der göttlichen Weiblichkeit auch zu einer Spaltung der Sexualität. Die lebensfrohe, lustvolle, natürliche und von Gott erschaffene Sexualität wurde verteufelt, und die sexuelle Vereinigung wurde zum bloßen Zeugungsakt degradiert.

Das Perverse dieser Haltung hat sogar so weit geführt, dass es in manchen (unter anderem in freireligiösen) Kreisen für schlimmer gehalten wird, wenn ein Mann mit seiner Frau die lustvolle Lebensfreude auslebt, als wenn er sie misshandelt. Mit einer Frau zum Beispiel Oralsex zu haben (um nur eine der verurteilten Spielarten zu erwähnen), ist nach Meinung mancher religiös Verirrter eine fast größere »Sünde« als die Frau halb totzuschlagen! Welch unfassbare Verstockung von Menschen, die sich für Christen halten! Heute wandelt sich allerdings die Anschauung, sogar auch in manchen fundamentalistischen Kreisen, und die körperlichen Freuden der Sexualität werden langsam eher als Gottesgeschenk gesehen, jedoch nur strikt innerhalb der Ehe. In Bezug auf Masturbation und verschiedene Spielarten zu zweit gehen die Meinungen allerdings stark auseinander. Im Katholizismus gilt hingegen immer noch, dass die sexuelle Vereinigung in der Ehe im Prinzip mit der Bereitschaft für die Zeugung verbunden sein muss, doch darf sie dann auch freudvoll sein. Der Zeugung nicht unmittelbar dienende Spielarten werden wie auch die Masturbation demnach rigoros verurteilt.[58]

Die sexuelle Vereinigung hat in Wirklichkeit *zwei* Funktionen:

- die Zeugung und
- den energetischen Austausch von Lebensenergien.

Letzteres kann eine heilsame Funktion haben und für die Gesundheit der Beteiligten förderlich sein, wenn sie nicht durch eine pathologisch entartete Religiosität vereitelt wird. Ein solcher Austausch von Lebensenergien bedeutet einen wahren Liebesakt und eine Manifestation der Herzensliebe.

Eine weitere spaltende Perversität des entarteten »Christentums« ist, dass einerseits die Liebe zum Mitmenschen zum Gebot erhoben wird, während eben andererseits die partnerschaftliche Liebe stark eingeschränkt und in ihrer körperlichen Erfüllung bis in die jüngste Zeit nahezu verteufelt wird.

Außerdem ist die Rede von der Liebe zum Mitmenschen im heutigen Scheinchristentum eher ein Lippenbekenntnis. Man redet mehr davon, als sie zu praktizieren. Die Liebe zum Mitmenschen endet in der Praxis oft an der Gemeindegrenze. Wer nicht zur eigenen Glaubensgemeinschaft gehört – wer anders denkt und glaubt oder sich gar ein unabhängiges Denken erlaubt –, wird oft von dieser Liebe effektiv ausgeschlossen, wodurch sie sich als ein Gemeindeegoismus entlarvt.

Jesus hat hingegen gelehrt (vgl. Matth 25,40, Matth 5,44, Luk 6,27,35, Luk 10,33-37), dass es keinen einzigen Menschen auf dieser Erde gibt, der nicht unser Mitmensch oder mit uns verschwistert ist – egal zu welcher Religion er oder sie gehört, egal von welcher Kultur, welcher Hautfarbe und welcher Muttersprache! An diesem Prüfstein scheitern viele, die sich Christen nennen.

Wenn sich zwei Menschen sexuell vereinigen, verbinden sich also auch ihre Seelen und ihre Lebensenergien. Geschieht dies in gegenseitiger Liebe, kommt es zu einem Austausch und sogar zu einer Steigerung der Lebens-

---

58 Es sei hier folgende Nebenbemerkung erlaubt: Nicht wenige Frauen leiden unter Anorgasmie, d.h., dass sie keinen Orgasmus kennen. Das ist selbstverständlich durch die Verteufelung der Sexualität und der »unteren« Körperteile psychosomatisch verursacht. Hätten diese Frauen als Mädchen unbehindert und ohne falsche Schuldgefühle ihren eigenen Körper ungehemmt und unbeschränkt kennenlernen dürfen, wären sie mit ziemlicher Sicherheit nicht anorgastisch geworden! Die meisten würden ja dann den Orgasmus von daher schon kennen und wären anders auf Partnerschaft und Ehe vorbereitet worden! Es könnten sich allerdings in speziellen Fällen trotzdem auch andere negative Prägungen destruktiv auf die partnerschaftliche Sexualität auswirken.

energien. Geschieht die Vereinigung hingegen lieblos, erzwungen, freudlos oder mit falschen Schuldgefühlen belastet, könnte es sogar zu Schäden im Bereich der Lebensenergien kommen. Wer sich widerwillig dem Akt hingibt, könnte eventuell sogar Lebensenergie verlieren.

Dieser sehr wichtige Aspekt der sexuellen Vereinigung wurde durch das Patriarchat unterdrückt. Die Tatsache, dass der Sexualakt in Wirklichkeit die Krönung der partnerschaftlichen Liebe ist, wurde durch eine unbiblische Sündenauffassung verdreht, womit ein wunderbarer Aspekt der körperlichen Vereinigung zerstört wurde.

Die Göttin war schon immer auch eine Hüterin der Sexualität, was wohl ein weiterer Grund für ihre Verdrängung durch das Patriarchat gewesen ist. Deshalb braucht dieses Thema auch seinen Raum in diesem Kapitel.

Was bedeutet dies alles in der Praxis?

Sollen wir wieder einen Göttinnenkult einführen und an den Altären Ascheren aufstellen? Dies wäre an sich denkbar, doch so ist dieses Kapitel nicht gemeint. Sinnvoller wäre, dass unter den Abbildungen von Jesus, Maria und den verschiedenen Heiligen in den Kirchen auch Maria Magdalena dargestellt würde – aber dann sollte ehrlicherweise auch der *auferstandene* Christus und nicht nur der gefesselte Gekreuzigte dargestellt werden, womit man anscheinend heimlich seine Kraft binden will (vgl. [15]). So etwas scheint aber nicht ohne eine an sich dringend benötigte Erleuchtung der Kirchenführer möglich. So müssen wir dies selbst in unserem inneren Tempel tun, im Herzen.

Es geht darum, dass wir uns der Urmutter der Schöpfung bewusst sind und dass wir die Weiblichkeit gleichberechtigt anerkennen. Dies wird in unserer westlichen Gesellschaft heute weitgehend verwirklicht sein, dennoch ist das Ziel noch nicht erreicht. Es geistern noch zu viele negative Nachwirkungen der alten patriarchalischen Erziehung herum, die wir zum Teil von unseren Eltern und Großeltern mitbekommen haben. Die alte üble Einteilung in »Heilige« und »Hure« muss aus unseren Köpfen verschwinden, und Frauen müssen in Bezug auf ihre gottgegebene Sexualität selbstbewusster werden. Wir müssen auch die Mutter Erde sozusagen als Inkarnation der Urmutter erkennen und mit der destruktiven Ausbeutung ihrer Natur aufhören, die von einer rein patriarchalisch-materialistischen Haltung herrührt. Wir sollten auch Toleranz zeigen gegenüber den wenigen Göttinnenkulten, die es in naturorientierten Religionen unserer Gesellschaft vereinzelt auch heute noch (bzw. wieder) gibt, und gegenüber dem, was manchmal, irrtümlich abwertend, als »modernes Hexentum« dargestellt wird.

Wahres Göttliches liegt in unterdrückten Frauen verborgen.

Gedanken über Maria Magdalena, den heiligen Gral und die Katharer

Es ist eine Theorie vorgelegt worden [16], dass der heilige Gral (oder Graal) eigentlich ein Symbol für die »Blutlinie Jesu« (seine genetische Linie) sei. Dies könnte sich – wie u.a. in der durch Buch und Film bekannten Geschichte über den »DaVinci-Code« dargestellt – aus einem Wortspiel ergeben. In Französisch *saint gral – sang royal* = »Königliches Blut«. Dieser Gleichklang ist in der alten provençalischen Sprache sogar noch stärker. Hier heißt es: *San gra(a)l – sanc real* [17].

Die Theorie geht weiter davon aus, dass sich – nach einer außerkirchlichen Überlieferung – Maria Magdalena mit den Kindern (oder jedenfalls mit der Tochter), die sie mit Jesus hatte, und zusammen mit ein paar anderen Personen nach Frankreich rettete, um dort weiterzuleben. Sie lebten in dem Teil Frankreichs, in dem später das Katharertum entstand. Die Katharer wurden als Ketzer bezeichnet (das Wort »Ketzer« ist sogar aus ihrem Namen gebildet). Spätere religionshistorische Forschungen haben aber gezeigt, dass sie wirklich christlich waren (vgl. Kapitel 12). Diese hochchristlichen Katharer wurden im 13. Jahrhundert – in einer absolut antichristlichen Tat – durch einen veritablen Völkermord ausgerottet, der von der Kirche geführt wurde! Tat die Kirche dies, nur um angebliche »Ketzer« und deren vermeintliche »Irrlehren« loszuwerden oder tat sie es möglicherweise in der geheimen Bestrebung, die »Blutlinie Jesu« zu beseitigen? Die Geschichte zeigt deutlich genug, dass sich die Kirche zwar vordergründig zu Jesus bekennt, in Wirklichkeit aber ihre Macht mit ihm nicht teilen will [15]. Im innersten Kreis der Kirche wird man von der oben erwähnten Überlieferung gewusst haben, und man wird die »Blutlinie Jesu« am ehesten im Katharerland vermutet haben. Man wollte diese vielleicht gerade deshalb beseitigen, ließ dabei das »Fußvolk« der Kirche aber glauben, dass es sich um die Ausrottung von Häretikern handele. Dies wäre ein ungeheuerlicher Gedanke, der sich aber tatsächlich in ein historisches Puzzle fügen würde. Denn es drängt sich vor allem eine Frage auf, auf die wir keine klare Antwort haben: Warum wurden ausgerechnet die Katharer so gründlich ausgerottet und nicht im gleichen Ausmaß andere sogenannte »Ketzer«? Hat hier die Kirche in einem gewissen Sinne Herodes nachgemacht (der ja das Jesuskind töten lassen wollte)?

REFERENZEN

1. Friedrich Delitzsch: *Die große Täuschung*, Deutsche Verlagsanstalt, Stuttgart, 1920; 2. Teil im gleichen Verlag 1922

2. John Day: *Yahweh and the Gods and Goddesses of Canaan*, Sheffield Academic Press, Sheffield, 2000

3. Waite: *The Holy Kabbalah*, University Books, Secaucus NJ, 9. Druck 1975

4. Vera Zingsem: *Lilith, Adams erste Frau*, Reclam, Leipzig, 2000

5. *Gesenius' Hebrew and Chaldee Lexicon to the Old Testament Scriptures*, übers. v. Samuel Prideaux Tregelles, Wm.B. Eerdmans, Grand Rapids MI, Vorwort dat. 1846

6. In der *Geschichte von Thomas*; vgl. Origenes' Kommentare zum *Johannesevangelium* ii.12 und zu *Jeremias' Predigt* xv.4 (Fragmente in: *The Apocryphal New Testament*, übers. v. Montague Rhodes James, Clarendon, Oxford, 1980)

7. Jean-Yves Leloup: *The Gospel of Mary Magdalene*, Inner Traditions, Rochester VT, 2002

8. *The Nag Hammadi Library in English*, Harper & Row, New York, o.J.

9. Robert Eisenman: *James, the Brother of Jesus*, Watkins, London, 2002

10. Eberhard Schrader: *Die Keilinschriften und das Neue Testament*, 3. Ausgabe, neu bearb. von H. Zimmern und H. Winkler, Reuther und Richard, 1905, S. 458-464

11. Barbara Black Koltuv: *The Book of Lilith*, Nicolas-Hays, York Beach ME, 1986. Dt. Übers.: *Das Geheimnis Lilith: oder die verteufelte Göttin. Auf der Suche eines Mythos*, Goldmann, München, 1987

12. Robert Graves und Raphael Patai: *Hebrew Myths: The Book of Genesis*, Arena, London, 1989, Kapitel 10

13. Zecharia Sitchin: *Genesis Revisited*, Avon, New York, 1990, S. 184 und 187

14. Erich Neumann: »The Stages of Feminine Development«, *Spring*, 1959, S. 77-97

15. Jan Erik Sigdell: *Reinkarnation, Christentum und das kirchliche Dogma*, Ibera, Wien, 2001, Kap. 11

16. Michael Bagent, Richard Leigh, Henry Lincoln: *Holy Blood, Holy Grail*, Dell, New York, 1983, S. 305

17. Emil Levy: *Petit dictionnaire provençale-français*, Carl Winter, Heidelberg, 3. Ausg. 1961

11. WARUM GINGEN DIE ALTEN HOCHKULTUREN UNTER?

In unserer Welt entstanden viele große Hochkulturen, die später wieder verschwanden. Da waren zunächst die von Lemurien und Atlantis[59] (an die die schulwissenschaftliche Geschichtskunde nicht glauben will), dann die Inkas, Mayas, Azteken, Babylonier (als Sammelbegriff, s. Vorwort), Hetiter, Ägypter, die zarathustrischen Perser, die alte chinesische Kultur, zum Teil die ursprüngliche altindische arische, die südindische dravidische Kultur, die in alten Zeiten von der arischen verdrängt und dann mit dieser vermischt wurde, die griechische Kultur usw. Die mysteriöse Osterinselkultur gehört ebenfalls dazu, und Ruinen im tiefsten Urwald Afrikas zeugen von einer dort verschwundenen Hochkultur – oder sind diese Ruinen Überreste anunnakischer Anlagen zur Goldgewinnung (vgl. Kap. 5)? Man mag sich darüber hinaus fragen, was eventuell unter dem Inlandeis der Antarktis versteckt liegt. Es gibt Hinweise auf Polverschiebungen der Erde in uralten Zeiten, und wenn diese tatsächlich stattgefunden haben, muss dort früher ein eisfreier Kontinent gewesen sein. Dann gab es auch noch geistige Hochkulturen, die Historikern und Archäologen nur deshalb weniger auffielen, weil sie sich der technischen Entwicklung nicht oder nur wenig widmeten und darum keine herausragend spektakulären Bauwerke hinterließen und keine »großen« Kriege führten. Zu diesen gehören die gerade noch existierenden australischen Aboriginees (eine *spirituell* entwickelte Kultur). Die tibetische Kultur ist im eigenen Land leider lahmgelegt worden und besteht eher im Exil weiter. Das keltische Dravidentum gehört zu dieser Gruppe von Hochkulturen. Unerwähnt seien hier *militärische* »Hochkulturen« wie die römische oder die alte mongolische, da ihre spirituelle und moralische Entwicklung aufgrund ihres Kriegswahns sehr fragwürdig erscheint.

---

59 Es gibt ein interessantes Indiz dafür, dass es zwischen Europa und Amerika einen Kontinent Atlantis gegeben haben dürfte. Die baskische Sprache ist nicht indoeuropäisch, und die Sprachforscher können ihre Herkunft nicht gut erklären. Es soll auf der Halbinsel Yucatán in Mexiko Indianersprachen geben, die Ähnlichkeiten mit dem Baskischen aufweisen. Hier stellt sich die berechtigte Frage, wie das sein kann, obwohl diese Völker durch den Atlantik weit getrennt sind? Eine eher esoterische Theorie wurde mir in Spanien erzählt: Es wird behauptet, dass man die Herkunft dieser beiden Sprachen in der alten atlantischen Sprache suchen müsste. Was Lemurien oder Mu betrifft, so gehören die Bücher von James Churchward aus den 1930er Jahren zur klassischen Literatur dieses Themenbereiches [1-6] (vgl. hierzu auch Kapitel 4).

Die meisten dieser Hochkulturen sind verschwunden. Das Gleiche wird wohl auch unserer materialistischen und technisch hochgezüchteten, aber spirituell und moralisch allzu unreifen Zivilisation bevorstehen. Warum aber verschwanden sie fast alle?

Man kann zur Beantwortung dieser Frage verschiedene Hypothesen vorbringen, die vielleicht sogar alle gelten, je nachdem, welche Hochkultur gemeint ist.

Wie in diesem Buch mehrfach hervorgehoben wurde, ist es einfach *unmöglich*, dass wir im Kosmos alleine sind! Wir *müssen* also mit der Möglichkeit rechnen, dass außerirdische Zivilisationen die Erde besucht haben. Sonst sind wir einfach zu naiv und ziehen es vor, wie der Strauß den Kopf in den Sand zu stecken. Eine Hypothese wäre dann die, dass solche fremden Zivilisationen einen zu raschen, zu hohen oder zu frühen Aufstieg der Menschheit verhindern wollten – aus welchem Grund auch immer. Vielleicht sahen sie in der Menschheit der Erde eine Gefahr oder eine Konkurrenz, würde sie nur einen bestimmten Entwicklungsstand überschreiten. Vielleicht ist an dem, was in den angeblichen Durchsagen der Plejadier angedeutet wird, wirklich etwas Wahres, nämlich dass es Außerirdische gibt, die uns – ohne unser Wissen – als »Melkvieh« für höher-dimensionale Lebensenergien missbrauchen (vgl. Kapitel 8 und 9) und wir nicht dahinter kommen sollten. Oder vielleicht wollten sie uns in diesen frühen Zeiten – für den Fall, dass sie auf der Erde wieder einmal Metalle und Mineralien ausbeuten wollen – weiterhin als potenzielle Sklaven bereithalten.

Es gibt (Außenseiter-)Theorien darüber, dass ein paar – aber nicht alle – dieser Hochkulturen in bewusster Verbindung mit Außerirdischen standen und von ihnen lernten. In diesem Fall könnte es sich vielleicht sogar um rivalisierende außerirdische Zivilisationen handeln, die sich gegenseitig ihre Einflussbereiche in der Menschheit entreißen wollten. Vielleicht haben sie einfach »ihre« Völker auf der Erde später verlassen und sie ziemlich verantwortungslos im Stich gelassen, sodass sie teilweise degenerierten. Kamen dann andere und wollten die Entwicklung zurückdrehen?

Es ist bemerkenswert, wie die spanischen *conquistadores* bei ihren Eroberungszügen von allen großen Indianervölkern relativ friedlich begrüßt wurden. Man empfing sie oft sogar als Gäste – eine Gastfreundschaft, die schändlichst missbraucht und blutig betrogen wurde. Warum hat man sich so unvorsichtig verhalten? Könnte es vielleicht sein, dass man in früheren

Zeiten ziemlich positive Erlebnisse mit Außerirdischen hatte? Und als die Spanier mit ihren Rüstungen, Helmen, Pferden, die man in jenem Teil der Welt bisher nicht kannte, sowie mit unbekannten Waffen und großen Schiffen herankamen, könnte es dann sein, dass man diese ebenso gesehen hat wie einst die außerirdischen »Götter« und sie deshalb so freundlich empfing?

Auch in Südamerika fehlt es nicht an »Märchen« und »Gerüchten« über Außerirdische. Während eines längeren Aufenthalts in Peru Anfang 2003 bekam ich einige dieser Geschichten zu hören. Die höchst bemerkenswerten Steinbauwerke der Inkas wie Sacsayhuaman, Ollantaytambo, die Mauern in Cuzco und andere zeugen von einer unglaublichen Bautechnik, die jener der Spanier weit überlegen war. Es sollen wenige Spezialisten gewesen sein, die sich hierin auskannten und Anleitungen für den Bau gaben. Diese wurden von den Spaniern gefoltert, um sie dazu zu bringen, ihre Geheimnisse preiszugeben, doch keiner von ihnen tat es. Heutige Wissenschaftler rätseln, wie es ihnen möglich war, diese Bauwerke zu erstellen. Man spekuliert, dass z.T. tonnenschwere Steine von einer Unmenge von Arbeitern oder gar Sklaven herangeschleppt wurden und dass man mit Schleifgeräten aus Amethyst die Steinflächen so genau formte, dass sie genauestens zusammenpassen. Eine solche Behauptung kann nur als Unsinn bezeichnet werden! Auf diese Weise hätte man Sacsayhuaman nicht in wenigen Monaten aufrichten können, sondern hätte dafür viele Jahrzehnte gebraucht! Ich bin davon überzeugt, dass sie eine Levitationskunst beherrschten – in Rückführungserlebnissen aus Atlantis wurde eine solche erwähnt. Die Prä-Inkas könnten mit Atlantis Kontakt gehabt haben. Die Steine sind in vielen unterschiedlichen und unregelmäßigen Gestalten geformt und passen so genau aneinander, dass man nicht einmal eine Stecknadel dazwischen bekommt. Dass eine solche Präzision bei diesen wie Puzzle-Stücke ineinanderpassenden Formen durch Schleifen erreicht worden sein soll, ist einfach eine naive Vorstellung! Ein Grund für die Gestaltung der Mauer mit unregelmäßig geformten Steinen wurde mir klar, als man erwähnte, dass diese Bauten verschiedene Erdbeben unbeschädigt überstanden. Die unregelmäßige Form führt zu einer viel höheren Stabilität der aufgebauten Mauer! Außerdem konnte man damit einige symbolische Figuren in die Mauern einarbeiten. Was aber die Technik betrifft, so muss man wohl über Methoden zum Formen der Steine verfügt haben, die heute völlig unbekannt sind. So sollen damals Augenzeugen sogar gesehen haben, dass die Steine *weich* wurden und sich deshalb genau an die anderen anpassten; erst danach wurden sie wieder hart. Was uns heute unmöglich erscheint, könnte mit einem verlorenen Wissen zusammenhängen.

In Peru wurde mir auch die Hypothese erwähnt, dass die Inkas in alten »vorspanischen« Zeiten mit Außerirdischen Kontakte gehabt hätten. Dies könnte zumindest einiges erklären, und zwar nicht nur diese Baukunst, sondern auch die den meisten Lesern sicher bekannten Figuren von Nazca, die ganz offensichtlich gemacht wurden, um von weit oben aus der Luft gesehen zu werden, wie etwa von Außerirdischen in Flugkörpern! Andernfalls hätten die Figuren gar keinen Sinn, denn sie sind von der Erdoberfläche aus nicht zu sehen. Sie sind aber nicht etwa durch Eingrabungen entstanden, sondern befinden sich oben auf dem Wüstenboden. Interessant ist, dass die Landschaft von Steinchen überdeckt ist, nur nicht an den Stellen, an denen sich diese Linien befinden. An diesen Stellen liegt nur Sand, wie ich an Ort und Stelle feststellen konnte. Entweder wurden die Steine von dort entfernt oder möglicherweise irgendwie zu Sand zertrümmert. Merkwürdigerweise bestehen viele der am stärksten beeindruckenden Figuren in einer einzigen Linie, als wenn sie mit einem gesteuerten Strahl gezeichnet worden wären.

Eine volkstümliche Überlieferung, die mir erzählt wurde, ist, dass in uralten Zeiten die Menschen dort primitiv waren und steinzeitmäßig lebten. Da landete ein Fahrzeug, das vom Himmel herunter kam, und Menschen mit Katzenaugen stiegen heraus. Sie gaben den Erdenmenschen *wachuma*, und da öffnete sich ihr Verstand. *Wachuma* ist der Quechua-Name für den San-Pedro-Kaktus, dem einige heute in Peru Lebende eine außerirdische Herkunft nachsagen.

Von dem Inka-Gott Wiracocha wird gesagt, dass er von der Milchstraße kam und später dorthin zurückkehrte.

In zwei Rückführungserlebnissen, die in das alte Atlantis gingen, wurde mir berichtet, dass die Atlantier anfänglich mit Außerirdischen Kontakt gehabt hätten, die ihnen wichtiges technisches Wissen gaben. Sie sollen sich dann enttäuscht zurückgezogen haben, als sie sahen, dass dieses Wissen missbraucht wurde. Solche Rückführungserlebnisse sind natürlich in keiner Weise nachprüfbar, sie könnten aber trotzdem wahr sein. Wenn also, wie oben angedeutet, die Prä-Inkas möglicherweise mit Atlantis Kontakt hatten, könnte es hier einen Zusammenhang geben.

Hochkulturen und Religionen gehen offensichtlich Hand in Hand. Es gibt, wie in früheren Kapiteln erklärt, gute Gründe anzunehmen, dass die Religionen zumindest zu einem großen Teil von Außerirdischen gestiftet wurden, um uns damit in Ehrfurcht und in Zucht und Ordnung zu halten. Es ist eigentlich verwunderlich, dass die Menschen dieser Erde völkerübergreifend als Charakterzug Unterwürfigkeit und Untertänigkeit gegenüber Obrigkeiten aufweisen, zumindest den »Göttern« gegenüber. Durch diesen Wesenszug wird der Erdenmensch zum »nützlichen« Gehorchenden. Er hat auch einen Hang zum Fanatismus, der früher oder später immer katastrophale Folgen hat. Der Fanatismus schränkt die Fähigkeit des Menschen zum selbstständigen Denken und unabhängigen Handeln stark ein. Er ist immer destruktiv, und daran ändert sich nichts, auch wenn er als »Fundamentalismus« geschönt wird.

Wurden uns diese Charaktereigenschaften und Verhaltensmuster als Taktik und Strategie in unsere Gene gelegt?

Wie ich in einem anderen Buch ausführlich erklärt habe [7], ist die Lehre Jesu durch das kirchliche Dogma entfremdet worden. Die verschiedenen Kirchen, die sich als christlich bezeichnen, vertreten nicht mehr *seine* wahre Lehre, sondern haben sie verdreht und als Machtinstrument gebraucht. Der Grund hierfür wird sein, dass gewisse Mächte, die einen heimlichen Einfluss auf der Erde ausüben, sich durch Jesu Befreiungsweg bedroht sahen. Ob man nun diese Mächte luziferisch oder anunnakisch nennen will, macht keinen großen Unterschied (wie ich dargestellt habe, kann ich die Anunnaki als »Gottesmörder« nicht als eine besonders positive Zivilisation sehen!). Da es ihnen nicht gelungen ist, die dadurch entstehende neue geistige Bewegung im Keime zu ersticken, griffen sie zu der an sich sehr schlauen Strategie, sie zu infiltrieren und »quasi von hinten« zu ihrem eigenen Vorteil zu verdrehen, auch wenn der äußere Schein bewahrt blieb (vgl. Kapitel 7).

Warum entstand nach dem Christentum der Islam? Entstand er, weil die Lehre Jesu damals schon entfremdet war? Galt er als eine Art Erneuerung? Doch sind in den Lehren Jesu und Mohammeds zu wenig Gemeinsamkeiten, die eine solche Hypothese bestärken könnten. Oder wurde eine neue Religion eingeführt, um zur Trennung der Völker eine Alternative zu bieten – ganz im machiavellischen Sinne von »teilen und herrschen«? Dass es konkurrierende Religionen gibt, dürfte für die genannten Mächte von taktischem Vorteil sein.

Auf jeden Fall ist es bemerkenswert, dass die islamische Kultur in der Anfangsphase ebenfalls zu einer Hochkultur wurde, die sich vom Süden Spaniens über Nordafrika und Arabien bis in den Irak und Iran erstreckte und die auch in Indien einflussreich war. In der islamischen Kultur wurden alle Künste und Wissenschaften hoch entwickelt und gepflegt, und islamische Gelehrte verfassten wissenschaftliche Arbeiten, u.a. über Heilkunde, Mathematik, Astronomie und Astrologie und einige wenige sogar über Reinkarnation. Dann verschwand das alles zu einem großen Teil, und die Kultur verfiel – zunächst zu einer geschichtlich gesehen durchschnittlichen Kultur, und zwar deshalb, weil die Nationen Europas, die sich als christlich bezeichneten und von der Kirche gesteuert wurden, gegen sie Kriege anfingen und Gebiete ihres Kulturraumes kolonisierten. Man muss an dieser Stelle sagen, dass sich diese europäischen Nationen in einer Weise verhielten, die nur als Verrat gegen die Lehre Jesu bezeichnet werden kann.

Zu den übelsten Erscheinungen der Kirchengeschichte gehören die Kreuzzüge im 11.-13. Jahrhundert. Da zogen Menschen aus, die sich für christlich hielten, um »Ungläubige« hemmungslos zu töten. Welch eine Geistesverirrung der »Christen« muss das gewesen sein, sich so gegen Gott und die Lehre Jesu zu versündigen! Man muss geradezu von einer Teufelsverführung sprechen! Das Töten im »Namen Christi« oder im »Namen Gottes« ist immer die allergrößte aller Blasphemien. Bei den Kreuzzügen verkehrte sich die christliche Idee in eine teuflische Tat. Ein solches Handeln steht natürlich in direktem Widerspruch zu Jesu Lehre!

Es wird berichtet, dass einmal ein moslemischer Herrscher in Palästina die Kreuzzügler in seine Burg einlud, um mit ihnen friedliche Gespräche und Verhandlungen zu führen. Die Kreuzzugritter nahmen die Einladung an, kamen aber mit Waffen, die sie unter ihren Kleidern versteckt hatten. Nachdem sie in die Burg eingelassen worden waren, wurde aus den Gesprächen nichts, denn sie fingen gleich an, alle Burgbewohner zu töten und hörten erst auf, als auch der letzte ermordet war. In dem Bericht heißt es, dass der Burghof in einen Blutteich verwandelt war und man durch das Blut waten musste. Ein derart schändlicher Verrat – nicht nur gegen einen friedlich gesinnten Herrscher, sondern auch gegen die Lehre Jesu – muss als totale Degeneration derjenigen gesehen werden, die sich als »Christen« bezeichneten.

Ich will in keiner Weise und mit keinen Mitteln die teuflische Schandtat des 11. Septembers 2001 noch andere terroristische Taten verteidigen – sondern diese höchstens aus einer karmischen und historischen Perspektive heraus betrachten. Steht die Schandtat der Kreuzzugritter in jener Burg in irgendeiner Weise dem Terrorismus und der Teufelstat jenes 11. Septembers nach? Handelt es sich nicht um genau das gleiche Übel, nur diesmal von der Gegenseite aus? War die Kreuzzugbewegung besser als Al Qa'ida?[60] Der einzige Unterschied ist doch, dass solche religiösen Psychopathen heute ganz andere technische Mittel zur Verfügung haben und damit viel mehr anrichten können. Wir haben damals Jesu Lehre verraten, und sie verraten heute Mohammeds Lehre, denn ihre Tat ist ein Verstoß gegen den Koran und durch eine politisch taktische und eigensinnige Auslegung der Texte niemals zu rechtfertigen.

Aber wir selbst waren damals gar nicht besser. Wir machten damals den heutigen islamischen Fanatikern vor, was sie nun im gleichen Sinne gegen uns richten. Ist ihr Terrorismus unser Karma?

Asiatische Hochkulturen

Bisher wurden die Hochkulturen in Asien in diesem Buch kaum erwähnt, da sie mit der aktuellen Betrachtung der Grundlagen der jüdisch-christlichen Religionen wenig zu tun haben. Die altindische arische Hochkultur bestand bis ins späte Mittelalter und wurde eigentlich erst durch die Kolonisation bedroht, besonders durch die Herrschaft der Engländer. Der geistige Reichtum der Inder besteht heute noch, ist aber durch die technologische und geschäftliche Entwicklung in den Hintergrund getreten. Die chinesische Hochkultur bestand praktisch bis zum 2. Weltkrieg, bis sie durch die japanische Invasion und später mehr noch durch die kommunistische Revolution beinahe vernichtet wurde. Der geistige Reichtum

60 Es gibt auch die Theorie – und viele Indizien sprechen dafür – dass Al Qa'ida nur ein Werkzeug war und in Wirklichkeit der Bush-Clan dahinter steckte. In dem Fall wollte man nur eine Ausrede für den Angriff auf die arabische Welt schaffen, um ihre Ölquellen unter Kontrolle zu bringen! Darüber wurden verschiedene Bücher geschrieben, darunter: *Der inszenierte Terrorismus* von Thierry Meyssan (De Facto, Leipzig 2003) und *Die verbotene Wahrheit* von Jean-Charles Briscard und Guillaume Dasquié (Pendo, Zürich, 2001). Inzwischen gibt es mehr Bücher dazu und im Internet eine überwältigende Menge von Indizien.

der Tibeter ist leider durch die chinesische Invasion stark in Bedrängnis geraten, lebt aber im Exil weiter. Manchen buddhistischen Ländern ging es ähnlich wie China oder Indien.

Alte indische Schriften berichten von Himmelskämpfen der Götter – die in *vimanas* herumflogen [8] (vgl. Kapitel 5) – und von unheimlichen explosiven Waffen, die zum Teil an Nuklearwaffen erinnern. Man fragt sich, ob es hier um Kämpfe zwischen außerirdischen Mächten um die Herrschaft über die Menschen gehen könnte. Zum Glück konnten in diesem Fall die Anunnaki (bzw. Assyrier, vgl. Kapitel 5) keine eigene Herrschaft über die asiatischen Kulturen ausbauen. Und sollte es tatsächlich um solche Kämpfe gehen, so ist die spätere höchst bedauerliche Einwirkung von Kolonisation, Krieg, Kommunismus, Kapitalismus und Globalisierung auf Indien und andere Länder vielleicht so etwas wie ein Schleichweg zu dieser Herrschaft.

Außerirdische Rivalität um die Erde und die gnostische Darstellung der Engelhierarchien

Die »Durchgaben« von den Plejadiern (vgl. Kapitel 8) gehören zu den wenigen – eigentlich sind sie so ziemlich die einzigen –, bei denen ich ein gutes Gefühl habe. Sie sprechen davon, dass verschiedene außerirdische Zivilisationen sich um die Erde bemühten, aber schließlich sollen die Anunnaki die Macht an sich gerissen haben. Andere außerirdische Zivilisationen sollen angeblich immer noch danach streben, gegen den Widerstand der Anunnaki ein Erwachen der Erdenmenschen zu einem höheren Bewusstsein zu fördern.

Die urchristlichen Gnostiker stellten die Schöpfung in der Form einer Engelhierarchie dar. Es gäbe zuoberst die göttliche Lichtwelt, darunter neun Engelwelten, als zehnte und zweitunterste die Ebene der Menschen und darunter noch die Ebene von »Dämonen und Widersachern« [9,10]. Diese Darstellung könnten wir hypothetisch in eine modernere Fassung bringen:

1. Die göttliche Lichtwelt des Urschöpfers
2. Göttliche Botschafter (Engel)

3. Lichtorientierte mehrdimensional bewusste Wesen höherer Dimensionalität (meistens planetenbeheimatete, aber sonst eher kosmische »Außerirdische«)
4. Weniger lichtorientierte mehrdimensional bewusste Wesen geringerer Dimensionalität (planetengebundene »Außerirdische«)
5. Dreidimensional bewusste Menschen verschiedener Planetenzivilisationen (u.a. der Erde)
6. Zweidimensional bewusste Wesen

Demnach könnte es durchaus sein, dass alte und ältere Hochkulturen zum Teil in Verbindung mit Wesen der 3. Ebene dieser Einteilung standen, zu welchen scheinbar die Plejadier gehören dürften. Die Anunnaki dürften zur 4. Ebene gehören und hätten dann die anderen Verbindungen auslöschen wollen, um die ganze Macht über die Menschheit ausüben zu können, eine Macht, die uns heute unsichtbar ist.

REFERENZEN

1. James Churchward: *The Lost Continent of Mu*, Futura Publications, Großbritannien (ohne Ort), 1974
2. James Churchward: *The Children of Mu*, Paperback Library, New York, 6. Druck 1971
3. James Churchward: *The Sacred Symbols of Mu*, Paperback Library, New York, 6. Druck 1972
4. James Churchward: *The Cosmic Forces of Mu*, Paperback Library, New York, 4. Druck 1970
5. James Churchward: *The Second Book of the Cosmic Forces of Mu*, Paperback Library, New York, 4. Druck 1971
6. Hans Stefan Santesson: *Understanding Mu*, Paperback Library, New York, 1970
7. Jan Erik Sigdell: *Reinkarnation, Christentum und das kirchliche Dogma*, Ibera, Wien, 2001
8. David Hatcher Childress: *Vimana Aircraft of Ancient India & Atlantis*, Adventures Unlimited Press, Kempton ILL, 1999
9. Dionysius Areopagita: *Die Hierarchien der Engel und der Kirche*, O.W. Barth, 1955
10. Origenes: *Vier Bücher von den Prinzipien*, Wissenschaftliche Buchgesellschaft, Darmstadt, 2. Aufl. 1985

12. DER UNTERGANG DER LIEBESRELIGIONEN

Jesu wahre Lehre ist eine Liebesreligion. Zentral in seiner Lehre ist die Liebe zum Mitmenschen. Was das kirchliche Dogma daraus gemacht hat, ist eine Verfremdung. Es kam in der Praxis zur Abkehr von den wichtigsten Aspekten, die uns Jesus lehrte. Seine Lehre wurde zu einem Machtinstrument verdreht. Ein Bruch in der christlichen Überlieferung dürfte die Herrschaft des römischen Kaisers Decius (249-251) gewesen sein, da in jener Zeit die ehrlichen Christen weitgehend beseitigt wurden und damit nur Scheinchristen und Mitläufer übrig blieben. Es wurde nämlich unter Androhung der Todesstrafe bei Nichteinhaltung verfügt, dass jeder im römischen Reich einmal im Jahr für die römischen Götter ein Opfer zu leisten und hierfür einen Nachweis vorzubringen hatte. Ein ehrlicher Christ konnte dies natürlich nicht tun, sodass die Ehrlichen diese Zeit kaum überlebten. Die Überlebenden, die sich als Christen bezeichneten, hatten also zum allergrößten Teil die verlangten Opfer geleistet! Ein anderer Bruch war der Missbrauch der Kirche für Machtzwecke durch Kaiser Konstantin, der als Gründer der Kirche in ihrer heutigen Gestalt gilt. Zu dieser Thematik habe ich ausführlicher in einem anderen Buch [1] geschrieben.

Die Liebeslehre ist im Einflussbereich des kirchlichen Dogmas weitgehend zum Lippenbekenntnis geworden, und man schränkt sie außerdem eher auf die eigenen Glaubensangehörigen ein, statt – wie es Jesus lehrte – die Liebe für alle Menschen gelten zu lassen. Nach der wahren Lehre gibt es keinen einzigen Menschen auf dieser Erde, der nicht des Christen Bruder oder Schwester ist!

Andere Überlieferungen gingen unter

Jesu Liebeslehre wurde jedoch von den Katharern weitergeführt. Diese wurden von der Kirche zu Ketzern erklärt (das Wort »Ketzer« ist von »Katharer« abgeleitet) und im 13. Jahrhundert in einem veritablen Völkermord ausgerottet (vgl. [1], S. 51 und 184).

Für die Katharer war die Liebe das wahre Sein. Sie bezeichneten sich als »gute Christen«. Man hat sie als unchristlich darstellen wollen, doch »die Christlichkeit ihres Lebens, aber auch ihres Glaubens, ist an allen Punkten nachweisbar … Vor allem die jüngere französische Forschung … beweist, dass die Wertung der Katharer als ›unchristlich‹ nicht mehr aufrechterhalten werden kann.« [2]

Eine weitere Strömung, die viel von Jesu Liebeslehre überlieferte, wenn auch ein wenig mit asiatischen Elementen vermischt, ist der Manichäismus. Auch dieser wurde bekämpft und versickerte mit den Jahrhunderten im Sand der Geschichte.

Es ist vielleicht bezeichnend, dass sich die theologischen und religionsgeschichtlichen Arbeiten über Strömungen wie das Katharertum und den Manichäismus nur wenig – oder gar nicht – mit dem Thema Liebe beschäftigen. Somit ist aus dieser Fachliteratur wenig darüber zu erfahren, in welchen Formen sie die Liebeslehre Jesu gepflegt und weitergeführt haben. Eine mehr populärwissenschaftliche Arbeit [3] befasst sich in einem Kapitel mit den Moralgesetzen der Manichäer. In dieser Arbeit heißt es, dass es unterschiedliche Regeln für die aktiven Gläubigen und für das Volk gab. Zu den erstgenannten Regeln gehören Wahrhaftigkeit und Gewaltlosigkeit, d.h. man solle nicht lügen und nicht töten. Unter den 10 Geboten, die zu den ersten der Laienregeln gehören, steht das Gebot der Liebe an höchster Stelle. Weitere Laienregeln beinhalten im Prinzip das Gleiche wie das, was in der sich als christlich bezeichnenden Kirche offiziell gilt.

Manis Lehre

Dass in die Lehre des Mani auch buddhistisch anmutende Elemente mit eingeflossen sind, ist kein Widerspruch. Buddha lehrte auch die Liebe für alle und das Mitgefühl mit allen Wesen der Schöpfung. Doch scheint dieser Aspekt im Leben der meisten sich als Buddhisten bezeichnenden Menschen im Osten offensichtlich eher ein Schattendasein zu führen, außer bei einigen wahrhaftig hingebungsvollen Mönchen. Wie im kirchlichen Christentum ist auch in die Kultur und das Leben der dem Buddhismus offiziell angehörigen Menschen viel Verweltlichung eingeflossen. Von christlicher Seite wird gegen Buddhas Lehre ständig der Vorwurf wiederholt, dass er nicht von Gott gesprochen habe. Doch hat er einen Weg aufgezeichnet, auf dem der aufrichtig Suchende um die Gotteserfahrung nicht herumkommen wird. Wer jenen Weg geht, wird schließlich Gott erfahren, und die eigene Gotteserfahrung ist viel mehr Wert als jede Theorie über ihn.

Es könnte nach meiner Meinung deshalb sein, dass Buddha nicht explizit von Gott sprach (vgl. [1], S. 19)! Vielleicht handelt es sich überhaupt um eine Begriffsverwirrung. Das »höchste Sein« ist ja Gott! Es scheint mir, dass in diesem Zusammenhang Buddhisten und Christen aneinander vorbei reden.

Da auch zoroastrische Elemente in den Manichäismus eingeflossen sind, hat man ihn manchmal als eine eher persische Religion darstellen wollen. Aber »wenn man bedenkt, dass Mani aus dem judenchristlichen Täufertum, dann aus einem dem Markionitismus ähnlichen Gnostizismus herstammt … wenn er sich selbst als Apostel Jesu Christi bezeichnet, so muss der Historiker die Initiative für die Gestaltung von Manis System in einem häretischen Christentum suchen … kann man den Manichäismus nicht als iranische Religion ansehen.« [4]

Die Gnosis

Den Ursprung des Katharertums wie auch des Manichäismus bildet die christliche Gnosis im Urchristentum. Man hat die Gnosis gerne als im Grunde unchristlich darstellen und ihren wahren Ursprung in einer vorchristlichen Gnosis suchen wollen. Diese Taktik wurde vor allem von der deutschen Forschung verfolgt. Jedoch haben die bahnbrechenden kritischen Arbeiten von Religionshistorikern wie Carsten Colpe [5] dieses Bild verändert. In der angelsächsischen und französischen Forschung findet man hingegen die Einstellung, dass keiner der gnostischen Texte die Annahme einer vorchristlichen Gnosis erlaubt. Man geht auch nicht von Vorstufen aus, denn es gibt keine Beweise für eine vorchristliche jüdische Gnosis. [6]

Die Gnosis lehrt einen »natürlichen« Erlösungsweg, da das Göttliche von Anfang an in uns ist. Sie lehrt den Dualismus, nach dem diese Welt unter Herrschaft feindlicher Mächte steht. Man unterscheidet zwischen einem transzendenten wahren Gott und dem Demiurgen, dem Schöpfer dieser Welt, der gewöhnlich mit dem Gott des alten Testaments gleichgesetzt wird. Der Mensch ist in seiner wahren Natur dem Göttlichen wesenhaft gleich, aber er ist in einem materiellen Körper eingesperrt und somit in dieser Welt gegenüber der Herrschaft des Demiurgen unterwürfig. [5]
Dieses Bild passt gut zu den in diesem Buch geführten Diskussionen von

der babylonischen Schöpfungsgeschichte und zu dem hypothetischen Vergleich des Jahweh mit Marduk sowie zu der Annahme, dass Jesu Gott und Jahweh zwei verschiedene sein könnten.

Die Gnosis lehrt auch, dass die Seele des Menschen präexistent ist. Der Ursprung und die eigentliche Heimat der Seele ist die göttliche Lichtwelt. Von dort sind wir herausgefallen, um in der Materie zu inkarnieren. Dies steht in Gegensatz zu dem kirchlichen Dogma, dass die Seele erst bei der Zeugung erschaffen würde. Dieses Dogma hat keine Stütze in der Bibel und ist außerdem logisch unhaltbar [1].

Liebe ist der Ursprung des Seins

Liebe ist eine Urqualität des Urschöpfers und ein Urprinzip der Schöpfung. Sie wird mit Licht verbunden, das eine Ursubstanz der Schöpfung ist (das »Wasser« im »Urmeer«). Liebe verbindet. Sie strebt nach Harmonie, Gemeinschaft und Einheit – durch Toleranz auch nach einer Einheit in der Vielfalt! Fast alle Schöpfungslehren und diesbezügliche Mythologien sprechen von einem Abfall in der Schöpfung. Etwas ging schief, in dem Sinne, dass es zu einer Abwendung vom Urschöpfer kam – nicht in der ganzen Schöpfung, aber in einem Teil davon. Ein Teil der erschaffenen Wesen wollte sich selbstständig machen und ohne den Urschöpfer existieren. Der Urschöpfer ließ es zu, da sie ja ihren freien Willen hatten. Deshalb ließ er für diese »gefallenen Engel« einen besonderen Bereich entstehen – die materiellen Welten – worin sie ihre scheinbare Emanzipation vom wahren Göttlichen ausleben konnten. Zu diesen Welten scheint auch die Zivilisation der Anunnaki zu gehören. Diese Emanzipation ist deshalb nur scheinbar, weil sich kein Wesen wirklich vom Urschöpfer abtrennen kann, denn dann würde man aufhören zu existieren. Es ist nur so, dass die Verbindung mit dem Urschöpfer unbewusst geworden ist. Das Licht der Liebe wurde in uns verborgen.

Die Wesen in jenem Bereich der Schöpfung wollen die Liebe eigentlich nicht, weil diese der scheinbaren Abtrennung vom Urschöpfer entgegenwirkt. Sie wollen nicht etwas Verbindendes, sondern etwas Trennendes, um in ihrer vermeintlichen Emanzipation bleiben zu können. Sie wollen deshalb von der wahren Liebe nichts wissen, sondern nur von Schein-Liebe, von besitzergreifender und egoistischer »Liebe«, die eher die Trennung aufrechterhält – die Trennung vom Urschöpfer sowie die Trennung zwischen den Menschen. Die Liebe zu den »eigenen« Menschen und nicht den anderen, die Liebe mehr in der Familie als außerhalb von ihr, die Liebe praktisch nur in der eigenen Gemeinschaft und noch abgestuft, in dem Sinne, dass sie größer ist, je höher der verwandtschaftliche Grad ist, aber für Außenstehende je entfernter um so geringer, auch die Freundschaft mehr aus Berechnung als aus dem Herzen heraus – das alles ist Schein-Liebe. Wo zwischen Menschen echte, bedingungslose Liebe entsteht, erscheint diese den herrschenden Mächten im Bereich der abgefallenen Wesen wie eine Bedrohung, eine Gefahr, da sie letztendlich mit dem Urschöpfer rückverbindet. Deshalb wird die wahre Liebe eher bekämpft.

Liebesreligionen werden bekämpft

Deshalb werden Religionen, welche die wahre Liebe lehren und ausüben, bekämpft. Es werden Religionen gefördert, die diese Liebe vergessen lassen oder eine Schein-Liebe lehren – Schein-Religionen, die eher Macht und Stärke, Kampf und Krieg und damit Extremformen der Trennung fördern.

Nichts trennt mehr als Hass, Kampf und Krieg. Sie sind Gegensätze der Liebe und werden deshalb von den Schein-Göttern gefordert und gefördert, von »Möchte-Gern-Göttern« im abgetrennten Bereich der Urschöpfung, die sich zwischen Mensch und Urschöpfer stellen und sich selbst als Schöpfer ausgeben. Sie haben aber nie wirklich erschaffen, sondern nur die Urschöpfung manipuliert. Darum gingen die Liebes-Religionen unter und die Menschheit wurde in Unmündigkeit gehalten. Der Liebesbegriff wird verzerrt, abgewertet und abgewandelt oder gar verleugnet.

Die Anunnaki sind offensichtlich eine Macht im Bereich der scheinbaren Emanzipation vom Urschöpfer – im Bereich der Schein-Liebe. Sie wollen deshalb wahre Religionen unter den Menschen der Erde nicht verweilen lassen.

Was ist Liebe?

Was ist Liebe wirklich? Viele sind von einer materialistischen Liebesauffassung geradezu besessen. Sie meinen, dass Liebe darin bestünde, die geliebte Person mit Geschenken und Geld zu überhäufen und ihr durch materielle Zuwendung ein bequemes Leben zu ermöglichen. Leider werden viele Kinder in einer solchen Auffassung und deshalb zu unreifen Erwachsenen erzogen, die eine egoistische Liebesauffassung erben.

Andere Menschen wagen es nicht, sich auf Liebe einzulassen. Sie sind emotionale Krüppel und können nicht mit Gefühlen und erst recht nicht mit Liebesgefühlen umgehen. Oder sie meinen, dass es Schwäche sei, Gefühle zu zeigen. Eine solche Auffassung ist oft von den Eltern geerbt: Diese konnten in einem solchen Fall auch nicht mit Gefühlen umgehen und zeigten den Kindern auch keine wahre Liebe, sondern nur eine materialistische Scheinliebe, welche die wahre Liebe verschüttet. Statt dem Kind Nähe und Körperkontakt zu geben, statt es in die Arme zu nehmen und ihm zu sagen, dass sie es gern haben, statt es zu loben, wenn es etwas gut gemacht hat, und zu trösten, wenn es unglücklich ist, hielt man solche gesunden Gefühlsäußerungen zurück und suchte den Ersatz im materiellen Bereich zu geben. Man meinte, es sei Liebe, dass das Kind gut ernährt wurde, gut bekleidet war und eine gute Ausbildung bekam – und sah nicht, wie dabei die Seele verhungerte. So wie der Körper Speise als Nahrung braucht, so braucht die Seele Liebe: Liebe durch Zuwendung und Körperkontakt ist die Nahrung der Seele des Kindes, womit sie gedeiht, heranwächst und reift. Sie ist die einzige Sprache der Liebe, die das Kind verstehen kann. Der Versuch, dies durch materielle Zuwendung zu ersetzen, gelingt nicht. Das Kind versteht dies nicht wirklich als Liebe, obwohl es diese Zuwendung annimmt, da es sonst nichts anderes hat und in solchen Fällen im bewussten Ich auch nicht anders versteht. Im unbewussten Ich des Kindes entsteht aber eine Leere; da wird die fehlende, durch Körperkontakt vermittelte seelische Zuwendung als ein Verlust empfunden, als Liebesentzug.

Die wahre Schwäche ist, wenn man Gefühle nicht zeigen kann oder es nicht wagt, sie zu zeigen. Sich hinter einem Panzer zu verschanzen ist ein deutliches Zeichen von all den Schwächen, die man dahinter verbirgt. Ein solcher Panzer wird zum selbst gebauten Gefängnis, auch wenn man sich dessen nicht bewusst ist. Der wahrhaft starke Mensch hat keine Angst vor

Gefühlen, steht zu ihnen und zeigt sie. Merkwürdigerweise zeigt der gepanzerte Gefühlskrüppel jedoch ziemlich leicht und manchmal hemmungslos *negative* Gefühle wie Zorn, Wut, Verachtung und Hass, hält aber *positive* Gefühle für »Gefühlsduselei« – und beweist dadurch seinen diesbezüglich verkrüppelten Zustand. Der wahrhaft starke Mensch zeigt seine Größe gerade darin, dass er die *positiven* Gefühle fließen lässt: Liebe, Freundschaft, Anerkennung, Zuneigung und Mitgefühl.

Die Ökonomie der Liebe

Die Liebe hat eine sonderbare Ökonomie! Sie kann nicht auf Dauer einseitig bestehen, sondern verkümmert dann und stirbt ab. Sie gedeiht nur im Austausch. Man kann ein Grundgesetz der Liebe wie folgt formulieren: »Du bekommst nicht mehr Liebe, als du gibst!« Viele erwarten Liebe, ohne dass sie selbst Liebe zeigen, – und verstehen, wenn überhaupt, erst am Lebensende, warum sie so wenig Liebe bekamen. Es ist sonderbar, dass Menschen etwas erwarten können, das sie selbst nicht geben! Und dass sie nicht begreifen, dass ihre Rechnung so nie aufgehen kann. Andere meinen: »Du weißt doch, dass ich dich liebe. Dann brauche ich es nicht auch noch zu zeigen.« Aber was ist denn eine Liebe wert, die man nicht zeigt? Gar nichts, denn sie verfehlt das Wesentliche: den Austausch. Andere Menschen haben ja nichts von einer nicht gezeigten Liebe. Sie entartet zu einer materialistischen, possessiven und egoistischen Scheinliebe.

Wer keine Liebe bekommt, versteht es nicht, Liebe zu geben. Das dürfte leider auch für ungeliebte Kinder gelten, weil ihre Seelen ein entsprechendes Karma haben. Sie haben in früheren Leben selbst Kindern keine Liebe gezeigt. Jedoch: Wer die Liebe bekommt, zu der er selbst nicht fähig war, wird sie meistens erst recht verstehen lernen – es ist schade, dass so wenige Eltern sich dementsprechend verhalten und erst recht Liebe zeigen. Aber: Sie wissen ja nichts vom Karma, sie glauben nicht an Seelen und erst recht nicht an die Wiedergeburt. Und sie wurden oft selbst in der eigenen Kindheit gefühlsmäßig zu Krüppeln.

Man beobachtet zwei Verhaltensarten von Menschen, die eine lieblose Kindheit hatten. Einige wissen aus eigener Erfahrung, wie weh es tut, wenn man keine Liebe bekommt, und wollen sie den eigenen Kindern deshalb erst recht geben. »Was ich nicht hatte, sollen aber sie haben.« Andere – leider allzu viele – verhalten sich *unbewusst* nach dem Prinzip: »Ich habe selbst keine Liebe bekommen. Warum sollen dann sie Liebe haben?« So rächen sich viele Eltern an den eigenen Kindern für die lieblose Kindheit, die sie selbst hatten, aber sie wissen nicht, was sie tun.

Auch bei Menschen, die eine liebevolle Kindheit hatten, kann man zwei verschiedene Verhaltensweisen beobachten. Viele sind deshalb erst recht liebevolle Eltern. Einige meinen aber, dass sie weiterhin Liebe haben sollten, ohne sie selbst geben zu müssen. Wir müssen offensichtlich auch darauf achten, dass wir unsere Kinder auch noch lehren, Liebe zu *geben*!

Liebesfähigkeit ist ein Zeichen der Reife

Ein klares Zeichen der Reife einer Seele ist ihre Liebesfähigkeit. Die eine Seele braucht an der eigenen Haut die Erfahrung der Lieblosigkeit, die sie selbst einmal ausgeübt hat, um daran zu wachsen und zu reifen. Die andere lernt besser dadurch, dass sie eben jene Liebe erfährt, die sie selbst zu geben nicht fähig war. Jedoch: Keiner dieser beiden Wege führt mit Sicherheit zum Ziel. Nicht in nur einer Inkarnation. Schon deshalb werden die Seelen mehrere Inkarnationen nötig haben.

Die Liebe zwischen Menschen, »Göttern« und dem Urschöpfer

So weit befasste sich diese Betrachtung mit der Liebe zwischen Menschen. Wie steht es dann mit der Liebe zwischen Gott und den Menschen? Oder zunächst zwischen »Göttern« und Menschen? Wo die »Götter« Unterwürfigkeit erwarten und uns lehren, sie zu fürchten, wird es sich um eine Strategie handeln, um die Menschen der Erde zu beherrschen. Dies ist für reife Seelen unzeitgemäß, und es wird Zeit, dass wir uns von solchen Formen der *Scheinliebe* zwischen »Göttern« und Menschen emanzipieren, denn solche »Götter« gehören zum abgefallenen Bereich der Schöpfung. Der wahre Urschöpfer ist für uns hingegen in einem gewissen Sinne weit weg und sehr abstrakt, da wir eine Beziehung zu ihm verloren haben (auch als Ergebnis der Strategie). Die Liebe zum wahren Urschöpfer geht deshalb durch seine Geschöpfe: die Liebe zum Mitmenschen, zum Mitwesen – aber auch zu den »Göttern« in einem ganz anderen Sinne, nämlich als im Grunde bedauernswerte Mitwesen, die sich verirrt und uns in die Verirrung hineingezogen haben. Wie es Jesus lehrte: »Was du auch dem geringsten meiner Geschwister tust, das tust du mir!« Was wir anderen antun, tun wir auch dem Urschöpfer an, und das gilt im Grunde nicht nur für Menschen. Unsere Emanzipation von den »Göttern« darf deshalb nicht mit Hass oder Anklage geschehen, sondern in Versöhnung, etwa so, wie es uns Jesus vormachte: »Vater, vergib ihnen, denn sie wissen nicht, was sie tun!«

Liebe und Sexualität

Die Kirchen verteufeln die Sexualität, bezeichnen sie als Ursünde. Die Bibel gibt dazu keine wahre Grundlage, sondern bietet im Hohen Lied und in der Geschichte von Salomo und der Königin von Saba ganz andere Aspekte der Sexualität. Dass die Behauptung vom Sündenfall durch die Sexualität offenbar eine (absichtliche?) Fehlinterpretation der Geschichte von Adam und Eva ist, wurde hier bereits nachgewiesen (Kap. 5 und 10).

Zu der partnerschaftlichen Liebe gehört selbstverständlich auch die Sexualität. Perverse Religionsregeln haben diese in den Schmutz gezogen und viel partnerschaftliches Unglück gesät, da sie den Menschen die lebensbejahende Freude an etwas verbauten, das in Wirklichkeit die Krönung der Liebe zwischen zwei Menschen ist. Wenn wir in Gottes Abbild erschaffen sein sollen, dann sind es natürlich unsere Geschlechtsteile auch und die Empfindungen bei ihrem Gebrauch ebenso! (Vgl. Kap. 10)

Es ist doch wirklich pervers, wenn es schlimmer sein soll, mit der Ehefrau – zum Beispiel – oralen Sex zu haben, als sie halb totzuschlagen.

In der Unterdrückung der Sexualität sehe ich wiederum eine Strategie der Anunnaki: Unterdrückte sexuelle Gefühle stauen sich im Menschen, und die Anunnaki können hiervon Energien abzapfen. Sexuelle Konflikte verursachen seelisches Leid, psychischen Schmerz. Wieder können Energien abgezapft werden. Unterdrückte Sexualität macht den Mensch auch aggressiv, sodass er für die »Schachspiele« der »Götter« besser verwendbar ist. Lässt sich der Mensch einreden, er sei ein »Sünder«, so ist er leichter beherrschbar.

In liebevoller Sexualität geschieht zwischen beiden Partnern ein Energieaustausch. Das ist etwas ganz anderes als Energie abzuzapfen. Hier wird Energie nicht gestohlen, sondern liebevoll gegeben und empfangen. Der Prozess ist nicht einseitig, sondern es findet ein Austausch statt, der die Energie beider vermehrt. Vielleicht möchten außerirdische Stifter manipulativer Religionen gerade das nicht, da ihnen sonst diese Energie entgeht.

Hätte die kirchliche Lehre eine die Lebensfreude bejahende Haltung in dieser Sache aufrechterhalten (wie es sie z.B. in den alten matriarchalischen Religionen eher gab), gäbe es heute sicher nur einen Bruchteil der Fälle sexueller Gewalt und sexuellen Missbrauchs – auch in der Kirche. Die Frustrationen, die zu solchen Ausuferungen führen, wären kaum vorhanden.

Statt Sexualität mit Liebe zu verbinden, hat man zu einem großen Teil erreicht, dass sie davon getrennt und mit Gewalt verbunden wurde, was sich in den Medien und besonders in der Pornografie widerspiegelt. Viele Filme mischen Sex und Gewalt. Man nutzt die aus Zwiespältigkeit und Verdrängung entstandene Frustration schamlos aus. Medien und Reklame sind voll von subliminalen, teils offenen Sexreizen, die zu Konsum und erwünschtem Verhalten verführen sollen – im Sinne von Meinungsbildung und politischen Bestrebungen. All dies wird bestimmten Außerirdischen gut gefallen.

»Wenn ich die Sprachen der Menschen und Engel redete, und hätte die Liebe nicht, so wäre ich wie ein tönendes Erz oder eine klingende Schelle.«
(1 Kor 13,1)

REFERENZEN

1. Jan Erik Sigdell: *Reinkarnation, Christentum und das kirchliche Dogma*, Ibera, Wien, 2001
2. *TRE - Theologische Realenzyklopädie*, hrsg. von Gerhard Müller, Bd. XVIII, Walter de Gruyter, Berlin, 1989, S. 21-30
3. Michel Tardieu: *Le manichéisme*, Reihe »Que Sais-je?«, Presse Universitaires de France, Paris, 1981
4. *TRE - Theologische Realenzyklopädie*, hrsg. von Gerhard Müller, Bd. XXII, Walter de Gruyter, Berlin, 1992, S. 25-45
5. Carsten Colpe: »Gnosis II (Gnostizismus)«, in *Reallexikon für Antike und Christentum*, Band XI, hrsg. von Theodor Klauer, Anton Hiersemann, Stuttgart, 1981, Sp. 538-659
6. *TRE - Theologische Realenzyklopädie*, hrsg. von Gerhard Müller, Bd. XIII, Walter de Gruyter, Berlin, 1984, S. 519-550

13. EIN MÄRCHEN VOM FREIEN WILLEN

Gott der Urschöpfer betrachtete seine Schöpfung und fand, dass sie gut war. Es gab in ihr eine große Zahl von Wesen, und alle trugen sie ein Samenkorn für das Wachstum zum vollkommenen Guten in sich, einen Samen der Vollendung. Sie wuchsen fröhlich, wie spielend, in einem Paradies auf und hatten den freien Willen und konnten selbst Entscheidungen treffen. Dadurch konnte jedes dieser Wesen seinen eigenen Weg gehen, so wie es seiner eigenen Natur am besten entsprach.

Wer den freien Willen ausleben wollte, ist aber manchmal auf Einschränkungen gestoßen. Der eigene freie Wille konnte in Konflikt mit dem freien Willen eines anderen Wesens geraten. Es konnte sein, dass das, was ein Wesen gerne getan hätte, zu dem in Widerspruch stand, was ein anderes Wesen wollte – oder sogar zu dem, was viele andere Wesen wollten. Würde man in einem solchen Fall auf dem freien Willen bestehen, käme dies einem Beschneiden des freien Willens anderer gleich, oder sie würden sich verletzt fühlen.

In der Lichtwelt ist es aber nicht gut möglich, einen anderen zu verletzen. Man ist dort mit demjenigen Wesen direkt verbunden, zu dem man sich wendet, oder auch indirekt, wenn man sonst etwas tut, was jenes Wesen betrifft. Es gibt in der Lichtwelt keine wirkliche Trennung. Man fühlt und erlebt sofort alles mit, was in dem anderen, mit dem man zu tun hat, vorgeht. Würde sich jemand verletzt fühlen, so würde man diese Verletzung selbst unmittelbar fühlen. Man tut deshalb nichts, was jemanden verletzt, weil man damit gleichzeitig auch sich selbst verletzen würde. Man tut auch nichts, was den freien Willen eines anderen Wesens beschneidet, da man dies sofort als Beschneidung des eigenen freien Willens erleben würde.

Auf diese Weise wirkt sich der freie Wille in der Lichtwelt automatisch so aus, dass er nicht absolut, sondern relativ ist. Man sucht nicht an erster Stelle das eigene Beste, sondern das gemeinsame Beste. Nur dann, wenn man niemanden verletzen oder seinen freien Willen beeinträchtigen würde, sucht man das eigene Beste. Der freie Wille wird nicht egoistisch, sondern altruistisch gelebt.

Es gab in der Lichtwelt Wesen, die meinten, dass unter diesen Umständen der freie Wille nicht wirklich frei sei. Es müsste möglich sein, meinten sie, den freien Willen voll auszukosten und sich alles zu erlauben, was man wolle. Gott wandte ein, dass dies nicht gehe, da es dann immer wieder zu unvermeidlichen Konflikten mit anderen Wesen kommen müsse. »Du bist ja allmächtig!« sagten die Wesen, denen ein altruistischer freier Wille nicht genug war. »Dann kannst Du es auch so einrichten, dass dies möglich wird! Es ist unser Wille, dass Du es tust. Es steht uns nach unserer Willensfreiheit zu!« Gott überlegte und fand eine Lösung.

Solange man in einer Gemeinschaft mit anderen in der Lichtwelt lebt, ist es natürlich nicht möglich, den freien Willen auch noch egoistisch und rücksichtslos auszuleben. Dann müsste man schon wie ein Eremit in der Wüste leben, und das wäre den meisten auch nicht nach ihrem freien Willen. Es gibt keine Möglichkeit zu vermeiden, dass es bei vielen egohaften Ansprüchen auf den freien Willen zu Konflikten kommt. Ein solcher Konflikt würde unmittelbar miterlebt. Der »Täter« würde ja unvermeidlich sofort alles miterleben, was sein »Opfer« fühlt und erlebt. Er wäre gleichzeitig »Täter« und »Opfer«. Das wäre wie ein »Sofort-Karma«, und deshalb wird man in jener Welt einfach nie zum Täter. Man tut nie etwas, was einem an-deren wehtut, wenn man im gleichen Augenblick seine Schmerzen selbst fühlen würde. Ursache und Rückwirkung wären eins.

Gott fand eine Lösung. Sie bestand darin, Ursache und Rückwirkung zu trennen, sodass man Letztere erst viel später erleben würde. Dies würde denjenigen, der es so wollte, nicht an einer Tat hindern, aber er würde gleichwohl die Auswirkung selbst erleben. Um dies zu ermöglichen, änderte Gott die Zeit. Es gibt zwar auch in der Lichtwelt eine Zeit, denn ohne sie würde ja alles stillstehen. Was man dort als Zeit erlebt, ist aber etwas anderes als das, was nun entstand.

Gott erschuf einen abgeschlossenen Raum, in dem jene Wesen, die es so wollten, die *Illusion* eines auch egoistischen Auslebens des freien Willens erleben konnten. In diesem Raum herrscht die andere Zeit. Um die Illusion zu ermöglichen, verdichtete Gott diese Sonderschöpfung zu materiellen Welten. Die Wesen, die dorthin gingen, inkarnierten größtenteils in physischen Körpern.

Da das egoistische Ausleben des freien Willens nur eine *Illusion* sein konnte, ist es offenbar grundsätzlich nicht möglich, bestimmte Formen des freien Willens auszukosten, ohne dass andere darunter leiden und sich in ihrer eigenen Willensfreiheit eingeschränkt erleben – so als nähme jemand ihnen den freien Willen weg, um ihn für sich zu pachten. Die *Illusion* wurde aber dadurch möglich, dass die verkörperten Wesen nunmehr voneinander getrennt waren – nicht wirklich, aber scheinbar. Es kam erst in jenen Wesen selbst zu einer Trennung zwischen dem bewussten und dem egohaften Ich und jenem Teil ihres Ichs, in dem sie doch noch miteinander verbunden waren. Der Trick war, ihnen diese Verbundenheit, ohne die eine Existenz nicht möglich wäre, zu verbergen und ihnen unbewusst zu machen. Somit entstand in jenen Wesen ein *unbewusstes Ich*.

In ihrem bewussten Ich konnten nun diese Wesen auch solche Äußerungen des freien Willens erleben, die eine Unterdrückung und Verletzung anderer mit sich führen. Es wurde zum Beispiel möglich, dass jemand einen anderen versklavte. In der Lichtwelt könnte so etwas niemals geschehen, in der Illusionswelt hingegen sehr wohl. Wer versklavt war, erlebte Leid und den Verlust seines eigenen freien Willens, aber der Täter fühlte dies nicht mehr mit. Nicht bewusst. Noch nicht.

Da aber eine solche Situation ein Ungleichgewicht von Erleben und Willensfreiheit bedeutete, musste das Gleichgewicht wieder hergestellt werden. Dies geschah so, dass in einer neuen Inkarnation die Rollen gewissermaßen umgekehrt wurden. Der Täter wurde zum Opfer, aber das Opfer meistens nicht zum Täter, denn wer ein Opfererlebnis durchgemacht hatte, kannte ja in sich aus eigener Erfahrung bereits die damit verbundene Tat – wenn auch die Erinnerung daran in einer neuen Inkarnation unbewusst geworden war, so hatte die Erfahrung gleichwohl mit einem bewussten Erlebnis in der Vergangenheit zu tun. Diese unbewusste Erinnerung hinderte ihn als unbewusster Impuls nunmehr meistens daran, so etwas selbst (wieder) zu tun, jedenfalls in einer gleichen oder ähnlichen Form. Aber es gab ja genug andere Wesenheiten, die ebenfalls das Ausleben des freien Willens auch in solchen Formen anstrebten und somit zu neuen Tätern wurden. Diese hatten solche Opfererlebnisse noch nicht hinter sich und deshalb auch keine entsprechende unbewusste Erinnerung, die sie daran hinderte.

Es herrscht in den materiellen Welten das Gesetz des Karmas. Was wir anderen antun, werden wir auch am eigenen Leib spüren. Was wir anderen wegnehmen, werden wir zurückgeben müssen. Dies ist aber kein blindes Gesetz, denn es handelt sich hierbei nicht um das Prinzip »Auge um Auge und Zahn um Zahn«, wenngleich diese Fehlinterpretation des Gesetzes im bewussten Ich mancher Verkörperten als Missverständnis entstand. Wer nämlich selbst zu der Einsicht kommt, dass das egoistische Ausleben des freien Willens illusionär und doch sinnlos ist, braucht eigentlich das Erleben am eigenen Leib nicht mehr. Wer sich auf diese Weise entwickelt, wer dadurch reift und in sich etwas entfaltet, was wir Liebe und Mitgefühl nennen, nähert sich dem Ziel, das Gott der Urschöpfer mit dieser Sonderschöpfung gesetzt hatte. Er hört allmählich auf, zum Ausleben des freien Willens egoistische Formen zu beanspruchen. Er erkennt darin eine Verirrung und verwendet den freien Willen immer mehr altruistisch. Auf diese Weise kann er mit der Zeit den abgeschlossenen Raum der Sonderschöpfung verlassen und in die göttliche Lichtwelt zurückkehren – um eine sehr lehrreiche Erfahrung bereichert.

Manche, die dies erreicht haben, lassen sich doch noch einmal inkarnieren, da sie helfen wollen, sodass auch andere Menschen zu solchen Einsichten gelangen. Sie nehmen Aufgaben auf sich, die aber auch traurig und schmerzlich werden können, da immer noch so viele Menschen diese Wahrheiten nicht hören wollen. Das bedeutet auch, dass sie in mancher Hinsicht freiwillige Opfererlebnisse auf sich nehmen – nicht mehr als Folge eines Karmas, sondern weil dies für ihre Hilfetätigkeit unvermeidlich werden kann. Einer, der von ganz oben aus dem göttlichen Licht kam, ließ sich dafür sogar kreuzigen.

Die Schöpfung hat viele Dimensionen. In den dichtesten Welten der Sonderschöpfung erleben wir Verkörperten aber nur drei dieser Dimensionen, da wir nur diese drei wahrnehmen können. Wir sind blind für die Realitäten weiterer Dimensionen. Es gibt aber in jener Sonderschöpfung auch Wesen, die sich vier oder gar fünf Dimensionen bewusst sind und diese auch wahrnehmen können. Sie sind auch verkörpert, nur nicht in einem gleich stark verdichteten Zustand wie wir Menschen der drei Dimensionen. Manche von ihnen sehen deshalb Möglichkeiten, die wir nicht sehen können, und die sie nutzen, um uns nach ihrem egohaften Ausleben des freien Willens zu manipulieren und um damit von uns zu profitieren. Sie können von uns zum Beispiel unbemerkt gewisse Formen von Lebensenergie abzapfen. Es gab Zeiten, in denen solche Verkörperten höherer Dimensionen mit den Menschen Kontakt hatten, und sie entwickelten dabei eine Strategie. Um sich verehren zu lassen – was gleichzeitig auch einen Schutz vor Angriffen der Menschen bedeutete –, gaben sie sich als »Götter« aus. Sie ließen um sich herum Glaubensvorstellungen entstehen, welche die Menschen Religionen nannten. Dadurch konnten sie die

Menschen von größeren Wahrheiten abschirmen – von Wahrheiten über ihre eigene Natur, über die Natur der »Götter« und über den wahren Gott: den Urschöpfer. Man sollte möglichst nicht mehr über einen Urschöpfer Bescheid wissen, sondern diese »Götter« für die Schöpfer halten – oder auch nur einen von ihnen, der für diese Rolle hervortrat –, um auf diese Weise weiter in Unwissenheit und Manipulierbarkeit zu bleiben. Obwohl diese Religionen unvermeidlich von Dingen sprechen mussten, die zu höheren Dimensionen gehören, ließ man unter den Menschen gleichwohl nur rein dreidimensional orientierte Wissenschaften zu. Was darüber hinausging, wollte man den Menschen nämlich verheimlichen und ganz für sich alleine beanspruchen.

Es kommt aber die Zeit – und die Dämmerung hat schon begonnen –, in welcher die Menschen allmählich erwachen, Stück für Stück bisher unerkannte Wahrheiten entdecken, zu einem erweiterten Bewusstsein heranreifen und das Joch jener »Götter« abwerfen. Schon heute tragen manche dazu bei, ernten aber oft viel Spott und Hohn – dies gehört zur Strategie, mit der man das Erwachen der Menschheit hinauszuzögern versucht. Früher erklärte man diese Menschen oft für verrückt, aber an solche Erklärungen glauben heute immer weniger Menschen.

REFERENZ

Vergleiche das »Märchen vom Ego und vom unbewussten Ich« in: Jan Erik Sigdell: *Reinkarnationstherapie. Emotionale Befreiung durch Rückführung*, Heyne, München, 2006, Seite 23-39 sowie »Ein Märchen vom freien Willen«, in: Jan Erik Sigdell: *Wiedergeburt und frühere Leben*, Heyne, München, 2008, Seite 237-244

14. SCHLUSSVISION

Die außerirdischen Anunnaki (»'Elohim«) übernahmen die Macht über die Erde, auf der es bereits Menschen und frühe Zivilisationen gab, und es hatte weiter zurück in der Vorzeit auch schon andere gegeben. Vielleicht wählten sie sich einen Erdteil aus, in dem es noch keine frühe Zivilisation gab, oder man vernichtete eine bereits vorhandene oder änderte sie genetisch ab. Wahrscheinlich bestanden so weit immer noch andere Zivilisationen in anderen Erdteilen.

Diese Anunnaki wollten Mineralien ausbeuten und für sich einen zweiten Lebensraum bereithalten. Für die Arbeit der Mineralienausbeutung und um den Anunnaki zu Diensten zu stehen, wurden durch genetische Eingriffe neue Menschen erzeugt: Auf diese Aufgaben zugeschnittene »Designer-Menschen«. Diese lösten sich mit der Zeit und machten sich von den Anunnaki weitgehend unabhängig; oder sie wurden entlassen, weil man sie nicht mehr brauchte – oder beides. Doch waren die Anunnaki bestrebt, die Menschen in Unwissenheit zu halten, um sie bei Bedarf wieder zu gebrauchen; und auch, um ihnen durch heimliches Abzapfen unbemerkt Lebensenergie zu entziehen, etwa über für die Menschen nicht wahrnehmbare Dimensionen.

Es gab unter den Anunnaki eine Gruppe von 200 Igigi, die sogenannten »Wächter«, die dies alles nicht sehr gut fanden. Sie waren durch ihre Überwachungsaufgabe den Erdenmenschen viel näher und erkannten, dass es ihnen nicht besonders gut ging. Man hatte den Wächtern verboten, mit den Erdenmenschen in direkten Kontakt zu treten, aber sie hatten ein gewisses Mitgefühl und übertraten dieses Verbot – wenn man so will eine Form von Rebellion gegen ihre Übergeordneten. Sie vereinigten sich sexuell mit Erdenfrauen, und dies nicht nur zum Spaß und zum sexuellen Genuss, sondern auch, um neue Gene in die Menschheit zu bringen. Sie lehrten die Menschen viele Geheimnisse »des Himmels«.

Es wurden neue Menschen geboren, die Riesen genannt wurden. Vielleicht waren sie auch physisch sehr groß oder eher in dem Sinne »groß«, dass sie in Bezug auf ihre Fähigkeiten die Erdenmenschen weit übertrafen. Es missfiel den Anunnaki sehr, dass auf diese Weise – an ihrer Kontrolle vorbei – neue Gene in die Menschheit »geschmuggelt« wurden. Man ließ die 200 Igigi grausam bestrafen und wollte die neuen »Zwitter-Menschen«

vernichten, was durch die »Sintflut« geschah. Es blieben nur Menschen übrig, die »erlaubte« Gene in sich hatten. Vielleicht war Noah ein Agent der Anunnaki, der gerade dieses Ziel dadurch verfolgen sollte, dass er keine »Zwittermenschen« in die Arche ließ. Was auch immer die Arche wirklich gewesen sein mag, ob ein Symbol für ein Reservat von »erlaubten« Lebensformen, die durch die Sintflutzeit hindurchgerettet werden sollten, oder tatsächlich ein Fahrzeug – dies war die erste »ethnische Säuberung«!

In der von den Anunnaki inspirierten Geschichtsschreibung wurde alles absichtlich so dargestellt, als ob diese 200 Igigi Verbrecher und die »Zwittermenschen« üble und grausame Monster seien, deren Seelen zu Dämonen wurden. Eine solche Darstellung dürfte nach den oben erwähnten Gedanken aber sehr wohl eine Taktik bzw. eine Ausrede gewesen sein und ist deshalb anzuzweifeln.

Die Sintflut war wie eine große Kreuzigung der Menschheit. Danach hatten die Anunnaki wieder die gewünschte Kontrolle und konnten weiterhin unerkannt Lebensenergien von den nun wieder unbewussten Erdenmenschen zapfen.

Ein Anunnaku wurde zur Führung der Menschheit in dem Erdenbereich auserwählt, den die Anunnaki besonders annektiert hatten. Er wurde Jahweh genannt und als Schöpfergott dargestellt, wobei er in Wirklichkeit nur an genetischen Manipulationen beteiligt gewesen war.

Viel später kam dann Jesus in die Menschheit, der eine Inkarnation der Christuswesenheit war. Er wollte die Menschen allmählich über diesen Zustand aufklären und ihre Augen öffnen. Jahweh und die anderen Anunnaki sahen sich dadurch bedroht. Deshalb sollte Jesus beseitigt werden, und er wurde gekreuzigt – was durch die Einwirkung Jahwehs auf den Hohepriester Kaiphas (für jenen wohl mehr oder weniger unbewusst) erreicht wurde. Man hoffte, dass die Lehren Jesu auf diese Weise allmählich in Vergessenheit geraten würden. Es kam aber anders. Es entstand eine Bewegung, die durch den Mord an Jesus nur noch mehr Kraft erhielt, und diese Bewegung verbreitete sich. Die besorgten Anunnaki (und besonders Jahweh) stellten daraufhin einen neuen Plan auf: Man wollte diese Bewegung infiltrieren und sie im eigenen Interesse »zurechtdrehen«. Einer ihrer Agenten für diesen Zweck war Paulus. Durch ihn entstand ein neuer Zweig: eine entfremdete Frühchristenheit. Gleichzeitig bestand aber immer noch eine mehr ursprüngliche Überlieferung von Jesus im gnostischen Christentum weiter, was den Anunnaki ein Dorn im Auge war. Deshalb wollte man auch diese Bewegung beseitigen. Dies geschah durch Christenverfolgungen, wenn auch durch diese die paulinische Bewegung teilweise ebenfalls betroffen war. Diese Verfolgungen erreichten einen Höhepunkt unter dem römischen Kaiser Decius [1] (vgl. Kapitel 12). Danach waren kaum noch echte gnostische Christen übrig.

Dann wurde die Taktik weiter ausgebaut. Man wollte die Zweige der christlichen Bewegungen unter einen Hut bringen, um sie in eine gewünschte Richtung zu lenken. Dies geschah durch das Errichten einer Kirche, einer Institution, die nach außen christlich erschien, aber im Geheimen die Interessen der Anunnaki verfolgte. Alle anderen christlichen und freidenkenden Strömungen wurden durch die Inquisition u.ä. weitgehend vernichtet. Es überlebte aber zum Teil immer noch eine alte Überlieferung in gewissen Geheimgesellschaften. (Vgl. [1])

Deshalb gibt es seither *zwei* Christusse! Die wahre Christuswesenheit, die als Jesus inkarnierte, und die falsche, die eine Erfindung der Kirche ist. Und deshalb stellt die Kirche immer Jesus als gekreuzigt dar. Die unterschwellige Botschaft lautet: »Jesus ist tot! Nun herrschen wir!« (Vgl. [1])

Später ließen die Anunnaki für den gleichen Zweck sozusagen als »zweite Schiene« eine neue Religion entstehen, den Islam, als potenzielles Druckmittel gegen die Christenheit und auch, um bei Bedarf die beiden gegeneinander auszuspielen – dies im machiavellischen Sinne von »Teilen und Herrschen«.

Um den Menschen die Wahrheit zu verheimlichen, schrieb man die Geschichte neu. Was in Wirklichkeit anunnakisch war, wurde als göttlich und gut dargestellt; alles andere wurde als böse bezeichnet und verteufelt.

Auch die Urgeschichte der Menschheit wurde manipuliert: Die Geschichte von Atlantis wurde als ein Märchen dargestellt und die Existenz noch früherer Hochkulturen wurde verheimlicht. Sogar die Urgeschichte der Schöpfung wurde manipuliert. Das wahre Schöpferpaar Apsû und Tiâmat wurde verteufelt. Apsû hatte an die Möglichkeit gedacht, die Schöpfung der Anunnaki – da diese die Ordnung störten – rückgängig zu machen, was nicht unbedingt die Vernichtung bedeuten würde. Es wäre eher ein Zurückholen ins Urlicht, um darin erst weiter zu reifen, bevor es zu einer neuen Schöpfung von Wesenheiten und Menschen käme. Tiâmat jedoch war dagegen, denn sie waren schließlich ihre Kinder. Wie eine wahre und liebevolle Mutter wollte sie diese schützen. Die Anunnaki »brachten« daraufhin Apsû »um«, das heißt, sie leugneten ihn und sonderten sich von ihm ab, um – ohne ihn – in ihrer eigenen Welt ihre Spiele ungehindert weiterzuführen. Der Urmutter erwies man »Dankbarkeit«, indem man sich auch von ihr absonderte (sie »tötete«). Sie wollte sich dagegen schützen, doch wurde das Verhalten ihrer Abwehr als »böse« ausgelegt. So entstand das Lügenmärchen von Tiâmat als »Drache«, »Ungeheuer«, als »weiblicher Teufel« und Ähnliches. Daraufhin wurde auch alles Weibliche als »negativ«, »minderwertig« oder gar »teuflisch« bezeichnet und unterdrückt. Es entstand das Patriarchat einer überheblichen Männergesellschaft, in der das Weibliche nur noch für den bloßen Erhalt der Menschengeschlechter und die Frau nur noch zum Bedienen der Männer etwas wert war. Die Göttinnen wurden verteufelt und aus den Religionen ausgemerzt; oder man dichtete ihnen schlechte Eigenschaften an und ihre Verehrung wurde als Verbrechen dargestellt.

So entstand ein strategisch bedingtes Zerrbild, das den Menschen indoktriniert wurde. Es ist aber interessant, dass die Erdenmenschen aus dem Blut des von den Anunnaki getöteten Kingu, dem Anführer der Verteidigung Tiâmats, und damit aus »Tiâmat-Blut« hervorgingen. Deshalb haben wir – heimlich und unbewusst – in uns noch immer eine Beziehung zu ihr: zur Urmutter der ganzen Schöpfung.

Tiâmat wurde mit dem Begriff »Chaos« verbunden, der mit der Zeit als »Unordnung« ausgelegt und unter der Bezeichnung »strukturloses Durcheinander« missverstanden wurde. In Wirklichkeit bedeutet das griechische Wort »Leere« im Sinne eines Urzustandes vor der Schöpfung. Dieser Zustand ist in dem Sinne »leer« und unstrukturiert, da es eben noch keine Schöpfung gab, aber auch keine Unordnung. Er ist die Urenergie des reinen Seins, aus der die Schöpfung entstand, die *prima materia* der Alchemie, die *mulaprakriti* der indischen Schöpfungslehre des Samkhya, die *'ain soph 'aur* der Kabbalah.

Die Anunnaki brachten einen Kriegswahn in die menschlichen Gene ein. Sie hatten Freude an Kampf, Krieg, Mord und Totschlag unter den Menschen. Denn dadurch konnten sie mehr Lebensenergie von ihnen abzapfen. Wenn ein Mensch im Kampf starb, so war sein Körper noch voller Lebensenergie, die ihm im Moment des Todes entnommen werden konnte. Starb er hingegen alt und schwach oder von Krankheit ausgezehrt, so war im Menschen kaum noch etwas von seiner Lebensenergie übrig. Deshalb spielten die Anunnaki Völker gegeneinander aus, die sich bekämpfen sollten.

Was sind die Engel?

Engel werden in der Bibel und in den apokryphen Schriften vielfach so dargestellt, dass man eher an Anunnaki denken mag. Die 200 Igigi werden auch als »Engel« bezeichnet.

Die gnostischen Christen stellten hingegen die Lehre von neun Engelhierarchien auf. Demnach gäbe es also höchst unterschiedliche Engel! Einige der in der Bibel und in anderen alten Schriften erwähnten Engel werden sicher in Wirklichkeit Anunnaki gewesen sein, bei den anderen aber wird es sich um echte Engel handeln, um richtige Lichtwesen, die dem göttlichen Ursprung nahe stehen. Deshalb muss man den Begriff »Engel« offensichtlich mit Vorsicht genießen und aus dem Zusammenhang gesehen richtig interpretieren. Einige werden göttlich sein, bei vielen anderen aber wird es sich um Anunnaki handeln, die sich lediglich als »Engel« ausgeben.

REFERENZ

1. Jan Erik Sigdell: *Reinkarnation, Christentum und das kirchliche Dogma*, Ibera, Wien, 2001

NACHWORT

»Wir werden aktiv entmutigt, konstruktiv und hinterfragend zu denken. Sobald ein Individuum die dadurch geförderte stumpfe Gleichgültigkeit angenommen hat, ist ein hinterlistiger Teufelskreis erfolgreich eingerichtet. Ein weiteres und ziemlich bequemes Ergebnis einer solchen Situation ist, dass Menschen, die nicht konstruktiv und nachfragend denken, dies nicht einmal einsehen.«

Michael Timothy: *The Anti-Intellectual Ethic*

»Die wirksamste Weise, um menschliches Denken stillzulegen und das Selbstgefühl zu manipulieren, ist, es in Form von Dogmen hineinzuprogrammieren. Ein Dogma wird sich selbst immer intensiv gegen andere Informationen wehren und jede andere Ansicht zurückweisen, welche der eigenen erstarrten Anschauung widerspricht. Dogmen werden zu einem Gefühl von Sicherheit und zu einem Mittel für die Aufrechthaltung der Macht. Die Menschheit klammert sich gerne an beides, bis die Fingerknöchel weiß werden.«

David Icke: … *and the Truth Shall Set You Free*

»Die auffallendste Abhängigkeit ist die von religiösen Ideen. Menschen fühlen sich sehr bedroht, wenn sie ihre Anschauung von der Wirklichkeit durch die Annahme einer neuen Vorstellung ändern müssen. Sie würden es oft vorziehen, sich sicher zu fühlen, statt die Art zu ändern, in der sie die Wirklichkeit sehen … Für diejenigen, die eine tiefe Abhängigkeit von religiösen Meinungen haben, wird dies zu einer schmerzlichen und schwierigen Umstellung. Manche haben eine unbewusste theologische Abhängigkeit, die mit einer bestimmten Vorstellung des Universums (zum Beispiel Himmel und Hölle) ihnen Zuflucht bietet. Jeder anderer Begriff, der ihre Anschauung bedroht, löst eine absolute und totale Abwehr aus.«

Lyssa Royal und Keith Priest: *Preparing for Contact*

Lassen Sie sich nicht beirren! Nicht von Dogmen und Meinungssteuerung. Aber auch nicht vom Inhalt des vorliegenden Buches, und auch nicht zum Atheismus! Es ist nicht Ziel dieses Buches, dem Leser zu suggerieren, dass es keinen wahren Gott, keinen Urschöpfer, gäbe – auch nicht, dass es keine

Engel oder andere geistige Wesenheiten in der Schöpfung gäbe. Es wird nur zum Nachdenken und Hinterfragen aufgefordert, anhand einer Fülle von Informationen, die zum Schrecken der Denkmanipulatoren in den letzten Jahrzehnten nicht mehr geheim gehalten werden können. Der Zweck dieses Buches ist auch, die Religionen zu hinterfragen. Nach Meinung des Verfassers sind diese zumindest teilweise Schleier und Rauchschwaden, die uns in Unwissenheit fesseln und die die Wahrheit verhüllen sollen: die Wahrheit über den wirklichen Schöpfer und über ungeahnte Dimensionen seiner Schöpfung. Wenn wir diese Schleier durchbrechen, kommen wir nicht zu einem materialistischen Atheismus, sondern nähern uns endlich der wahren Religion der unverhüllten Wahrheit.

Es ist so mühsam selbst nachzudenken. Es ist so bequem, sich vorgekaute Meinungen servieren zu lassen. Und wenn man doch einmal versucht, die Dinge selbst zu hinterfragen, kommt einem leicht die Angst; die Angst vor dem, was wohl hinter den Kulissen verborgen liegen mag. Da krebst man lieber zurück in die Scheinwelt, die uns das Establishment aufgebaut hat – zurück in die vertraute Scheinsicherheit.

Anhang 1
EINE AUSWAHL DER VIELEN GRAUSAMKEITEN IN DER BIBEL

Diese Sammlung von Bibelzitaten ist nur eine Auswahl von Grausamkeiten und Ungeheuerlichkeiten, von denen es eine ganze Menge mehr in der Bibel gibt!

Die Zitate stammen aus der Lutherübersetzung und sind in unsere heutige deutsche Sprache übertragen. Stellenweise Hervorhebungen, Kommentare in eckigen Klammern oder nach rechts versetzte Abschnitte stammen vom Verfasser des vorliegenden Buches.

1 Mose

34,25 Aber am dritten Tage, als sie Schmerzen hatten, nahmen die zwei Söhne Jakobs Simeon und Levi, die Brüder der Dina, ein jeder sein Schwert und überfielen die friedliche Stadt und erschlugen alles, was männlich war, **34,26** und erschlugen auch Hamor und seinen Sohn Sichem mit der Schärfe des Schwerts und nahmen ihre Schwester Dina aus dem Hause Sichems und gingen davon. **34,27** Da kamen die Söhne Jakobs über die Erschlagenen und plünderten die Stadt, weil man ihre Schwester geschändet hatte, **34,28** und nahmen ihre Schafe, Rinder, Esel und was in der Stadt und auf dem Felde war **34,29** und alle ihre Habe; alle Kinder und Frauen führten sie gefangen hinweg und plünderten alles, was in den Häusern war. [Zwar eine Rache für den Missbrauch einer Frau, aber warum dafür auch so sehr viele *Unschuldige* hinrichten und ausplündern?]

2 Mose

12,12 Denn ich will in derselben Nacht durch Ägyptenland gehen und alle Erstgeburt schlagen in Ägyptenland unter Mensch und Vieh und will Strafgericht halten über alle Götter der Ägypter, ich, der HERR. … **12,29** Und zur Mitternacht schlug der HERR alle Erstgeburt in Ägyptenland vom ersten Sohn des Pharao an, der auf seinem Thron saß, bis zum ersten Sohn des Gefangenen im Gefängnis und alle Erstgeburt des Viehs. **12,30** Da stand der Pharao auf in derselben Nacht und alle seine Großen und alle Ägypter, und es ward ein großes Geschrei in Ägypten; denn es war kein Haus, in dem nicht ein Toter war. **15,3** Der HERR ist der rechte Kriegsmann, HERR ist sein Name.

32,26 … trat er [Moses] in das Tor des Lagers und rief: Her zu mir, wer dem HERRN angehört! Da sammelten sich zu ihm alle Söhne Levi. **32,27** Und er sprach zu ihnen: So spricht der HERR, der Gott Israels: Ein jeder gürte sein Schwert um die Lenden und gehe durch das Lager hin und her von einem Tor zum andern und erschlage seinen Bruder, Freund und Nächsten. **32,28** Die Söhne Levi taten, wie ihnen Mose gesagt hatte; und es fielen an dem Tage vom Volk dreitausend Mann.

3 Mose

26,7 Ihr sollt eure Feinde jagen, und sie sollen vor euch her dem Schwert verfallen. **26,8** Fünf von euch sollen hundert jagen, und hundert von euch sollen zehntausend jagen; denn eure Feinde sollen vor euch her dem Schwert verfallen. **26,21** Und wenn ihr mir zuwiderhandelt und mich nicht hören wollt, so will ich euch noch weiter schlagen, siebenfältig, um eurer Sünden willen. **26,22** Und ich will wilde Tiere unter euch senden, die sollen eure Kinder fressen und euer Vieh zerreißen und euch vermindern, und eure Straßen sollen verlassen sein. … **26,26** Dann will ich euch den Vorrat an Brot verderben; zehn Frauen sollen euer Brot in einem Ofen backen, und euer Brot soll man euch nach Gewicht zuteilen, und wenn ihr esst, sollt ihr nicht satt werden. **26,27** Werdet ihr mir aber auch dann noch nicht gehorchen und mir zuwiderhandeln, **26,28** so will auch ich euch im Grimm zuwiderhandeln und will euch siebenfältig mehr strafen um eurer Sünden willen, **26,29** dass ihr sollt eurer Söhne und Töchter Fleisch essen.

4 Mose

15,32 Als nun die Israeliten in der Wüste waren, fanden sie einen Mann, der Holz auflas am Sabbattag. **15,33** Und die ihn dabei gefunden hatten, wie er Holz auflas, brachten ihn zu Mose und Aaron und vor die ganze Gemeinde. **15,34** Und sie legten ihn gefangen, denn es war nicht klar bestimmt, was man mit ihm tun sollte. **15,35** Der HERR aber sprach zu Mose: Der Mann soll des Todes sterben; die ganze Gemeinde soll ihn steinigen draußen vor dem Lager. **15,36** Da führte die ganze Gemeinde ihn hinaus vor das Lager und steinigte ihn, so dass er starb, wie der HERR dem Mose geboten hatte. **16,29** Werden sie sterben, wie alle Menschen sterben, oder heimgesucht, wie alle Menschen heimgesucht werden, so hat mich der HERR nicht gesandt; **16,30** wird aber der HERR etwas Neues schaffen, dass die Erde ihren

Mund auftut und sie verschlingt mit allem, was sie haben, dass sie lebendig hinunter zu den Toten fahren, so werdet ihr erkennen, dass diese Leute den HERRN gelästert haben. **16,31** Und als er alle diese Worte beendet hatte, zerriss die Erde unter ihnen **16,32** und tat ihren Mund auf und verschlang sie mit ihren Sippen, mit allen Menschen, die zu Korach gehörten, und mit all ihrer Habe. **16,33** Und sie fuhren lebendig zu den Toten hinunter mit allem, was sie hatten, und die Erde deckte sie zu, und sie kamen um, mitten aus der Gemeinde heraus. **16,34** Und ganz Israel, das um sie her war, floh vor ihrem Geschrei; denn sie dachten: Dass uns die Erde nicht auch verschlinge! **16,35** Und Feuer fuhr aus von dem HERRN und fraß die zweihundertundfünfzig Männer, die das Räucherwerk opferten.

16,46 Und Mose sprach zu Aaron: Nimm die Pfanne und tu Feuer hinein vom Altar und lege Räucherwerk darauf, und gehe eilend zu der Gemeinde und versöhne sie; denn das Wüten ist von dem HERRN ausgegangen, und die Plage ist angegangen. **16,47** Und Aaron nahm, wie ihm Mose gesagt hatte, und lief mitten unter die Gemeinde (und siehe, die Plage war angegangen unter dem Volk) und räucherte und versöhnte das Volk. **16,48** Und stand zwischen den Toten und Lebendigen. Da ward der Plage gewehrt. **16,49** Derer aber, die an der Plage gestorben waren, war vierzehntausend und siebenhundert, ohne die, so mit Korah starben.

21,3 Und der HERR hörte auf die Stimme Israels und gab die Kanaaniter in ihre Hand, und sie vollstreckten den Bann an ihnen und ihren Städten, und man nannte die Gegend Horma. **21,4** Da brachen sie auf von dem Berge Hor in Richtung auf das Schilfmeer, um das Land der Edomiter zu umgehen. Und das Volk wurde verdrossen auf dem Wege **21,5** und redete wider Gott und wider Mose: Warum hast du uns aus Ägypten geführt, dass wir sterben in der Wüste? Denn es ist kein Brot noch Wasser hier, und uns ekelt vor dieser mageren Speise. **21,6** Da sandte der HERR feurige Schlangen unter das Volk; die bissen das Volk, dass viele aus Israel starben.

21,24 Israel aber schlug ihn mit der Schärfe des Schwerts und nahm sein Land ein vom Arnon bis an den Jabbok und bis zu den Ammonitern; das Gebiet der Ammoniter aber reichte bis Jaser. **21,25** So nahm Israel alle diese Städte ein und wohnte in allen Städten der Amoriter, in Heschbon und in allen seinen Ortschaften.

21,33 … und wandten sich und zogen hinauf den Weg nach Baschan. Da zog ihnen entgegen Og, der König von Baschan, mit seinem ganzen Kriegsvolk, um bei Edreï zu kämpfen. **21,34** Und der HERR sprach zu Mose: Fürchte dich nicht vor ihm, denn ich habe ihn in deine Hand gegeben mit Land und Leuten, und du sollst mit ihm tun, wie du mit Sihon, dem König der Amoriter, getan hast, der in Heschbon wohnte. **21,35** Und sie schlugen ihn und seine Söhne und sein ganzes Kriegsvolk, bis keiner mehr übrig blieb, und nahmen das Land ein.

31,7 Und sie zogen aus zum Kampf gegen die Midianiter, wie der HERR es Mose geboten hatte, und töteten alles, was männlich war. **31,8** Samt diesen Erschlagenen töteten sie auch die Könige der Midianiter, nämlich Ewi, Rekem, Zur, Hur und Reba, die fünf Könige der Midianiter. Auch Bileam, den Sohn Beors, töteten sie mit dem Schwert. **31,9** Und die Israeliten nahmen gefangen die Frauen der Midianiter und ihre Kinder; all ihr Vieh, alle ihre Habe und alle ihre Güter raubten sie **31,10** und verbrannten mit Feuer alle ihre Städte, wo sie wohnten, und alle ihre Zeltdörfer. … **31,14** Und Mose wurde zornig über die Hauptleute des Heeres, die Hauptleute über tausend und über hundert, die aus dem Feldzug kamen, **31,15** und sprach zu ihnen: Warum habt ihr alle Frauen leben lassen? … **31,17** So tötet nun alles, was männlich ist unter den Kindern, und alle Frauen, die nicht mehr Jungfrauen sind; **31,18** aber alle Mädchen, die unberührt sind, die lasst für euch leben.

31,31 Und Mose und der Priester Eleasar taten, wie der HERR es Mose geboten hatte. **31,32** Und es betrug die Beute, soviel am Leben geblieben war von dem, was das Kriegsvolk erbeutet hatte, 675 000 Schafe, … **31,35** an Menschen aber 32 000 Mädchen, die nicht von Männern berührt waren.

5 Mose

2,32 Und Sihon zog aus uns entgegen mit seinem ganzen Kriegsvolk zum Kampf nach Jahaz. **2,33** Aber der HERR, unser Gott, gab ihn vor unsern Augen dahin, dass wir ihn schlugen mit seinen Söhnen und seinem ganzen Kriegsvolk. **2,34** Da nahmen wir zu der Zeit alle seine Städte ein und vollstreckten den Bann an allen Städten, an Männern, Frauen und Kindern, und ließen niemand übrigbleiben.

3,1 Und wir wandten uns und zogen hinauf den Weg nach Baschan. Und Og, der König von Baschan, zog aus uns entgegen mit seinem ganzen Kriegsvolk, um bei Edreï zu kämpfen. **3,2** Aber der HERR sprach zu mir: Fürchte dich nicht vor ihm, denn ich habe ihn und sein ganzes Kriegsvolk

mit seinem Land in deine Hände gegeben. Und du sollst mit ihm tun, wie du mit Sihon, dem König der Amoriter, getan hast, der zu Heschbon herrschte. **3,3** So gab der HERR, unser Gott, auch den König Og von Baschan in unsere Hände mit seinem ganzen Kriegsvolk, dass wir ihn schlugen, bis ihm keiner übrig blieb. **3,4** Da nahmen wir zu der Zeit alle seine Städte ein, und es gab keine Stadt, die wir ihnen nicht nahmen: Sechzig Städte, die ganze Gegend von Argob, das Königreich Ogs von Baschan, **3,5** lauter Städte, die befestigt waren mit hohen Mauern, Toren und Riegeln, außerdem sehr viele offene Städte. **3,6** Und wir vollstreckten den Bann an ihnen, gleichwie wir an Sihon, dem König von Heschbon, taten. An allen Städten vollstreckten wir den Bann, an Männern, Frauen und Kindern.
7,2 und wenn sie der HERR, dein Gott, vor dir dahingibt, dass du sie schlägst, so sollst du an ihnen den Bann vollstrecken. Du sollst keinen Bund mit ihnen schließen und keine Gnade gegen sie üben **7,3** und sollst dich mit ihnen nicht verschwägern; eure Töchter sollt ihr nicht geben ihren Söhnen, und ihre Töchter sollt ihr nicht nehmen für eure Söhne.
9,3 So sollst du nun heute wissen, dass der HERR, dein Gott, vor dir hergeht, ein verzehrendes Feuer. Er wird sie vertilgen und wird sie demütigen vor dir, und du wirst sie vertreiben und bald vernichten, wie dir der HERR zugesagt hat.
13,9 so willige nicht ein und gehorche ihm nicht. Auch soll dein Auge ihn nicht schonen, und du sollst dich seiner nicht erbarmen und seine Schuld nicht verheimlichen, **13,10** sondern sollst ihn zum Tode bringen. Deine Hand soll die erste wider ihn sein, ihn zu töten, und danach die Hand des ganzen Volks.
13,14 Es sind etliche heillose Leute aufgetreten aus deiner Mitte und haben die Bürger ihrer Stadt verführt und gesagt: Lasst uns hingehen und andern Göttern dienen, die ihr nicht kennt, **13,15** so sollst du gründlich suchen, forschen und fragen. Und wenn sich findet, dass es gewiss ist, dass solch ein Gräuel unter euch geschehen ist, **13,16** so sollst du die Bürger dieser Stadt erschlagen mit der Schärfe des Schwerts und an ihr den Bann vollstrecken, an allem, was darin ist, auch an ihrem Vieh, mit der Schärfe des Schwerts.
20,10 Wenn du vor eine Stadt ziehst, um gegen sie zu kämpfen, so sollst du ihr zuerst den Frieden anbieten. **20,11** Antwortet sie dir friedlich und tut dir ihre Tore auf, so soll das ganze Volk, das darin gefunden wird, *dir*

fronpflichtig sein und dir dienen. **20,12** Will sie aber nicht Frieden machen mit dir, sondern mit dir Krieg führen, so belagere sie. **20,13** Und wenn sie der HERR, dein Gott, dir in die Hand gibt, so sollst du alles, was männlich darin ist, mit der Schärfe des Schwerts erschlagen. **20,14** Nur die Frauen, die Kinder und das Vieh und alles, was in der Stadt ist, und alle Beute sollst du unter dir austeilen und sollst essen von der Beute deiner Feinde, die dir der HERR, dein Gott, gegeben hat. **20,15** So sollst du mit allen Städten tun, die sehr fern von dir liegen und nicht zu den Städten dieser Völker hier gehören. **20,16** Aber in den Städten dieser Völker hier, die dir der HERR, dein Gott, zum Erbe geben wird, sollst du nichts leben lassen, was Odem hat, **20,17** sondern sollst an ihnen den Bann vollstrecken, nämlich an den Hetitern, Amoritern, Kanaanitern, Perisitern, Hiwitern und Jebusitern, wie dir der HERR, dein Gott, geboten hat,
21,11... und siehst unter den Gefangenen ein schönes Mädchen und gewinnst sie lieb, dass du sie zur Frau nimmst, **21,12** so führe sie in dein Haus und lass sie ihr Haar abscheren und ihre Nägel beschneiden **21,13** und die Kleider ablegen, in denen sie gefangen genommen wurde, und lass sie in deinem Hause sein und einen Monat lang ihren Vater und ihre Mutter beweinen. Danach geh zu ihr und nimm sie zur Ehe und lass sie deine Frau sein. **21,14** Wenn du aber kein Gefallen mehr an ihr hast, so sollst du sie gehen lassen, wohin sie will; du sollst sie aber nicht um Geld verkaufen oder als Sklavin behandeln, weil du zu ihr eingegangen bist. [Geraubte Frauen als »Wegwerfware«.]

Josua
6,20 Da erhob das Volk ein Kriegsgeschrei, und man blies die Posaunen. Und als das Volk den Hall der Posaunen hörte, erhob es ein großes Kriegsgeschrei. Da fiel die Mauer [von Jericho] um, und das Volk stieg zur Stadt hinauf, ein jeder stracks vor sich hin. So eroberten sie die Stadt **6,21** und vollstreckten den Bann an allem, was in der Stadt war, mit der Schärfe des Schwerts, an Mann und Weib, jung und alt, Rindern, Schafen und Eseln. **6,22** Aber Josua sprach zu den beiden Männern, die das Land erkundet hatten: Geht in das Haus der Hure und führt die Frau von da heraus mit allem, was sie hat, wie ihr es ihr geschworen habt. **6,23** Da gingen die Männer, die Kundschafter, hinein und führten Rahab heraus samt ihrem Vater und ihrer Mutter und ihren Brüdern und alles, was sie hatte, und

ihr ganzes Geschlecht und brachten sie außerhalb des Lagers Israels unter. **6,24** Aber die Stadt verbrannten sie mit Feuer und alles, was darin war. Nur das Silber und Gold und die kupfernen und eisernen Geräte taten sie zum Schatz in das Haus des HERRN. **6,25** Rahab aber, die Hure, samt dem Hause ihres Vaters und alles, was sie hatte, ließ Josua leben. Und sie blieb in Israel wohnen bis auf diesen Tag, weil sie die Boten verborgen hatte, die Josua gesandt hatte, um Jericho auszukundschaften.

8,2 Und du sollst mit Ai und seinem König tun, wie du mit Jericho und seinem König getan hast, nur dass ihr die Beute und das Vieh unter euch teilen sollt. Lege einen Hinterhalt hinter die Stadt! … **8,21** Und als Josua und ganz Israel sahen, dass der Hinterhalt die Stadt eingenommen hatte, weil von der Stadt Rauch aufstieg, kehrten sie um und schlugen die Männer von Ai. **8,22** Und die in der Stadt kamen auch heraus ihnen entgegen, und die Männer von Ai gerieten mitten unter Israel, von hierher und von dorther. Und sie erschlugen sie, bis niemand mehr von ihnen übrig blieb noch entrinnen konnte, **8,23** und ergriffen den König von Ai lebendig und brachten ihn zu Josua. **8,24** Und als Israel alle Einwohner von Ai getötet hatte auf dem Felde und in der Wüste, wohin sie ihnen nachgejagt waren, und alle durch die Schärfe des Schwerts gefallen und umgekommen waren, da kehrte sich ganz Israel gegen Ai und schlug es mit der Schärfe des Schwerts. **8,25** Und alle, die an diesem Tage fielen, Männer und Frauen, waren zwölftausend, alle Leute von Ai. … **8,29** und ließ den König von Ai an einen Baum hängen bis zum Abend. Als aber die Sonne untergegangen war, gebot er, dass man seinen Leichnam vom Baum nehmen sollte, und sie warfen ihn unter das Stadttor und machten einen großen Steinhaufen über ihm, der bis auf diesen Tag da ist.

10,10 Und der HERR erschreckte sie vor Israel, dass sie eine große Schlacht schlugen bei Gibeon, und sie jagten ihnen nach, den Weg hinab nach Bet-Horon, und schlugen sie bis nach Aseka und Makkeda hin. **10,11** Und als sie vor Israel flohen den Weg hinab nach Bet-Horon, ließ der HERR große Steine vom Himmel auf sie fallen bis Aseka, dass sie starben. Und von ihnen starben viel mehr durch die Hagelsteine, als die Israeliten mit dem Schwert töteten.

10,17 Da wurde Josua angesagt: Wir haben die fünf Könige gefunden, verborgen in der Höhle bei Makkeda. **10,18** Josua sprach: So wälzt große Steine vor den Eingang der Höhle und stellt Männer davor, die sie bewa-

chen; **10,19** ihr aber, bleibt nicht stehen, sondern jagt euren Feinden nach
und fasst sie von hinten; lasst sie nicht in ihre Städte entrinnen; denn der
HERR, euer Gott, hat sie in eure Hände gegeben. **10,20** Und als Josua und
Israel sie ganz geschlagen hatten in dieser sehr großen Schlacht – was übrig
blieb von ihnen, entkam in die festen Städte -, **10,21** da kam das ganze Volk
ins Lager zurück zu Josua nach Makkeda mit Frieden, und es wagte nie-
mand, gegen Israel seine Zunge zu regen. **10,22** Josua aber sprach: Macht
den Eingang der Höhle auf und bringt die fünf Könige heraus zu mir!
10,23 Sie taten so und brachten die fünf Könige zu ihm aus der Höhle:
den König von Jerusalem, den König von Hebron, den König von Jarmut,
den König von Lachisch, den König von Eglon. **10,24** Als aber die fünf
Könige zu ihm herausgebracht waren, rief Josua alle Männer Israels zu sich
und sprach zu den Obersten des Kriegsvolks, die mit ihm zogen: Kommt
her und setzt eure Füße auf den Nacken dieser Könige. Und sie kamen und
setzten ihre Füße auf ihren Nacken. **10,24** Als aber die fünf Könige zu ihm
herausgebracht waren, rief Josua alle Männer Israels zu sich und sprach zu
den Obersten des Kriegsvolks, die mit ihm zogen: Kommt her und setzt
eure Füße auf den Nacken dieser Könige. Und sie kamen und setzten ihre
Füße auf ihren Nacken. **10,25** Und Josua sprach zu ihnen: Fürchtet euch
nicht und erschreckt nicht, seid getrost und unverzagt; denn ebenso wird
der HERR allen euren Feinden tun, gegen die ihr kämpft. **10,26** Und Josua
schlug sie danach tot und hängte sie an fünf Bäume, und sie hingen an den
Bäumen bis zum Abend. **10,27** Als aber die Sonne untergegangen war,
gebot er, dass man sie von den Bäumen nehmen und in die Höhle werfen
sollte, in die sie sich verkrochen hatten. Und sie legten große Steine vor den
Eingang der Höhle. Die sind noch da bis auf diesen Tag.

10,28 An diesem Tag eroberte Josua auch Makkeda und schlug es mit der
Schärfe des Schwerts samt seinem König und vollstreckte den Bann an der
Stadt und an allen, die darin waren, und ließ niemand übrig und tat mit dem
König von Makkeda, wie er mit dem König von Jericho getan hatte. **10,29** Da
zogen Josua und ganz Israel mit ihm von Makkeda nach Libna und kämpften
gegen Libna. **10,30** Und der HERR gab auch dieses mit seinem König in die
Hand Israels; und er schlug die Stadt mit der Schärfe des Schwerts und alle,
die darin waren, und ließ niemand darin übrig und tat mit ihrem König, wie
er mit dem König von Jericho getan hatte. **10,31** Danach zogen Josua und
ganz Israel mit ihm von Libna nach Lachisch, und er belagerte die Stadt und

kämpfte gegen sie. **10,32** Und der HERR gab auch Lachisch in die Hände
Israels, dass sie es am nächsten Tag eroberten und es schlugen mit der Schärfe
des Schwerts und alle, die darin waren, ganz wie sie mit Libna getan hatten.
10,33 Zu dieser Zeit zog Horam, der König von Geser, hinauf, um Lachisch
zu helfen; aber Josua schlug ihn und sein Kriegsvolk, bis niemand übrig blieb.
10,34 Und Josua zog von Lachisch mit ganz Israel nach Eglon und belagerte
die Stadt und kämpfte gegen sie; **10,35** und sie eroberten sie an diesem Tag
und schlugen sie mit der Schärfe des Schwerts, und Josua vollstreckte den Bann
an allen, die darin waren, an diesem Tage, ganz wie er mit Lachisch getan hatte.
10,36 Danach zog Josua hinauf mit ganz Israel von Eglon nach Hebron, und
sie kämpften gegen die Stadt **10,37** und eroberten sie und schlugen sie mit der
Schärfe des Schwerts, samt ihrem König und allen ihren Städten und allen, die
darin waren; und er ließ niemand übrig, ganz wie er mit Eglon getan hatte, und
vollstreckte an ihm den Bann und an allen, die darin waren. **10,38** Da kehrte
Josua um mit ganz Israel nach Debir und kämpfte gegen die Stadt **10,39** und
eroberte sie samt ihrem König und allen ihren Städten, und sie schlugen sie
mit der Schärfe des Schwerts und vollstreckten den Bann an allen, die darin
waren, und er ließ niemand übrig. Wie er mit Hebron getan hatte und wie er
mit Libna und seinem König getan hatte, so tat er auch mit Debir und seinem
König. **10,40** So schlug Josua das ganze Land auf dem Gebirge und im Süden
und im Hügelland und an den Abhängen mit allen seinen Königen und ließ
niemand übrig und vollstreckte den Bann an allem, was Odem hatte, wie
der HERR, der Gott Israels, geboten hatte.
11,6 Und der HERR sprach zu Josua: Fürchte dich nicht vor ihnen! Denn
morgen um diese Zeit will ich sie alle vor Israel dahingeben und sie erschla-
gen; ihre Rosse sollst du lähmen und ihre Wagen mit Feuer verbrennen.
11,7 Da kamen Josua und das ganze Kriegsvolk mit ihm plötzlich über sie
am Wasser von Merom und überfielen sie. **11,8** Und der HERR gab sie in
die Hände Israels, und sie schlugen sie und jagten ihnen nach bis Sidon,
der großen Stadt, und bis Misrefot-Majim und bis an die Ebene von Mizpe
im Osten und erschlugen sie, bis niemand mehr unter ihnen übrig blieb.
11,9 Da tat Josua mit ihnen, wie der HERR ihm gesagt hatte, und lähmte
ihre Rosse und verbrannte ihre Wagen **11,10** und kehrte um zu dieser Zeit
und eroberte Hazor und erschlug seinen König mit dem Schwert; denn
Hazor war vorher die Hauptstadt aller dieser Königreiche. **11,11** Und sie
erschlugen alle, die darin waren, mit der Schärfe des Schwerts und voll-

streckten den Bann an ihnen, und nichts blieb übrig, was Odem hatte, und er verbrannte Hazor mit Feuer. **11,12** Dazu eroberte Josua alle Städte dieser Könige mit ihren Königen und erschlug sie mit der Schärfe des Schwerts und vollstreckte den Bann an ihnen, wie Mose, der Knecht des HERRN, geboten hatte. **11,13** Doch die Städte, die auf ihren Hügeln standen, verbrannte Israel nicht; sondern Hazor allein verbrannte Josua. **11,14** Und die ganze Beute dieser Städte und das Vieh teilten die Israeliten unter sich; aber alle Menschen erschlugen sie mit der Schärfe des Schwerts, bis sie vertilgt waren, und ließen nichts übrig, was Odem hatte. **11,15** Wie der HERR dem Mose, seinem Knecht, und Mose dem Josua geboten hatte, so tat Josua, dass nichts fehlte an allem, was der HERR dem Mose geboten hatte. **11,16** So nahm Josua dies ganze Land ein, das Gebirge und alles, was im Süden liegt, und das ganze Land Goschen und das Hügelland und das Jordantal und das Gebirge Israel mit seinem Hügelland, **11,17** von dem kahlen Gebirge an, das aufsteigt nach Seïr hin bis nach Baal-Gad in der Ebene beim Gebirge Libanon, am Fuße des Berges Hermon. Alle ihre Könige nahm er gefangen und schlug sie nieder und tötete sie. **11,18** Er kämpfte aber eine lange Zeit mit diesen Königen. **11,19** Es war keine Stadt, die Frieden machte mit den Israeliten, ausgenommen die Hiwiter, die in Gibeon wohnten; sondern sie eroberten sie alle im Kampf. **11,20** So geschah es von dem HERRN, dass ihr Herz verstockt wurde, im Kampf Israel zu begegnen, damit sie mit dem Bann geschlagen würden und ihnen keine Gnade widerführe, sondern sie vertilgt würden, wie der HERR dem Mose geboten hatte. **11,21** Zu der Zeit kam Josua und rottete aus die Anakiter von dem Gebirge, von Hebron, von Debir, von Anab und vom ganzen Gebirge Juda und vom ganzen Gebirge Israel, und er vollstreckte an ihnen den Bann mit ihren Städten **11,22** und ließ keine Anakiter übrig im Lande der Israeliten außer in Gaza, in Gat, in Aschdod; dort blieben einige von ihnen übrig.

Richter

1,4 Als nun Juda hinaufzog, gab der HERR die Kanaaniter und Perisiter in ihre Hände, und sie schlugen bei Besek zehntausend Mann **1,5** und fanden den Adoni-Besek zu Besek und kämpften mit ihm und schlugen die Kanaaniter und Perisiter. **1,6** Aber Adoni-Besek floh, und sie jagten ihm nach. Und als sie ihn ergriffen, hieben sie ihm die Daumen ab an seinen Händen und Füßen. **1,7** Da sprach Adoni-Besek: Siebzig Könige mit abgehauenen Daumen an Händen und Füßen lasen auf unter meinem Tisch. Wie ich getan habe, so hat mir Gott vergolten. Und man brachte ihn nach Jerusalem; dort starb er. **1,8** Aber Juda kämpfte gegen Jerusalem und eroberte es und schlug es mit der Schärfe des Schwerts und zündete die Stadt an. **1,9** Danach zog Juda hinab, um gegen die Kanaaniter zu kämpfen, die auf dem Gebirge und im Südland und im Hügelland wohnten. **1,10** Und Juda zog gegen die Kanaaniter, die in Hebron wohnten – Hebron aber hieß vorzeiten Kirjat-Arba -, und sie erschlugen den Scheschai und Ahiman und Talmai **1,11** und zogen von dort gegen die Einwohner von Debir. Debir aber hieß vorzeiten Kirjat-Sefer.

1,17 Und Juda zog hin mit seinem Bruder Simeon, und sie erschlugen die Kanaaniter in Zefat und vollstreckten den Bann an ihnen und nannten die Stadt Horma.

1,25 Und als er ihnen zeigte, wo sie in die Stadt kämen, schlugen sie die Stadt mit der Schärfe des Schwerts; aber den Mann und sein ganzes Geschlecht ließen sie gehen.

3,29 und erschlugen zu jener Zeit die Moabiter, etwa zehntausend Mann, alles starke und streitbare Männer, so dass auch nicht einer entrann. **3,31** Nach ihm kam Schamgar, der Sohn Anats. Der erschlug sechshundert Philister mit einem Ochsenstecken, und auch er errettete Israel.

4,14 Debora aber sprach zu Barak: Auf! Das ist der Tag, an dem dir der HERR den Sisera in deine Hand gegeben hat, denn der HERR ist ausgezogen vor dir her. So zog Barak von dem Berge Tabor hinab und die zehntausend Mann ihm nach. **4,15** Und der HERR erschreckte den Sisera samt allen seinen Wagen und dem ganzen Heer vor der Schärfe von Baraks Schwert, so dass Sisera von seinem Wagen sprang und zu Fuß floh. **4,16** Barak aber jagte den Wagen und dem Heer nach bis Haroschet der Heiden. Und Siseras ganzes Heer fiel durch die Schärfe des Schwerts, so dass auch nicht einer übrig blieb.

7,15 Als Gideon diesen Traum erzählen hörte und seine Auslegung, fiel er anbetend nieder und kam zurück ins Lager Israels und sprach: Macht euch auf, denn der HERR hat das Lager der Midianiter in eure Hände gegeben! **7,16** Und er teilte die dreihundert Mann in drei Heerhaufen und gab jedem eine Posaune in die Hand und leere Krüge mit Fackeln darin … **7,20** Da bliesen alle drei Heerhaufen die Posaunen und zerbrachen die Krüge. Sie hielten aber die Fackeln in ihrer linken Hand und die Posaunen in ihrer rechten Hand, um zu blasen, und riefen: Hier Schwert des HERRN

und Gideons! … **7,22** Und während die dreihundert Mann die Posaunen bliesen, schaffte der HERR, dass im ganzen Heerlager eines jeden Schwert gegen den andern war. Und das Heer floh bis Bet-Schitta auf Zereda zu, bis an die Grenze von Abel-Mehola bei Tabbat. … **7,25** Und sie fingen zwei Fürsten der Midianiter, Oreb und Seeb, und erschlugen Oreb am Felsen Oreb und Seeb bei der Kelter Seeb und jagten den Midianitern nach und brachten die Häupter Orebs und Seebs zu Gideon über den Jordan.
8,17 Und die Burg von Pnuël riß er nieder und erschlug die Leute der Stadt.
9,4 Und sie gaben ihm siebzig Silberstücke aus dem Tempel des Baal-Berit. Und Abimelech warb damit lose, verwegene Männer an, die ihm nachfolgten.
9,5 Und er kam in das Haus seines Vaters nach Ofra und tötete seine Brüder, die Söhne Jerubbaals, siebzig Mann, auf einem Stein. Es blieb aber übrig Jotam, der jüngste Sohn Jerubbaals; denn er hatte sich versteckt.
9,43 nahm er das Kriegsvolk, teilte es in drei Heerhaufen und legte einen Hinterhalt im Feld. Als er nun sah, dass das Volk aus der Stadt ging, erhob er sich gegen sie und erschlug sie. **9,44** Abimelech und der Heerhaufe, der bei ihm war, überfielen sie und stellten sich am Stadttor auf. Die beiden andern Heerhaufen aber überfielen alle, die auf dem Felde waren, und erschlugen sie. **9,45** So kämpfte Abimelech gegen die Stadt den ganzen Tag und eroberte sie und tötete das Volk, das darin war, und zerstörte die Stadt und streute Salz darauf.
9,49 Da hieb jeder vom Volk einen Ast ab, und sie folgten Abimelech und legten die Äste auf das Gewölbe und setzten über ihnen das Gewölbe in Brand, so dass auch alle in der Burg von Sichem starben, etwa tausend Männer und Frauen. **9,50** Abimelech aber zog nach Tebez, belagerte es und eroberte es. **9,51** Es war aber eine starke Burg mitten in der Stadt. Dahin flohen alle Männer und Frauen und alle Bürger der Stadt, schlossen hinter sich zu und stiegen auf das Dach der Burg. **9,52** Da kam Abimelech zur Burg und kämpfte gegen sie und näherte sich dem Burgtor, um es mit Feuer zu verbrennen.
11,30 Und Jeftah gelobte dem HERRN ein Gelübde und sprach: Gibst du die Ammoniter in meine Hand, **11,31** so soll, was mir aus meiner Haustür entgegengeht, wenn ich von den Ammonitern heil zurückkomme, dem HERRN gehören, und ich will es als Brandopfer darbringen. **11,32** So zog Jeftah auf die Ammoniter los, um gegen sie zu kämpfen. Und der HERR gab sie in seine Hände. **11,33** Und er schlug sie mit gewaltigen Schlägen

von Aroër an bis hin nach Minnit, zwanzig Städte, und bis nach Abel-Keramim. So wurden die Ammoniter gedemütigt vor den Israeliten. **11,34** Als nun Jeftah nach Mizpa zu seinem Hause kam, siehe, da geht seine Tochter heraus ihm entgegen mit Pauken und Reigen; und sie war sein einziges Kind, und er hatte sonst keinen Sohn und keine Tochter. **11,35** Und als er sie sah, zerriss er seine Kleider und sprach: Ach, meine Tochter, wie beugst du mich und betrübst mich! Denn ich habe meinen Mund aufgetan vor dem HERRN und kann es nicht widerrufen. … **11,39** Und nach zwei Monaten kam sie zurück zu ihrem Vater. Und er tat ihr, wie er gelobt hatte, und sie hatte nie einen Mann erkannt. Und es ward Brauch in Israel, **11,40** dass die Töchter Israel jährlich hingehen, zu klagen um die Tochter Jeftahs, des Gileaditers, vier Tage im Jahr.

15,15 Und er fand einen frischen Eselskinnbacken. Da streckte er seine Hand aus und nahm ihn und erschlug damit tausend Mann. **15,16** Und Simson sprach: Mit eines Esels Kinnbacken hab ich sie geschunden; mit eines Esels Kinnbacken hab ich tausend Mann erschlagen.

18,27 Sie aber nahmen, was Micha gemacht hatte, und den Priester, den er hatte, und fielen über Lajisch her, über ein Volk, das ruhig und sicher wohnte, und schlugen es mit der Schärfe des Schwerts und verbrannten die Stadt mit Feuer.

19,22 Und als ihr Herz nun guter Dinge war, siehe, da kamen die Leute der Stadt, ruchlose Männer, und umstellten das Haus und pochten an die Tür und sprachen zu dem alten Mann, dem Hauswirt: Gib den Mann heraus, der in dein Haus gekommen ist, dass wir uns über ihn hermachen. **19,23** Aber der Mann, der Hauswirt, ging zu ihnen hinaus und sprach zu ihnen: Nicht, meine Brüder, tut doch nicht solch ein Unrecht! Nachdem dieser Mann in mein Haus gekommen ist, tut nicht solch eine Schandtat! **19,24** Siehe, ich habe eine Tochter, noch eine Jungfrau, und dieser hat eine Nebenfrau; die will ich euch herausbringen. Die könnt ihr schänden und mit ihnen tun, was euch gefällt, aber an diesem Mann tut nicht solch eine Schandtat! **19,25** Aber die Leute wollten nicht auf ihn hören. Da fasste der Mann seine Nebenfrau und brachte sie zu ihnen hinaus. Die machten sich über sie her und trieben ihren Mutwillen mit ihr die ganze Nacht bis an den Morgen. Und als die Morgenröte anbrach, ließen sie sie gehen. **19,26** Da kam die Frau, als der Morgen anbrach, und fiel hin vor der Tür des Hauses, in dem ihr Herr war, und lag da, bis es licht wurde. **19,27** Als nun ihr Herr am Morgen aufstand und die Tür des Hauses auftat und herausging, um seines Weges zu ziehen, siehe, da lag seine Nebenfrau vor der Tür des Hauses, die Hände auf der Schwelle. **19,28** Er sprach zu ihr: Steh auf, lass uns ziehen! Aber sie antwortete nicht. Da legte er sie auf den Esel, machte sich auf und zog an seinen Ort. **19,29** Als er nun heimkam, nahm er ein Messer, fasste seine Nebenfrau und zerstückelte sie Glied für Glied in zwölf Stücke und sandte sie in das ganze Gebiet Israels.

20,2 Und es traten zusammen die Obersten des ganzen Volks aller Stämme Israels in der Versammlung des Volkes Gottes, vierhunderttausend Mann zu Fuß, die das Schwert führten.

20,31 Da machten die Benjaminiter einen Ausfall, dem Kriegsvolk entgegen, und wurden weggezogen von der Stadt und erschlugen anfangs einige vom Kriegsvolk – wie schon zweimal vorher – auf den Straßen, von denen die eine nach Bethel und die andere nach Gibeon führt, auf offenem Feld etwa dreißig Mann von Israel. … **20,34** Und sie rückten gegen Gibea an, zehntausend Mann, auserlesen aus ganz Israel, so dass der Kampf hart wurde; jene aber wussten nicht, dass sie das Unglück treffen würde. **20,35** So schlug der HERR die Benjaminiter vor den Männern von Israel, dass die Israeliten an dem Tag umbrachten fünfundzwanzigtausendeinhundert Mann von Benjamin, die alle das Schwert führten. **20,36** Denn als die Benjaminiter sahen, dass sie geschlagen waren, gaben ihnen die Männer Israels Raum; denn sie verließen sich auf den Hinterhalt, den sie bei Gibea angelegt hatten. **20,37** Und der Hinterhalt brach eilends hervor auf Gibea zu und zog hin und schlug die ganze Stadt mit der Schärfe des Schwerts.

20,41 Und die Männer von Israel machten kehrt; da erschraken die Männer von Benjamin, denn sie sahen, dass das Unglück sie getroffen hatte, **20,42** und wandten sich weg von den Männern Israels auf den Weg zur Steppe. Aber der Kampf folgte ihnen auch dorthin, und die von der Stadt her kamen, vernichteten in ihrer Mitte die Benjaminiter. **20,43** Sie umringten diese und jagten ihnen nach, ohne ihnen Ruhe zu lassen, und zertraten sie bis östlich von Gibea, gegen Sonnenaufgang. **20,44** Und es fielen von Benjamin achtzehntausend Mann, lauter streitbare Männer. **20,45** Da wandten sie sich um und flohen zur Steppe hin zum Fels Rimmon; aber die Männer von Israel hielten auf den Straßen eine Nachlese von fünftausend Mann und verfolgten sie weiter bis Gidom und erschlugen von ihnen noch zweitausend. **20,46** So fielen an diesem Tage von Benjamin fünfundzwanzigtausend Mann, die das Schwert führten, lauter streitbare Männer. **20,47** Nur sechshundert Mann wandten sich um und flohen zur Steppe hin zum Fels Rimmon und blieben auf dem Fels Rimmon vier Monate. **20,48** Und die Männer Israels kehrten um zu den Benjaminitern und schlugen in der Stadt mit der Schärfe des Schwerts Leute und Vieh und alles, was man fand. Und alle Städte, die man fand, verbrannte man mit Feuer.

1 Samuel

5,8 Und sie sandten hin und versammelten alle Fürsten der Philister zu sich und sprachen: Was sollen wir mit der Lade des Gottes Israels machen? Da antworteten sie: Lasst die Lade des Gottes Israels nach Gat tragen. Und sie trugen die Lade des Gottes Israels dorthin. **5,9** Als sie aber die Lade dahin getragen hatten, entstand in der Stadt ein sehr großer Schrecken durch die Hand des HERRN; denn er schlug die Leute in der Stadt, klein und groß, so dass an ihnen Beulen ausbrachen.

6,19 Aber die Söhne Jechonjas freuten sich nicht mit den Leuten von Bet-Schemesch, dass sie die Lade des HERRN sahen. Und der HERR schlug unter ihnen siebzig Mann. Da trug das Volk Leid, dass er das Volk so hart geschlagen hatte.

> **Hier liegt eine absichtliche Fehlübersetzung als Schönung vor!** Wie Deschner nachweist (vgl. Kapitel 7) und wie mehrere andere Bibelübersetzungen zeigen, soll Folgendes stehen (hier aus der Englischen King James' Version übersetzt) **6,19** »… Und der HERR schlug unter ihnen *fünfzigtausendsiebzig* Männer.« So steht es auch in der Originalversion der Lutherbibel.

1,6 Da geriet der Geist Gottes über Saul, als er diese Worte hörte, und sein Zorn entbrannte sehr. **11,7** Und er nahm ein Paar Rinder und zerstückte sie und sandte davon in das ganze Gebiet Israels durch die Boten und ließ sagen: Wer nicht mit Saul und Samuel auszieht, mit dessen Rindern soll man ebenso tun. Da fiel der Schrecken des HERRN auf das Volk, so dass sie auszogen wie ein Mann. **11,8** Und er musterte sie bei Besek, und die von Israel waren dreihunderttausend Mann und die Männer Judas dreißigtausend. **11,9** Und er sagte den Boten, die gekommen waren: So sagt den Männern von Jabesch in Gilead: Morgen soll euch Hilfe werden, wenn die Sonne beginnt, heiß zu scheinen. Als die Boten heimkamen und das den Männern von Jabesch verkündeten, wurden diese froh. **11,10** Und die

Männer von Jabesch ließen den Ammonitern sagen: Morgen wollen wir zu euch hinausgehen, dass ihr mit uns alles tut, was euch gefällt. **11,11** Aber am andern Morgen teilte Saul das Volk in drei Heerhaufen, und sie kamen ins Lager um die Zeit der Morgenwache und schlugen die Ammoniter, bis der Tag heiß wurde; die aber übrig blieben, wurden zerstreut, so dass von ihnen nicht zwei beieinander blieben.

5,3 So zieh nun hin und schlag Amalek und vollstrecke den Bann an ihm und an allem, was es hat; verschone sie nicht, sondern töte Mann und Frau, Kinder und Säuglinge, Rinder und Schafe, Kamele und Esel. **15,4** Da bot Saul das Volk auf, und er musterte sie zu Telem: Zweihunderttausend Mann Fußvolk und zehntausend Mann aus Juda. **15,5** Und als Saul zu der Stadt der Amalekiter kam, legte er einen Hinterhalt im Tal. **15,6** Und Saul ließ den Kenitern sagen: Geht, weicht und zieht weg von den Amalekitern, dass ich euch nicht mit ihnen aufreibe; denn ihr tatet Barmherzigkeit an allen Israeliten, als sie aus Ägypten zogen. Da zogen die Keniter fort von den Amalekitern. **15,7** Da schlug Saul die Amalekiter von Hawila bis nach Schur, das vor Ägypten liegt, **15,8** und nahm Agag, den König von Amalek, lebendig gefangen, und an allem Volk vollstreckte er den Bann mit der Schärfe des Schwerts. **15,9** Aber Saul und das Volk verschonten Agag und die besten Schafe und Rinder und das Mastvieh und die Lämmer und alles, was von Wert war, und sie wollten den Bann daran nicht vollstrecken; was aber nichts taugte und gering war, daran vollstreckten sie den Bann.

15,33 Samuel aber sprach: Wie dein Schwert Frauen ihrer Kinder beraubt hat, so soll auch deine Mutter der Kinder beraubt sein unter den Frauen. Und Samuel hieb den Agag in Stücke vor dem HERRN in Gilgal.

18,7 Und die Frauen sangen im Reigen und sprachen: Saul hat tausend erschlagen, aber David zehntausend. **30,17** Und David schlug sie vom Morgen bis zum Abend des nächsten Tages, so dass keiner von ihnen entrann außer vierhundert jungen Männern; die stiegen auf die Kamele und flohen.

2 Samuel

5,8 Da sprach David an diesem Tage: Wer die Jebusiter schlägt und durch den Schacht hinaufsteigt und die Lahmen und Blinden erschlägt, die David verhasst sind, der soll Hauptmann und Oberster sein. Da stieg Joab, der Sohn der Zeruja, zuerst hinauf und wurde Hauptmann. Daher spricht man: Lass keinen Blinden und Lahmen ins Haus!

5,25 David tat, wie der HERR ihm geboten hatte, und schlug die Philister von Gibeon an bis hin nach Geser.

8,1 Und es begab sich danach, dass David die Philister schlug und sie unterwarf und dass er den Dienstzaum den Philistern aus der Hand nahm.

8,2 Er schlug auch die Moabiter und ließ sie sich auf den Boden legen und maß sie mit der Messschnur ab; und er maß zwei Schnurlängen ab, so viele tötete er, und eine volle Schnurlänge, so viele ließ er am Leben. So wurden die Moabiter David untertan, dass sie ihm Abgaben bringen mussten.

8,3 David schlug auch Hadad-Eser, den Sohn Rehobs, den König von Zoba, als er hinzog, um seine Macht wieder aufzurichten am Euphratstrom. **8,4** Und David nahm von ihnen gefangen tausendundsiebenhundert Gespanne und zwanzigtausend Mann Fußvolk und lähmte alle Pferde und behielt hundert übrig. **8,5** Es kamen aber die Aramäer von Damaskus, um Hadad-Eser, dem König von Zoba, zu helfen. Und David schlug von den Aramäern zweiundzwanzigtausend Mann.

10,18 Aber die Aramäer flohen vor Israel, und David vernichtete von den Aramäern siebenhundert Wagen und vierzigtausend Mann; und Schobach, den Feldhauptmann, erschlug er, dass er dort starb.

12,31 Aber das Volk darin führte er heraus und stellte sie als Fronarbeiter an die Sägen, die eisernen Pickel und an die eisernen Äxte und ließ sie an den Ziegelöfen arbeiten. So tat er mit allen Städten der Ammoniter. Danach kehrten David und das ganze Kriegsvolk nach Jerusalem zurück.

> **Hier liegt eine absichtliche Fehlübersetzung als Schönung vor!** Wie Deschner nachweist (vgl. Kapitel 7) und wie in mehreren anderen Bibelübersetzungen zu finden ist, soll Folgendes stehen (hier aus der Englischen King James' Version übersetzt) **12,31** »Aber das Volk darin führte er heraus, *legte sie unter den Sägen, und unter den eisernen Pickel und den eisernen Äxten, und ließ sie durch den Ziegelofen gehen* …« Luther hat in seiner ursprünglichen Übersetzung (hier in modernes Deutsch übertragen): »… *und legte sie unter eisernen Sägen und Zacken und eisernen Keilen und verbrannte sie in Ziegelöfen.*«

18,6 Und als das Heer hinauskam aufs Feld Israel entgegen, kam es zum Kampf im Walde Ephraim. **18,7** Und das Heer Israels wurde dort geschlagen von den Männern Davids, so dass an diesem Tag eine große Schlacht geschah – zwanzigtausend Mann.

24,10 Aber das Herz schlug David, nachdem das Volk gezählt war. Und

David sprach zum HERRN: Ich habe schwer gesündigt, dass ich das getan habe. Und nun, HERR, nimm weg die Schuld deines Knechts; denn ich hab sehr töricht getan. **24,11** Und als David am Morgen aufstand, kam des HERRN Wort zu Gad, dem Propheten, Davids Seher: **24,12** Geh hin und rede mit David: So spricht der HERR: Dreierlei lege ich dir vor; erwähle dir eins davon, dass ich es dir tue. **24,13** Gad kam zu David und sagte es ihm an und sprach zu ihm: Willst du, dass drei Jahre lang Hungersnot in dein Land kommt oder dass du drei Monate vor deinen Widersachern fliehen musst und sie dich verfolgen oder dass drei Tage Pest in deinem Lande ist? So bedenke nun wohl, was ich antworten soll dem, der mich gesandt hat. **24,14** David sprach zu Gad: Es ist mir sehr angst, aber lass uns in die Hand des HERRN fallen, denn seine Barmherzigkeit ist groß; ich will nicht in der Menschen Hand fallen. **24,15** Da ließ der HERR die Pest über Israel kommen vom Morgen an bis zur bestimmten Zeit, so dass von dem Volk starben von Dan bis Beerscheba siebzigtausend Mann. **24,16** Als aber der Engel seine Hand ausstreckte über Jerusalem, um es zu verderben, reute den HERRN das Übel, und er sprach zum Engel, der das Verderben anrichtete im Volk: Es ist genug; lass nun deine Hand ab! Der Engel des HERRN aber war bei der Tenne Araunas, des Jebusiters.

1 Könige

20,28 Und es trat der Mann Gottes herzu und sprach zum König von Israel: So spricht der HERR: Weil die Aramäer gesagt haben, der HERR sei ein Gott der Berge und nicht ein Gott der Täler, so habe ich diese große Menge in deine Hand gegeben, damit ihr erkennt: Ich bin der HERR. **20,29** Und sie lagen einander gegenüber sieben Tage. Am siebenten Tage zogen sie in den Kampf, und Israel schlug von den Aramäern hunderttausend Mann Fußvolk an einem Tag. **20,30** Und die übrigen flohen nach Afek in die Stadt, und die Mauer fiel auf die Übriggebliebenen, siebenundzwanzigtausend Mann.

2 Könige

1,9 Und der König sandte zu Elia einen Hauptmann über fünfzig samt seinen fünfzig Mann. Und als der zu ihm hinaufkam, siehe, da saß er oben auf dem Berge. Er aber sprach zu ihm: Du Mann Gottes, der König sagt: Du sollst herabkommen! **1,10** Elia antwortete dem Hauptmann über fünfzig: Bin ich ein Mann Gottes, so falle Feuer vom Himmel und fresse dich und deine fünfzig Mann. Da fiel Feuer vom Himmel und fraß ihn und seine fünfzig Mann. **1,11** Und der König sandte wiederum einen andern Hauptmann über fünfzig zu ihm samt seinen fünfzig Mann. Der kam zu ihm hinauf und sprach zu ihm: Du Mann Gottes, so spricht der König: Komm eilends herab! **1,12** Elia antwortete: Bin ich ein Mann Gottes, so falle Feuer vom Himmel und fresse dich und deine fünfzig Mann. Da fiel das Feuer Gottes vom Himmel und fraß ihn und seine fünfzig Mann. **1,13** Da sandte der König wiederum den dritten Hauptmann über fünfzig samt seinen fünfzig Mann. Als der zu ihm hinaufkam, beugte er seine Knie vor Elia und flehte ihn an und sprach zu ihm: Du Mann Gottes, lass mein Leben und das Leben deiner Knechte, dieser fünfzig, vor dir etwas gelten! **1,14** Siehe, Feuer ist vom Himmel gefallen und hat die ersten zwei Hauptleute über fünfzig mit ihren fünfzig Mann gefressen; nun aber lass mein Leben etwas gelten vor dir.

2,23 Und er [Elisa] ging hinauf nach Bethel. Und als er den Weg hinanging, kamen kleine Knaben zur Stadt heraus und verspotteten ihn und sprachen zu ihm: Kahlkopf, komm herauf! Kahlkopf, komm herauf! **2,24** Und er wandte sich um, und als er sie sah, verfluchte er sie im Namen des HERRN. Da kamen zwei Bären aus dem Walde und zerrissen zweiundvierzig von den Kindern. **2,25** Von da ging er auf den Berg Karmel und kehrte von da nach Samaria zurück.

5,25 Und als sie weggegangen waren, trat er vor seinen Herrn. Und Elisa sprach zu ihm: Woher, Gehasi? Er sprach: Dein Knecht ist weder hierhin noch dorthin gegangen. **5,26** Er aber sprach zu ihm: Bin ich nicht im Geist mit dir gegangen, als der Mann sich umwandte von seinem Wagen dir entgegen? Wohlan, du hast nun das Silber und die Kleider genommen und wirst dir schaffen Ölgärten, Weinberge, Schafe, Rinder, Knechte und Mägde. **5,27** Aber der Aussatz Naamans wird dir anhangen und deinen Nachkommen allezeit. Da ging Gehasi von ihm hinaus, aussätzig wie Schnee.

6,18 Und als die Aramäer zu ihm herabkamen, betete Elisa und sprach: HERR, schlage dies Volk mit Blindheit! Und er schlug sie mit Blindheit nach dem Wort Elisas.

10,13 da traf Jehu die Brüder Ahasjas, des Königs von Juda, und sprach: Wer seid ihr? Sie sprachen: Wir sind Brüder Ahasjas und ziehen hin, um die Söhne des Königs und die Söhne der Königinmutter zu grüßen. **10,14** Er

aber sprach: Ergreift sie lebendig! Und sie ergriffen sie lebendig und töteten sie bei dem Brunnen von Bet-Eked, zweiundvierzig Mann, und er ließ nicht einen einzigen von ihnen übrig. … **10,17** Und als er nach Samaria kam, erschlug er alles, was übrig war von Ahab in Samaria, bis er sein Haus vertilgt hatte nach dem Wort des HERRN, das er zu Elia geredet hatte. …
10,19 So lasst nun zu mir rufen alle Propheten Baals, die in seinem Dienst stehen, und alle seine Priester, dass man niemand vermisse; denn ich habe ein großes Opfer dem Baal zu bringen. Wen man vermissen wird, der soll nicht am Leben bleiben. Aber Jehu tat dies mit Hinterlist, um die Diener Baals umzubringen. … **10,24** Und sie kamen hinein, um Schlachtopfer und Brandopfer darzubringen. Jehu aber stellte außen achtzig Mann auf und sprach: Wenn einer der Männer entrinnt, die ich in eure Hände gebe, so soll euer Leben für sein Leben sein! **10,25** Als er nun die Brandopfer vollendet hatte, sprach Jehu zu der Leibwache und den Rittern: Geht hinein und erschlagt jedermann; lasst niemand entkommen! Und sie schlugen sie mit der Schärfe des Schwerts. Und die Leibwache und die Ritter warfen die Leichname hinaus und drangen in das Innere des Hauses Baals
14,5 Als er [Amazja, der Sohn des Joasch, des Königs von Juda] nun das Königtum fest in seiner Hand hatte, brachte er die Großen um, die seinen Vater, den König, erschlagen hatten. **14,6** Aber die Söhne der Totschläger tötete er nicht, wie es denn geschrieben steht im Gesetzbuch des Mose, wo der HERR geboten hat: Die Väter sollen nicht um der Söhne willen sterben, und die Söhne sollen nicht um der Väter willen sterben, sondern jeder soll um seiner Sünde willen sterben. **14,7** Er schlug auch die Edomiter im Salztal, zehntausend Mann, und eroberte die Stadt Sela im Kampf und nannte sie Jokteel bis auf diesen Tag.
15,16 Damals schlug Menahem die Stadt Tifsach und alle, die darin waren, und ihr Gebiet von Tirza aus, weil sie ihn nicht einlassen wollten, und schlug sie, und alle ihre Schwangeren ließ er aufschlitzen.
19,35 Und in dieser Nacht fuhr aus der Engel des HERRN und schlug im Lager von Assyrien hundertfünfundachtzigtausend Mann. Und als man sich früh am Morgen aufmachte, siehe, da lag alles voller Leichen.

1 Chronik
20,2 Und David nahm ihrem König die Krone vom Haupt – und es fand sich, dass sie einen Zentner Gold wog und an ihr ein Edelstein war -, und

sie wurde auf Davids Haupt gesetzt. Auch führte er aus der Stadt sehr viel Beute weg. **20,3** Aber das Volk darin führte er heraus und ließ sie mit Sägen und eisernen Hacken und Äxten Frondienste leisten. So tat David mit allen Städten der Ammoniter. Und David zog samt dem Kriegsvolk wieder nach Jerusalem.

> **Hier liegt eine absichtliche Fehlübersetzung als Schönung vor (vgl. 2. Samuel 12,31 oben)!** Wie Deschner nachweist (vgl. Kap. 7) und wie mehrere andere Bibelübersetzungen zeigen, soll Folgendes stehen (hier aus der Englischen King James' Version übersetzt) **20,3** »Aber das Volk darin führte er heraus *und ließ sie mit Sägen und eisernen Hacken und Äxten zerschneiden* …«

Psalter

137,9 Wohl dem, der deine jungen Kinder nimmt und sie am Felsen zerschmettert!

Jesaja

13,15 Wer da gefunden wird, wird erstochen, und wen man aufgreift, wird durchs Schwert fallen. **13,16** Es sollen auch ihre Kinder vor ihren Augen zerschmettert, ihre Häuser geplündert und ihre Frauen geschändet werden. **13,17** Denn siehe, ich will die Meder gegen sie erwecken, die nicht Silber suchen oder nach Gold fragen, **13,18** sondern die Jünglinge mit Bogen erschießen und sich der Frucht des Leibes nicht erbarmen und die Kinder nicht schonen.

45,5 Ich bin der HERR, und sonst keiner mehr, kein Gott ist außer mir. Ich habe dich gerüstet, obgleich du mich nicht kanntest, **45,6** damit man erfahre in Ost und West, dass außer mir nichts ist. Ich bin der HERR, und sonst keiner mehr, **45,7** der ich das Licht mache *und schaffe die Finsternis, der ich Frieden gebe und schaffe Unheil.* Ich bin der HERR, der dies alles tut.

49,25 So aber spricht der HERR: Nun sollen die Gefangenen dem Starken weggenommen werden, und der Raub soll dem Gewaltigen entrissen werden. Ich selbst will deinen Gegnern entgegentreten und deinen Söhnen helfen. **49,26** Und ich will deine Schinder sättigen mit ihrem eigenen Fleisch, und sie sollen von ihrem eigenen Blut wie von süßem Wein trunken werden. Und alles Fleisch soll erfahren, dass ich, der HERR, dein Heiland bin und dein Erlöser, der Mächtige Jakobs.

Jeremia
16,3 Denn so spricht der HERR von den Söhnen und Töchtern, die an diesem Ort geboren werden, und von ihren Müttern, die sie gebären, und von ihren Vätern, die sie zeugen in diesem Lande: **16,4** Sie sollen an bösen Krankheiten sterben und nicht beklagt noch begraben werden, sondern sollen Dung werden auf dem Acker. Durch Schwert und Hunger sollen sie umkommen, und ihre Leichname sollen den Vögeln des Himmels und den Tieren des Feldes zum Fraße werden. **16,5** So spricht der HERR: Du sollst in kein Trauerhaus gehen, weder um zu klagen noch um zu trösten; denn ich habe meinen Frieden von diesem Volk weggenommen, die Gnade und die Barmherzigkeit, spricht der HERR.

Klagelieder
4,9 Den durchs Schwert Erschlagenen ging es besser als denen, die vor Hunger starben, die verschmachteten und umkamen aus Mangel an Früchten des Ackers. **4,10** Es haben die barmherzigsten Frauen ihre Kinder selbst kochen müssen, damit sie zu essen hatten in dem Jammer der Tochter meines Volks. **4,11** Der HERR hat seinen Grimm austoben lassen, er hat seinen grimmigen Zorn ausgeschüttet; er hat in Zion ein Feuer angesteckt, das auch ihre Grundfesten verzehrt hat.

Hesekiel
6,12 Wer ferne ist, wird an der Pest sterben, und wer nahe ist, wird durchs Schwert fallen; wer aber übrigbleibt und davor bewahrt ist, wird vor Hunger sterben. So will ich meinen Grimm unter ihnen vollenden, **6,13** dass ihr erfahren sollt, dass ich der HERR bin, wenn ihre Erschlagenen mitten unter ihren Götzen liegen um ihre Altäre her, oben auf allen Hügeln und oben auf allen Bergen und unter allen grünen Bäumen und unter allen dichten Eichen, überall, wo sie all ihren Götzen lieblichen Opferduft darbrachten.
9,3 Und die Herrlichkeit des Gottes Israels erhob sich von dem Cherub, über dem sie war, zu der Schwelle des Tempels am Hause, und der HERR rief dem, der das Kleid von Leinwand anhatte und das Schreibzeug an seiner Seite, **9,4** und sprach zu ihm: Geh durch die Stadt Jerusalem und zeichne mit einem Zeichen an der Stirn die Leute, die da seufzen und jammern über alle Gräuel, die darin geschehen. **9,5** Zu den andern Männern aber

sprach er, so dass ich es hörte: Geht ihm nach durch die Stadt und schlagt drein; eure Augen sollen ohne Mitleid blicken und keinen verschonen. **9,6** Erschlagt Alte, Jünglinge, Jungfrauen, Kinder und Frauen, schlagt alle tot; aber die das Zeichen an sich haben, von denen sollt ihr keinen anrühren. Fangt aber an bei meinem Heiligtum! Und sie fingen an bei den Ältesten, die vor dem Tempel waren.

Hosea
13,15 Denn wenn Ephraim auch zwischen Brüdern Frucht bringt, so wird doch ein Ostwind vom HERRN aus der Wüste herauffahren, dass sein Brunnen vertrocknet und seine Quelle versiegt, und er wird rauben seinen Schatz, alles kostbare Gerät. **14,1** Samaria wird wüst werden; denn es ist seinem Gott ungehorsam. Sie sollen durchs Schwert fallen und ihre kleinen Kinder zerschmettert und ihre Schwangeren aufgeschlitzt werden.

Über die grausame Bestrafung von Isebel (Jezebel), die die Verehrung der Göttin 'Asherah wieder einführen wollte

1 Könige
16,31 Es war noch das Geringste, dass er wandelte in der Sünde Jerobeams, des Sohnes Nebats; er nahm sogar Isebel, die Tochter Etbaals, des Königs der Sidonier, zur Frau und ging hin und diente Baal und betete ihn an **16,32** und richtete ihm einen Altar auf im Tempel Baals, den er ihm zu Samaria baute, **16,33** und machte ein Bild der Aschera, so dass Ahab mehr tat, den HERRN, den Gott Israels, zu erzürnen, als alle Könige von Israel, die vor ihm gewesen waren.

2 Könige
9,10 Und die Hunde sollen Isebel fressen auf dem Acker in Jesreel, und niemand soll sie begraben. Und er tat die Tür auf und floh.
9,22 Und als Joram Jehu sah, sprach er: Jehu, ist es Friede? Er aber sprach: Was, Friede? Deiner Mutter Isebel Abgötterei und ihre viele Zauberei haben noch kein Ende!
9,30 Und als Jehu nach Jesreel kam und Isebel das erfuhr, schminkte sie ihr Angesicht und schmückte ihr Haupt und schaute zum Fenster hinaus.

9,31 Und als Jehu unter das Tor kam, sprach sie: Geht es gut, du Simri, der seinen Herrn erschlug? **9,32** Und er hob sein Angesicht auf zum Fenster und sprach: Wer hält es hier mit mir? Da sahen zwei oder drei Kämmerer zu ihm heraus. **9,33** Er sprach: Stürzt sie hinab! Und sie stürzten Isebel hinab, so dass die Wand und die Rosse mit ihrem Blut besprengt wurden; und sie wurde zertreten. **9,34** Und als er hineinkam und gegessen und getrunken hatte, sprach er: Seht doch nach der Verfluchten und begrabt sie; denn sie ist eines Königs Tochter! **9,35** Als sie aber hingingen, um sie zu begraben, fanden sie nichts von ihr als den Schädel und die Füße und ihre Hände. **9,36** Und sie kamen zurück und sagten es Jehu an. Er aber sprach: Das ist es, was der HERR geredet hat durch seinen Knecht Elia, den Tischbiter, als er sprach: Auf dem Acker von Jesreel sollen die Hunde das Fleisch Isebels fressen, **9,37** und der Leichnam Isebels soll wie Mist auf dem Felde sein im Gefilde von Jesreel, dass man nicht sagen könne: Das ist Isebel.
10,6 Da schrieb er [Jehu] einen zweiten Brief an sie, der lautete: Wenn ihr zu mir haltet und meiner Stimme gehorcht, so nehmt die Köpfe der Söhne eures Herrn und bringt sie zu mir morgen um diese Zeit nach Jesreel. Es waren aber siebzig Söhne des Königs, und die Großen der Stadt erzogen sie. **10,7** Als nun der Brief zu ihnen kam, nahmen sie des Königs Söhne und töteten die siebzig und legten ihre Köpfe in Körbe und schickten sie zu Jehu nach Jesreel. **10,8** Und als der Bote kam und ihm sagte: Sie haben die Köpfe der Söhne des Königs gebracht, sprach er: Legt sie in zwei Haufen vor das Tor bis morgen. **10,9** Und am Morgen, als er ausging, trat er hin und sprach zu allem Volk: Ihr seid ohne Schuld. Siehe, ich habe gegen meinen Herrn eine Verschwörung gemacht und ihn getötet. Wer aber hat denn diese alle erschlagen? **10,10** So erkennt denn, dass kein Wort des HERRN auf die Erde gefallen ist, das der HERR geredet hat gegen das Haus Ahab. Der HERR hat getan, wie er geredet hat durch seinen Knecht Elia. **10,11** So erschlug Jehu alle Übriggebliebenen vom Hause Ahab in Jesreel, alle seine Großen, seine Verwandten und seine Priester, bis nicht ein einziger übrig blieb.

Die Bibelübersetzung macht den Eindruck, dass Isebel die Propheten Jahwehs habe töten lassen, aber das ist unklar. Elias, hingegen, hat die Propheten Ba'als tatsächlich getötet!

1 Könige
18,4 denn als Isebel die Propheten des HERRN ausrottete, nahm Obadja hundert Propheten und versteckte sie in Höhlen, hier fünfzig und da fünfzig, und versorgte sie mit Brot und Wasser.

> Das Wort, das hier als »ausrotten« übersetzt wurde, ist das hebräische Wort *cherit.* Es bedeutet: »Trennen, scheiden« (z.B. im Sinne der Ehescheidung) und nicht töten! Die englische King James' Version übersetzt dementsprechend: »*Cut off*«. Isebel hat die Propheten jedenfalls weggeschickt, bzw. gekündigt. Diese Stelle kann aber nicht so verstanden werden, dass sie sie hätte *töten* lassen. Jedoch steht erst in 18,13 *harag*, was tatsächlich »töten« bedeutet. So sagte also Obadja. Jedenfalls lebten noch 100 Propheten (s.u.). Es steht nicht, wie viele sie ursprünglich waren. Sie wurden versteckt – um nicht zu sterben, oder vielleicht um nicht vertrieben zu werden?

18,13 Ist es meinem Herrn Elia nicht angesagt, was ich getan habe, als Isebel die Propheten des HERRN tötete? Dass ich von den Propheten des HERRN hundert versteckte, hier fünfzig und da fünfzig, in Höhlen und versorgte sie mit Brot und Wasser? **18,14** Und nun sprichst du: Geh hin, sage deinem Herrn: Elia ist da! Dann wird er mich töten.
18,19 Wohlan, so sende nun hin und versammle zu mir ganz Israel auf den Berg Karmel und die vierhundertundfünfzig Propheten Baals, auch die vierhundert Propheten der Aschera, die vom Tisch Isebels essen.
18,40 Elia aber sprach zu ihnen: Greift die Propheten Baals, dass keiner von ihnen entrinne! Und sie ergriffen sie. *Und Elia führte sie hinab an den Bach Kischon und tötete sie daselbst.*
War er dann besser als Isebel? Und falls Isebel tatsächlich die jahwistischen Propheten hatte töten lassen: Konnten die Baʻal-Priester etwas dafür? Hatte Elias deswegen in seiner Reinkarnation als Johannes der Täufer das Karma, geköpft zu werden?
19,1 Und Ahab sagte Isebel alles, was Elia getan hatte und wie er alle Propheten Baals mit dem Schwert umgebracht hatte.

Kommentare

Was diese schrecklichen Geschichten betrifft, so hat man verschiedene »Erklärungen« vorgeschlagen:

1. *Es handele sich hier vielfach um Fehlübersetzungen.*
Dann gäbe es eine ungeheuere Menge an Fehlübersetzungen, und man müsste sich fast fragen, was in den Bibeltexten überhaupt stimmt. Die Sprache kann aber nicht derart zweideutig sein, dass man in einem solchen Ausmaß diese grausamen Bibelstellen hätte *ganz anders* übersetzen können! Die Übersetzung muss in den allermeisten Fällen jedenfalls im Wesentlichen stimmen.

2. *Die meisten jener Ereignisse seien nicht wirklich geschehen, da sie nicht archäologisch belegt wurden. Man habe die eigene Geschichte glorifizieren wollen.*
In diesem Falle wäre »horrifizieren« richtiger formuliert! Es mag schon sein, dass man Ereignisse aufgebläht und übertrieben oder teilweise gar erfunden hat, aber warum dann in einer derart schrecklichen Weise? Man hätte viel mehr daraus gewonnen, wenn man eine friedliche Besiedlung des Gelobten Landes beschrieben hätte, mit freundschaftlichen Beziehungen zu den bereits vorhandenen Einwohnern, die sich dann möglicherweise zum neuen Glauben bereitwillig hätten konvertieren lassen.

3. *Die blutigen Geschichten seien symbolisch zu verstehen. Es handle sich um Kämpfe gegen »innere Feinde«, wie negative Neigungen, Egoismus, Boshaftigkeit und dergleichen.*
Dann hat man wirklich eine kontraproduktive Sprache für diese Symbolik gewählt, die eher destruktiv wirkt und die Absicht verdirbt. Und wenn diese eine göttliche Offenbarung sein soll, was ist dies für ein Gott, der eine derart üble und blutrünstige Sprache verwendet? Warum so übermäßig viel von einer extrem *negativen* Symbolik? Soll man etwa den Teufel mit dem Beelzebub austreiben? Und warum so viele Seiten lang? Eine halbe Seite in der Bibel hätte in dem Fall genügt. In einer entsprechenden Weise gegen »innere Feinde« zu kämpfen, wäre der falsche Weg. Unterdrücken führt nicht zum Ziel. Wie wir heute durch die Psychologie sehr wohl wissen, behält man das in sich, was man verdrängt und unterdrückt. Es wird nur im unbewussten Ich versteckt, und man ist gar nicht frei davon. Wenn es um unsere »inneren Feinde« geht, ist Jesu Weg sehr viel wirksamer: »Liebet eure Feinde«! Wer sich dem Licht zuwendet und sein Herz öffnet, der ermöglicht, dass solche »inneren Feinde« stattdessen *transformiert* werden!

Zu Punkt 2: Es scheint tatsächlich so zu sein, dass relativ wenige dieser Ereignisse archäologisch belegt werden können. So hat man zum Beispiel angeblich keine Reste von Jerichos Mauern gefunden. Beweist dies, dass Jericho keine Mauern hatte? Falls dort Mauern zerstört wurden, ist wohl zu erwarten, dass man die Steine für einen Wiederaufbau verwendet hat! Sie dürften sich nunmehr in Häuserwänden und Neubauten befinden, statt in oder auf dem Erdboden. Es ist allerdings nicht auszuschließen, dass es sich beispielsweise um einen Angriff auf eine gar nicht sehr große Siedlung handelte, der dann aufgebläht und – eben – »*horrifiziert*« wurde, oder dass die Geschichte erfunden ist. Doch kann man dann in keiner Weise von einer »Glorifizierung« sprechen! Solche Übertreibungen oder Erfindungen würden ja alles nur noch schlimmer machen! Es ist auch behauptet worden, dass es Jericho zu jener biblischen Zeit noch nicht gegeben habe. In diesem Fall wäre es äußerst bemerkenswert, dass der Name einer noch nicht existierenden Stadt in den alten Schriften aufgetreten ist!

Es ist auch angezweifelt worden, dass der Auszug aus Ägypten wirklich stattgefunden hat. Hierüber hat Israel Finkelstein [1] ein aufsehenerregendes Buch geschrieben. Demnach gibt es einen ziemlich unbekannten Papyrus eines *Ipu-wer* (vgl. Anhang 2) [2], der sich beim Pharao über Katastrophen im Land beklagte, die denen der »10 Plagen« sehr ähnlich sind! Die Meinungen divergieren, und das letzte Wort wird hier noch nicht gesprochen sein.

Es sieht bei diesen, zum Teil sogar ein wenig naiv anmutenden Bemühungen ein bisschen zu sehr danach aus, dass man die schrecklichen Tatsachen in den Bibeltexten mit allen Mitteln abmildern und umgehen will und Ausweichmöglichkeiten sucht, statt sich objektiv damit auseinanderzusetzen; dies gilt sogar auch für manche kabbalistischen Schriften (die guten alten und geistig hochstehenden Kabbalisten werden ihre Mühe mit solchen Textabschnitten gehabt haben, aber sie konnten die Grundlagen des Glaubens des eigenen Volkes natürlich nicht auf einmal teilweise verwerfen). Was nicht wahr sein darf, *muss* dann entweder symbolisch zu verstehen oder falsch übersetzt sein. Es darf einfach nicht so verstanden werden, wie es seitenweise »schwarz auf weiß« steht, denn die Wahrheit wäre sonst zu ungeheuerlich: Ist dies eine psychologisch bedingte Abwehrreaktionen?

REFERENZEN

1. Israel Finkelstein und Neil Asher Silberman: *The Bible Unearthed: Archaeology's New Vision of Ancient Israel and the Origin of its Sacred Texts*, Simon & Schuster, New York, 2002

2. U.a. www.specialtyinterests.net/ipuwer.html, www.mystae.com/restricted/streams/thera/plagues.html und www.konig.org/wc52.htm

Anhang 2
EIN ALTÄGYPTISCHER GOTTESVORWURF

Es gibt in alten ägyptischen Inschriften einen interessanten Text von Ipu-wer [1], in dem Gott vorgeworfen wird, was er aus der Menschheit gemacht hat. Eine Zusammenfassung dieses Gottesvorwurfes möge an die »Götter« gerichtet sein, die durch genetische Manipulation auf dieser Erde Menschen erzeugten, diese aber verantwortungslos, ohne Mitgefühl im Stich ließen.

»Warum sucht er Menschen zu schaffen, wenn er das Gewaltsame nicht scheut?
Er sei ein Hirte für alle, in seinem Herzen sei nichts Schlechtes.
Doch dürftig ist seine Herde.
Hätte er doch ihren Charakter schon am Anfang erkannt, dann hätte er das Unheil verhindert.
Herzenshärte ist entstanden, überall herrscht Bedrängnis.
Es gab keinen Lotsen für die Menschen. Wo ist er denn heute? Schläft er?
Als wir in Trauer gerieten, konnte ich dich nicht finden,
man konnte dich nicht erreichen.
Räuber sind überall, die Furcht vor ihnen geht herum.
Sie ist größer als vor den Menschenmassen.
Drei Männer gehen auf dem Weg, dann sind es nur zwei.
Die vielen erschlagen die wenigen.
Gibt es denn einen Hirten der das Sterben liebt?
Es heißt, der eine sei geliebt und der andere gehasst.
Das bedeutet, dass die Menschen dürftig sind.
Das bedeutet aber auch, dass du dies hast entstehen lassen.
Also hast du Lüge gesprochen!
Das Land ist Gestrüpp. Die Menschen sind vernichtet.
Man kann sie nicht mehr lebend nennen.
Ach, würdest du nur ein wenig von ihrem Elend empfinden ...«

REFERENZ

Gerhard Fecht: *Der Vorwurf an Gott in den »Mahnworten des Ipu-wer«*, Carl Winter Universitätsverlag, Heidelberg 1972

Anhang 3
NUMEROLOGIE UND DIE ZAHL 666

Es gibt verschiedene numerologische Systeme. Wenn es aber um Namen und Wörter geht, die in der Bibel stehen oder dort zumindest angedeutet werden, ist nur *ein einziges System* gültig. Dieses System geht von den Zahlenwerten der hebräischen Buchstaben aus:

א = 1	ח = 8	ס = 60	ת = 400
ב = 2	ט = 9	ע = 70	Finalformen:
ג = 3	י = 10	פ = 80	ך = 500
ד = 4	כ = 20	צ = 90	ם = 600
ה = 5	ל = 30	ק = 100	ן = 700
ו = 6	מ = 40	ר = 200	ף = 800
ז = 7	נ = 50	ש = 300	ץ = 900

Man hat insbesondere einen Namen auszuwerten versucht, der in der Bibel nur angedeutet wird und dessen Zahlenwert 666 beträgt (Offb 13,18), und dies nach einer Vielzahl von verschiedenen Systemen. Da es um eine biblische Voraussage geht, gilt hier jedoch, dass nur die Auswertung nach dem hebräischen System zutreffen kann. Ist der Name an sich nicht hebräisch, muss er zunächst lautmäßig übereinstimmend in die hebräische Schrift transliteriert werden. Erst dann können die den Buchstaben entsprechenden Zahlenwerte ausgewertet werden.

Armin Risi wendet in seinem Buch *Machtwechsel auf der Erde* [1] – rein spekulativ – einen Kunstgriff an und kommt auf das Ergebnis, dass das Wort »Computer« diesen Zahlenwert hätte. Er geht zunächst von einem System aus, in dem unser *lateinisches* Alphabet durchnummeriert wird: A = 1, B = 2, C = 3 und so weiter. Damit wird aber der Zahlenwert für den Begriff »Computer« 111, und nicht 666. Um dieses Ergebnis zu erreichen, kommt er auf die Idee, die Zahl 6 folgendermaßen einzusetzen: Er multipliziert alle Zahlenwerte mit 6: A = 6, B = 12, C = 18 und so weiter. Auf diese Weise wird das System umgekrempelt und dem erwünschten Ergebnis angepasst. So »wunschgemäß« konstruiert kann das Ergebnis nicht stimmen!

Für eine Auswertung nach dem biblischen System muss man das Wort erst lautmäßig zur hebräischen Schrift transliterieren, und zwar nur die

Konsonanten, da die Vokale keine Zahlenwerte haben. »Computer« wird dann zu KMPTR oder in hebräischer Schrift zu כמפתר mit dem Zahlenwert 740 (bzw. כמפטר mit dem Wert 349). Genauer genommen müsste man aber den an sich konsonantischen J-Laut in der englischen Aussprache von U (»ju«) auch noch mit einem J nachbilden und das lange U durch W (als Verlängerungszeichen) kennzeichnen, und dann hätten wir KMPJWTR oder כמפיותר mit dem Zahlenwert 756 (bzw. כמפיוטר mit dem Wert 365). Noch genauer genommen geht man vom neu-hebräischen Wort (denn ein alt-hebräisches gibt es ja nicht) für »Computer« aus, nämlich *machesheb* oder מַחְשַב mit dem Zahlenwert 350. So geht es dann mit »Computer« und dem Zahlenwert 666 in keiner Weise auf. Diese Hypothese von Risi muss also verworfen werden.

Muss die Zahl 666 eine Summe sein? Eine Summe von den Zahlenwerten einzelner Buchstaben? In diesem Fall wäre die einfachste Buchstabenkombination וסם = WSM. Oder auch SWM, aber das M muss auf jeden Fall am Schluss stehen, da es in diesem Fall die Finalform hat. Was für ein Name sollte es in diesem Fall sein? Muss es auch wirklich ein Name sein – oder ist es eine Abkürzung? Der Buchstabe ו = W hat den Zahlenwert 6. Nebeneinandergestellt hätten wir auch 666, nur nicht als Summe: ווו = WWW – *World Wide Web*, Internet? Dann kämen wir sozusagen »hinten herum« wieder auf den Computer. Man mag dann einwenden, dass dies nur für Deutsch, Niederländisch, Flämisch und Alemannisch gelte, da diese Sprachen fast die einzigen sind, in welchen man V als F ausspricht. In anderen Sprachen spricht man V als W aus (und in speziellen Konstellationen manchmal als U), und dann müsste man es so schreiben: ו = V und ווו = VVV. Dann passt es aber nicht zu *World Wide Web*. Umgekehrt fragt man sich dann: Wie transkribiert man das englische W ins Hebräische? Vielleicht doch besser auch mit ו, wenn auch als Annäherung? Oder dann mit וֹ, wobei der Punkt darüber das V zu einem U macht, aber am Zahlenwert nichts ändert: »Uorld Uide Ueb«? Diese Variante wäre zwar verkehrt geschrieben, wäre aber lautmäßig einigermaßen stimmig, wenn U nämlich wie im Deutschen ausgesprochen wird und nicht etwa nach englischer Phonetik als »ju«; wie man sieht, kommt es ja eher auf die Laute an sich an, als darauf, wie man sie schreibt. Auch wenn es ein wenig »hinkt«, so ist es doch nicht »ganz ohne«.

Welcher Name mit 666 gemeint ist, bleibt ein Rätsel. Es gibt viele verschiedene Möglichkeiten. Eine Möglichkeit wäre der Name Maitreya – der Name dessen, der nach Benjamin Creme behauptet, der wiedergekommene Jesus zu sein [2]. Der Name ist eigentlich ein Sanskritwort, das »wohlwollend« bedeutet. Bei der Auswertung muss man daher zuerst einige Besonderheiten des Sanskrits berücksichtigen: In Sanskrit (wie z.B. auch in den slawischen Sprachen) werden auch Eigennamen flektiert. »Maitreya« ist grammatikalisch nicht der wirkliche Name, sondern dessen Wurzelform, die man in westlichen Sprachen für den unflektierten Gebrauch übernommen hat. Richtig wäre hier die Nominativform *Maitreyah(a)* मैत्रयः. Am Schluss steht ein H-Laut, auf dem der vorausgehende Vokal kurz nachklingt. Y ist die internationale Transliteration eines Sanskritlautes, der im Deutschen durch J dargestellt wird. E ist lang, Sanskrit kennt kein kurzes E. In der hebräischen Schrift wird die Länge von A oder E meist durch den Buchstaben *'aleph* א als »Verlängerungszeichen« dargestellt. Das eher konsonantisch lautende I im Diphthong AI wäre in der Übertragung auf das Hebräische lautmäßig durch J darzustellen. Die Transliteration würde so zu MJTRJאH oder מיתריאה mit dem Zahlenwert 666! Dies ist kein Kunstgriff, sondern eine möglichst lautrichtige Übertragung in die hebräische Schrift.

Es gibt Widersprüchliches über diesen Maitreya. Seit etwa 25 Jahren behauptet er (in Mitteilungen durch Benjamin Creme), dass er »bald« in die Öffentlichkeit treten würde – mit diesem »bald« ist es ja schon längst vorbei. Er hält sich immer noch versteckt. Es wird auch gesagt, dass er, wenn er schließlich doch öffentlich auftritt, über Fernsehkanäle so sprechen würde, dass jeder Zuhörer seine Worte *in der ihm eigenen Sprache* verstünde (vgl. Apostelgeschichte 2,2-6). Die Auswertung seines Namens oben muss selbstverständlich nicht bedeuten, dass er tatsächlich jener 666 ist oder mit ihm zu tun hat, aber sie stimmt zumindest nachdenklich.

Der echte Maitreya wurde schon in uralten Zeiten als Nachfolger Buddhas vorausgesagt. Was eben erwähnt wurde, wird sich aber nicht auf den echten Maitreya beziehen, der noch erwartet wird, sondern auf vorher Auftretende, die sich nur als Maitreya ausgeben. So wie in der Bibel vor falschen Christussen gewarnt wird (s.u.), wird auch vor jenen zu warnen sein. Könnten einige von diesen Anunnaki sein? Vielleicht sind sogar der echte Maitreya und der lange und immer noch erwartete wiedererscheinende Christus die gleiche Wesenheit.

Die Wiederkunft Christi

Was würde geschehen, kehrte Christus in körperlicher Gestalt heute wieder? Es soll einen Film darüber geben: Die Menschen hörten ihm zu, staunten über seine Wunder. Aber da er den Herrschenden bedrohlich schien, kam er ins Irrenhaus. Durchaus möglich: Damals Kreuzigung, heute Irrenhaus!

Man kann sich ausmalen, wie sich Christen nennende Menschen reagierten, besonders Fundamentalisten. »Du kommst nicht mit dem Schwert, sondern willst uns lehren, auch Muslime, Hindus, Buddhisten und andere wie Geschwister zu lieben und zu sehen, dass auch in ihren Religionen Wahrheit verborgen sei. Du kannst nicht Christus sein! Du sagst, dass Sexualität nicht Sünde sei, sondern Gottesgeschenk. So spricht nicht Christus! Du willst uns lehren, die Bibel sei durch die Überlieferung an vielen Stellen fehlgedeutet. Sie ist aber mit jedem Buchstaben Gottes Wort! Du sagst, apokryphe Schriften seien zum Teil wichtiger als die Bibel. Sie beinhalten doch Irrlehren! Du sagst zwar, Abtreibung sei falsch, dass wir aber Verständnis für das Leiden von Frauen haben sollen, wenn sie z.B. vergewaltigt wurden. Treiben sie ab, gehören sie an den Marterpfahl! Du kannst nicht Christus sein!« Solches könnte man dann von diesen Menschen hören.

Mein Freund und Lehrer Oscar Marcel Hinze (1931-2008) wies in seinen Vorträgen oft auf das Bibelwort hin: »Und wenn jemand sagt, siehe hier ist Christus, oder dort, glaubt ihm nicht!« (Mark 13,21). In der Bibel steht auch: »Es werden falsche Christusse erscheinen, falsche Propheten, die große Zeichen und Wunder zeigen werden; und sie würden, so es möglich wäre, auch die Auserwählten irreführen« (Matth 24,24, vgl. Mark 13,22). Hinze meinte daher, dass Christus nicht in physischer Gestalt wiederkehre, sondern *als Christusbewusstsein in jedem von uns* – sofern wir bereit sind. Schon daher könnte er nicht jener »Maitreya« sein, von dem Creme berichtet. Ich denke, dass die Menschheit heute für Christi Wiederkunft noch nicht reif ist. Das wird erst noch kommen müssen (vgl. Ende Kap. 9).

Leider

REFERENZEN

1. Armin Risi: *Machtwechsel auf der Erde*, Govinda, Neuhausen CH, 1999, S. 289-292
2. Benjamin Creme: *Reappearance of Christ and the Masters of Wisdom*, Tara Center, Ashe Hall, Etwall (Derbyshire), 1980, s. http://www.conspiracyarchive.com/NewAge/Creme_maitreya.htm

Anhang 4
ÜBER »SCHROTT-DNA« UND ANDERE MERKWÜRDIGKEITEN

Als das Manuskript im Wesentlichen schon fertig war, bin ich auf eine neue Information gestoßen, die in diesem Zusammenhang interessant ist.

Unsere Chromosome haben vier Stränge, die aus DNA-Molekülen aufgebaut sind (Desoxyribonukleinsäure, DNS – in Englisch *desoxiribonucleid acid*, daher die international gebräuchliche Bezeichnung DNA). Nur ganz wenige dieser DNA-Moleküle sind aktiv, 97 % werden als »Schrott-DNA« (»*junk-DNA*«) bezeichnet. Sie scheinen gar keine Funktion zu haben. Nimmt man bei Versuchstieren solche DNAs weg, so ändert sich gar nichts. Merkwürdigerweise scheinen diese Molekülfolgen eine Struktur aufzuweisen, die jener der menschlichen Sprache ähnlich ist, die aktiven DNAs aber nicht. Man rätselt in der Genetik darüber, weshalb die »Schrott-DNAs« überhaupt da sind. [1]

Der australische Wissenschaftler Paul Davies hat eine kühne Hypothese vorgeschlagen, mit der er wohl viel Spott von seinen Kollegen erntet (da man mit einer solchen Idee in der wissenschaftlichen Welt eher als »Nestbeschmutzer« gilt). Er meint, außerirdische Schöpfer der Menschen unseres Planeten hätten in die »Schrott-DNAs« eine verschlüsselte Botschaft hineingelegt [1]. Diese Hypothese passt allerdings in unsere Thematik hinein.

In Kapitel 8 wurde über angebliche »Durchgaben« von Außerirdischen berichtet. In einem Haufen von Spreu ist da wenig Weizen zu finden. Zu Letzteren gehören nach meinem Gefühl die von Barbara Marciniak veröffentlichen »Durchgaben« von den Plejadiern. Darin ist Folgendes zu finden [2]: Vor 300 000 Jahren haben »Schöpfergötter«, die ihren freien Willen missbrauchten, nach einem Kampf mit anderen und mehr wohlwollenden Außerirdischen die Herrschaft über die Erde übernommen. Sie wollten nicht, dass die Erdenmenschen darüber Bescheid wissen sollten, weil uninformierte Menschen leichter zu kontrollieren sind. Sie waren hervorragende Genetiker und manipulierten die DNAs der Erdenmenschen, die ursprünglich in ihren Chromosomen 12 DNA-Stränge hatten. Sie nahmen diese Stränge auseinander und setzten sie wieder zu einer neuen und einfacheren Struktur mit einer zweifachen doppelspiraligen DNA zusammen. Dadurch haben wir ein höheres Bewusstsein verloren.

Weiter nach Marciniak: Sie können uns damit besser kontrollieren und sich an uns nähren (vgl. Kapitel 9), und zwar an unseren emotionalen Energien. Diese sind für sie Nahrung (Lebensenergie), und daher wollen sie, dass wir Gefühle, wie Angst, Chaos, Hunger und Verzweiflung haben, und erzeugen uns emotionale Traumata. Wir sollten aber von solcher Manipulation keine Ahnung und deshalb ein niedrigeres Bewusstsein haben. Sie gehören zu einer dunklen Rasse von Außerirdischen, die uns Angst und Aggressionen in die Gene legten und die als unsere Götter gelten wollten. Sie sind teilweise menschlicher und teilweise reptilischer Natur und selbst uninformiert, weshalb sie uniformierte Systeme errichten. Am Anfang standen sie in näherem Kontakt mit den Erdenmenschen, aber heute wirken sie heimlich, »hinter den Kulissen«.

Die von ihnen ausgeschalteten und desaktivierten DNAs, welche wir als »Schrott-DNAs« betrachten, sind noch in unseren Chromosomen vorhanden, aber sie »schlafen« darin. In der heutigen Zeit werden angeblich diese durch Einwirkungen von mehr lichtverbundenen Außerirdischen nach und nach langsam aktiviert (wovon ich aber bedauerlicherweise bisher kaum etwas gemerkt habe; man fragt sich jedoch, ob die sogenannten Indigo- und Kristallkinder solche aktivierten DNAs haben).

Diese teilweise reptilartigen dunklen Außerirdischen werden zweifellos die Anunnaki sein! Die Plejadier nennen sie in den Durchgaben »Lizzies« (vom eng. *lizard* = Eidechse).

REFERENZEN

1. Peter Ripota: »Die Botschaft der Aliens: Sie steckt in unserem Erbgut!«, in *P.M. Magazin*, München, August 2005, S. 72-79

2. Barbara Marciniak: *Bringers of the Dawn*, Bear & Co., Santa Fe (New Mexico), 1992 (auch auf: http://www.bibliotecapleyades.net/pleyades/esp_pleyades_14.htm). Dt. Übersetzung: *Boten des neuen Morgens*, Stb (Schirner Taschenbuch), Darmstadt, 2004

Anhang 5
BABYLON UND NECRONOMICON

Es gibt eine höchst merkwürdige Sache. Howard Phillips Lovecraft schrieb Horrorgeschichten und schließlich auch über eine Schrift, die er *Necronomicon* nannte [1,2]. Sie stamme von einem »wahnsinnigen Araber« Abdul Alhazred, einem jemenitischen Poeten. Er soll die Schrift 730 n.Chr. in Damaskus unter dem Titel *Al Azif* geschrieben haben, und zwar als er nach einer Reise in der arabischen Wüste die »verbotene Stadt« Irem fand und darin Inschriften einer »Rasse, älter als die Menschheit« (die »Alten«, s.u.) [2,3]. Später wurde die Schrift *Necronomicon*, »Das Buch der toten Namen« oder »Das Buch der Namen der Toten« genannt. Sie wurde größtenteils für eine Fiktion gehalten. Dann überlegte man, ob doch mehr daran sein könnte.

Man fing an, nach möglichen Quellen zu suchen. Es gab viele Spekulationen und auch einige merkwürdige Funde. Man fand Schriften des englischen Magiers Dr. John Dee (1527-1608), darunter das *Liber Logaeth* [3,4], von dem man sagte, es solle angeblich eine Version des *Necronomicon* sein. Jedenfalls hatte Dee scheinbar behauptet, es sei seine Übersetzung des *Necronomicon.* Es ist interessant, dass es im British Museum auch eine *chiffrierte* Originalversion des John Dee gibt, die sich angeblich durch eine ausführliche Computer-Dechiffrierung als eine Schrift erwies, die (im Wesentlichen) gleichen Inhalts war [3]. Dies weist wohl darauf hin, dass nicht alles neuzeitliche Erfindung ist. Mit der Zeit kamen auch andere Versionen des *Necronomicon* ans Licht. Viele Menschen halten sie alle für gefälscht oder reine Fantasie, eine ganze Webseite [5] widmet sich intensiv der Aufgabe, dies glaubhaft zu machen. Ist nun alles Fälschung und Erfindung, oder mischen sich hier Dichtung und Wahrheit?

Die genannte Webseite scheut keine Mühe, ihre These glaubhaft darzustellen. Jedoch ist es bemerkenswert, dass die vielen aufgeführten Links – mit Ausnahme von zweien – ins Leere führen! Es gibt sogar einen Link (auch ins Leere führend) zu einem »Necronomicon Project«: »Dies ist eine Bestrebung, um in Zusammenarbeit im Internet ein gefälschtes Necronomicon zu erschaffen«. Was soll denn das? Für mein Gefühl schießt man hier ordentlich über das erklärte Ziel hinaus, und es entsteht der Eindruck, dass man mit allen nur denkbaren Mitteln das *Necronomicon* als unwahr und als Unsinn darstellen will, sogar mit möglicherweise gefälschten Links. Daher stärkt dies für mich eher den Eindruck, dass sich in der Sache Dichtung und

Wahrheit mischen. Warum sollten übrigens Menschen so viel Aufwand treiben, um eine Fälschung herzustellen? Auch wenn ein paar Personen ihr mit viel Arbeit vorgestelltes Werk später selbst als einen »Scherz« bezeichnen, mag dies nur deshalb sein, weil man sich nicht in die Schusslinie stellen wollte.

Die wohl bekannteste Version (jedenfalls die am leichtesten erhältliche) des *Necronomicon* ist die von Simon [2]. Allen Versionen gemeinsam ist, dass von »Den Alten« und »Den Älteren« die Rede ist (Letztere nicht im Sinne von älter als »Die Alten«, sondern von »nicht ganz so alt«, aber älter als die derzeitige Menschheit). Zu »Den Alten« gehöre Cthulhu oder Kutulu, ein »Meeresungeheuer«, das tief im Ozean der Unterwelt liegt – »nicht tot, aber träumend«. In der sumerisch-babylonischen Mythologie ist Kutu diese Unterwelt, Kutu-lu würde »jemand aus Kutu« bedeuten [2]. Apsû wird mit dieser Unterwelt verbunden, und der Name wird von manchen auch nicht als ein solcher aufgefasst, sondern geradezu als Bezeichnung für die großen Unterweltstiefen.

So wie Cthulhu beschrieben wird, muss man an die übliche negativierende Darstellung der Tiâmat denken, auch wenn der Name meistens als männlich aufgefasst wird. Es steht im Abschnitt »Der Urilia-Text«: »... die alte Schlange, der alte Wurm, Tiamat, der Abyssus, auch Kutulu genannt, erschlagen vom Zorn des Marduk und der Magie von Enki«. Die »Tiefen« dürften ein Synonym für den Abyssus sein und lassen an die Tiefen des Kosmos denken und damit auch an Apsû, der mit Tiâmat darin die Schöpfung der Welten vollbrachte. Weitere in den Keilschrifttafeln genannte Namen tauchen auf: Anu, Marduk, die Igigi oder »Wächter« und andere.

Ein anderer Abschnitt, »Der Magan-Text«, hat auffallende Ähnlichkeiten mit *Enûma Elish* und stimmt stellenweise weitgehend mit letzterem Text überein.

Die »Alten« waren zuerst und »wanderten zwischen den Sternen«. Sie »verweilten unter den Ozeanen, während die Zeitalter kamen und vergingen« [3,4]. Als sich dann Land aus dem Wasser erhob, bevölkerten sie es und bauten große Städte. Sie werden als böse dargestellt. Dann griffen die »Älteren« ein. Sie vertrieben die »Alten« und fesselten Cthulhu am Grund der Tiefe.

Hat das nicht gewisse Ähnlichkeiten mit der Schwarzmalerei und dem »Umbringen« von Apsû und Tiâmat und derer, die zu ihnen gehörten, durch die Anunnaki?

Mir kommt das *Necronomicon* eher wie eine parteiische Schrift im Sinne der Anunnaki vor, in der die Tatsachen strategisch verdreht werden (vgl. Kapitel 1). Die Bezeichnung *»Das Buch der Namen der Toten«* dürfte wohl dann damit zu tun haben, dass die genannten »Alten« eben tot sein sollten, es aber nicht sind. In Wirklichkeit schlafen sie nur, und ihre Zeit wird wieder kommen. Die »Älteren« könnten die Anunnaki sein.

Eine interessante Übersicht findet sich im Internet [6]. Man scheint auf der Basis des *Necronomicon* auch eine Magie aufgebaut zu haben, ob nun schwarz oder eher grau. Das muss man wohl als einen Missbrauch betrachten.

Es ist bemerkenswert, dass offensichtlich manche Texte des Necronomicons (besonders der von John Dee) älter sind als die Übersetzungen der Keilschrifttexten, mit denen sie aber in manchen Teilen übereinstimmen. Dies scheint ein Indiz dagegen zu sein, dass die Texte einfach erfunden sind.

Eine merkwürdige Blüte (scheinbar eher ein Unkraut) in diesem wildwüchsigen Garten mag vollständigkeitshalber noch erwähnt werden. Der selbsternannte italienische Magier Frank Giano Ripel (Pseudonym für Gianfranco Perilli) hat ein Buch mit dem Titel *Sauthenerom* [7] geschrieben, dessen Inhalt er als die wahre Quelle des *Necronomicon* ausgibt. In der italienischen Fernsehsendung *Striscia la Notizia* wurde er für mich überzeugend als Hochstapler entlarvt. Dies war zwar das vorgefasste Ziel der Sendung, aber was mich am meisten überzeugte, waren sein überhebliches Verhalten und seine kontraproduktive »Verteidigung« in Fernsehinterviews (Videos sind im Internet zu finden). Deshalb darf diese kurze Erwähnung hier genügen.

REFERENZEN

1. »Lovecraft's Necronomicon«, http://www.mystae.com/restricted/streams/scripts/necronomicon.html
2. Simon: *The Necronomicon*, Avon Books, New York, 1980. Auch im Internet, u.a. unter http://www.stormloader.com/sanctuary/index2.html
3. Colin Wilson, Robert Turner, David Langford u.a.; *The Necronomicon*, Neville Spearman, Jersey, 1978 (von einer alten Schrift des Jon Dee entziffert)
4. John Dee: *Liber Logaeth or the Necronomicon*, http://www.stormloader/com/sanctuary/index2.html
5. Dan Clore: *Fake Necronomicons*, http:/www.geocities.com/SoHo/9879/necfake.htm
6. »Babylon's Mystical occult Influence Over the World«, http://www.strayreality.com/Lanis_Strayreality/Babylonoccult2.htm
7. Frank G. Ripel: *La Magia di Atlantide. Sauthenerom: La Fonte del Necronomicon*, Hermes, Rom, 1996

Anhang 6
AUSSERIRDISCHE WURZELN DES MORMONISMUS

Das Weltbild der mormonischen Lehre

Gott war einst ein Mensch, wie wir es sind, der zu einem Gott »erhöht« wurde, so wie auch wir einmal erhöht werden sollen. Er lebt auf einem Planeten, der entweder Kolob heißt oder bei einem Stern namens Kolob ist (hier gehen die Meinungen auseinander, manche glauben, dass Kolob der Stern »Sirius A« sei). Jedenfalls ist Kolob »am Thron Gottes«.

Als Gott zeugte er (und zeugt immer noch) mit vielen göttlichen Frauen Scharen von »Geistkindern«, das heißt Wesen, die keine physischen Körper haben. Das erste dieser »Geistkinder« ist Jahweh, ein anderes schon anfänglich gezeugtes ist dessen Bruder Luzifer.

Gott wollte, dass diese »Geistkinder« physische Körper haben sollten, und er wollte deshalb die Erde erschaffen. Jahweh sollte diesen Planeten leiten, und die Menschen sollten einen freien Willen haben und dadurch lernen können, zwischen Gut und Böse zu unterscheiden. Dazu sollten sie ihren wahren Ursprung vergessen. Luzifer wollte aber der Herr dieses Planeten werden und die Erdenmenschen durch Gehorsam führen. Es kam daher zu einem Krieg im Himmel. Diejenigen, die sich auf Luzifers Seite stellten, bekamen keine physischen Körper, sie wurden zu Dämonen. Jene »Geistkinder«, die sich auf Jahwehs Seite stellten, wurden als hellhäutige Menschen geboren, die Unentschlossenen hingegen als Menschen mit schwarzer Haut.

Adam und Eva waren die ersten Menschen auf der Erde (manche halten Adam für eine Inkarnation von Gott selbst). Der »Fall« war als Entwicklungsweg vorgesehen (und wird daher nicht so schlimm bewertet, wie in der Bibel). Nach langer Zeit kam Gott wieder auf die Erde und zeugte mit Maria ein Kind, Jesus, in dessen Körper sich Jahweh inkarnierte. Nach seiner Auferstehung erschien Jesus dann in Amerika und predigte dort zu den Indianern, die Abkömmlinge ausgewanderter Israeliten sind.

Diese unsere Erde ist nur einer von vielen bewohnten Planeten, welche Gott und Jahweh erschaffen haben. Demnach wird also mit der Existenz vieler Zivilisationen im Weltraum gerechnet und auch damit, dass es viele Planetengötter gibt. Wenn wir »erhöht« sind, werden auch wir zu »Planetengötter«, um neue Welten zu bevölkern.

Kommentar

In dieser kurz gehaltenen Darstellung spiegeln sich – wenn auch fragmentarisch und abgewandelt – verschiedene Darstellungen wider, die in diesem Buch gegeben sind. Ein Hauch der babylonischen Schöpfungslehre ist darin zu erahnen, aber sozusagen »in anderen Farben gemalt«. Die angebliche Identität Jesu mit Jahweh steht aber in Widerspruch zum hier erwähnten Verständnis des neuen Testaments, zu Jesu eigenen Aussagen sowie zur gnostisch-christlichen Lehre und zu den alttestamentarischen Grausamkeiten.

Es ist interessant, dass die Indianer als »Lamaniten« bezeichnet werden, und ein anderes Volk, das die Lamaniten angriff, aber besiegt wurde, als »Nephiten«. Letztere seien ursprünglich Gerechte, ebenfalls Abkömmlinge der Israeliten, die aber dem Bösen verfielen. An dieser Stelle könnte man an die Nephilim denken (siehe Kapitel 3)! Gibt es da einen unverstandenen Zusammenhang? Im Mormonismus werden sie aber so genannt, da sie Nachfolger einer Person Nephi seien.

Angeblich sei dem Gründer der Mormonenkirche Joseph Smith ein »Engel« namens Moroni erschienen, der ihn zu versteckten Schriften auf Goldtafeln führte und ihm diese übersetzte und erklärte. Somit entstand *Das Buch Mormon*. Angenommen, dass dies wahr ist, mag man sich fragen, ob dieser »Engel« eigentlich ein Außerirdischer war, möglicherweise ein Anunnaku? Wollte man wiederum eine neue Religion stiften, um sie gegen die bereits Bestehenden auszuspielen, vielleicht im machiavellischen Sinne von »Teilen und Herrschen«? Was aus diesen Goldtafeln geworden ist, ist unbekannt und niemand außer Joseph Smith und einigen wenigen Zeugen hat sie gesehen (es kann wohl nicht ganz ausgeschlossen werden, dass jene Zeugenaussagen fabriziert wurden).

Wenn Gott zuerst ein Mensch war, der dann zu einem Gott wurde, ergibt sich eine scheinbar noch nicht gestellte Frage: Wer hatte dann Gott als Mensch erschaffen? Man könnte da an Anu denken, der sich von seinen Schöpfern Apsû und Tiâmat abwandte.

Die Behauptung, dass Menschen mit schwarzer Haut als in der Wahl zwischen Gut und Böse »Unentschlossene« zweitrangig seien, ist ein abstoßendes rassistisches Element in der Lehre.

Dass die Indianer Abkömmlinge ausgewanderter Israeliten seien, ist weder historisch, genetisch, sprachlich (z.B. durch hebräische Einflüsse in

Indianersprachen) noch archäologisch belegbar. Der einzige Zusammenhang könnte im Lichte der Darstellung in diesem Buch sein, dass Außerirdische auch die großen Indianervölker besuchten (wofür es Hinweise gibt) und ihnen ihre Religionen gegeben haben, in die sich ebenfalls menschliche Missverständnisse und Fehldeutungen mischten.

Es stimmt meines Erachtens sehr nachdenklich, dass erstens Raël (siehe Kapitel 8) Joseph Smith als einen wahren Propheten erklärt hat und zweitens angeblich manche Mormonen zu den Raëlianern übergetreten seien (Berichte im Internet).

Quellen

Verschiedene Texte in der amerikanischen Wikipedia und andernorts im Internet. Angaben über Kolob seien angeblich in einer apokryphen Schrift, in »Abrahams Buch«, gegeben, von dem es nur eine »Übersetzung des Joseph Smith« gibt. Ihre Echtheit ist umstritten.